Laia/LITERATURA

Manuel Andújar

CITA DE FANTASMAS

Novela

editorial laia/barcelona

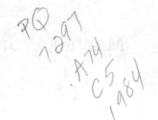

Diseño y realización de la cubierta: Raúl O. Pane

© Manuel Andújar, 1984

Propiedad de esta edición (incluido el diseño de la cubierta):
Editorial Laia, S. A., Guitard, 43, Barcelona-14

Primera edición: abril 1984

ISBN: 84-7222-045-1
Depósito legal: B. 7161-1984

Impreso en Romanyà/Valls, Verdaguer, 1, Capellades (Barcelona)
Printed in Spain

1

Se acerca el final de una semana que cierra para mí el ciclo mayor de experiencias simultáneas, indisolubles. De tal intensidad que no puedo soportar aún la habitual compañía de amigos y conocidos: tampoco me sirve el burdo desfogue de recorrer centros nocturnos, las calles que embadurnan los letreros de las diversiones mecánicas, donde cabriolean las señales luminosas de los taxis libres, como fósforos circulantes, y las frases, trabadas y violentas, de los borrachitos. Además, a pesar de las tensiones sufridas no resiento el menor cansancio y temo que no lograré dormir hasta que se produzca, al igual que siempre, la bárbara y lenta herida del amanecer.

(De nuevo solo en la casa; departamento destartalado, por momentos más sombrío y hueco. Aguarda, con angustia jadeante, que nada justifica ya, las doce quejumbres de la media noche, emitidas en otras tantas voces raspadas por el antiguo reloj de mesa que el padre se apresuró a comprar en el Monte de Piedad, al llegar a México, el año 1939. Como si el artefacto, que no hubiera desentonado en el gabinete de un piso madrileño, constituyera un signo de la suerte propicia y contribuyese a restablecer la maltrecha continuidad de su vida. Aunque Ricardo Estella era entonces un niño —iba a cumplir los once— recuerda indeleblemente su aparición, grave y ufana, oprimiéndolo contra su costado, bajo el brazo izquierdo, lo mismo que un músico adhiere a su cuerpo el enfundado violín que le suministra el pan y, quizá, una furtiva oportunidad de arte propio.)

Me quité las sandalias, desabroché de un tirón el nudo de la corbata. En la pieza brillaba predominante, desde un ángulo, la lámpara de dos ramas. Recostado en el sofá, extendidas las piernas, mientras se consumía el pitillo, deseaba —ignoro la sinrazón— que mis dedos de fumador se convirtiesen en humo y rescoldo. Y que la ceniza se integrara en la carne socarrada.

He debido transformarme en un ser extraño y arisco, pero al que nadie arrebatará estas horas. Noto que se insertan en la cera caliente de la memoria, que habrán de esculpirse en los adentros. Serán, a lo largo del futuro, aguijón del pasado, y si decido no revelarlo determinarán mi «secreto», tan poderosa fue la influencia ejercida. Resolución, destino y disparate que me pertenecen.

(En la mañana recluyeron a «Aída Olmos» —mi tía Asunción—. A su lado, la presencia firme, la adhesión suave de Alicia. Nunca había penetrado en un manicomio: al de ella lo llaman «residencia». Y si bien la escena y trámites de ingreso tuvieron normal desarrollo, el clima de la organización, control y atención alquilada, de la locura, grabó su signo indescifrable en la piel, en los pensamientos. Aseguraría que hasta dejó su pliegue, alucinante, en las ropas. Asunción, aturdida, no protestó ni gritó. Era la suya una desolación cerrada, una renuncia atónita. Le estremeció pensar, cuando la «retiraron», que sería obligado visitarla, cada jueves.)

Mi padre, una vez cumplido el doloroso trance, que parecía humillarlo, indivisamente, marchó a Durango. Aunque próxima la que me trajo al mundo, su querida le compensará astutamente del trastorno. Se cree fuerte, el padre, y diríase que no le pesa la edad, alrededor de los sesenta y cinco. Sin embargo, nuestro adiós se prolongó demasiado. Equivalía a una advertencia y es probable que haya sido el último abrazo, dentro de una relación que creyó vitalicia y que ahora se había resquebrajado.

Le sorprendió que antes de arrancar el autobús insistiera en el «caso» de Jaime Trías, para precisar un detalle, que me faltaba en el rompecabezas. Por su frunce de labios, lo consideró una nimiedad.

—¿Por qué te interesa todavía, no hay más preocupaciones que sus andanzas? Son agua pasada. No lo traté sino a la ligera y nuestra conversación más amplia la mantuvimos la víspera de su muerte. Te lo conté.

—¿Y su mujer?

—Sólo en una ocasión coincidimos. A porfiado nadie te gana. Estuvo en el despacho para aclararme un mensaje de Trías. Algo de un encargo que se le olvidó concretar.

Apenas pude «impresionarme». Figúrate hoy... Toniche aragonés, sí. Espera: el pelo azafranado, insípidos los ojos de puro grises. Bajita, hablaba con poca soltura. ¡Ah, un dato curioso! Y lo recuerdo ahora. Vestía mal, sin gusto, la bata de ir por el barrio, a la compra, pero con el pretexto de que había refrescado se plantó sobre los hombros un abrigo de astracán que correspondía a persona más corpulenta.

—Concuerda...

—¡Qué manía tuya! Obsesionado por Jaime Trías, bueno. Sus hazañas no fueron ejemplares, ni se destacó por su intervención. ¿Acaso te dio la ventolera de reunir materiales sobre él, para escribir una mixtura de verdad e invención?

—¡Quién sabe!

—De veras que no se entiende lo tuyo, hijo.

Preferible desviar el tema, con el pie en el estribo. El padre, un viejo cenceño, de perfil adusto, cortada a cepillo la crespa cabellera, de manos en que las gruesas venas semejan contornos de caminos o ríos hinchados. Se instala, con andar remolón, en el lugar invariablemente elegido, detrás del chófer, a la derecha. También acostumbra a no cambiar de peluquería, de periódico, de hechura en los trajes, de ciertas comidas en fechas sonadas, amén de su doble almohada. Repite, vengan o no a colación, algunas frases rotundas. Conozco las evocaciones que le complacen. Al principio, de recién instalados, las propiciaba. Hoy las calla, guarda y acaricia, tímido, entristecido. Únicamente se reanima —supongo— al estrujar a su amante tardía y de esta suerte quemará sin tino la reserva de arrestos. La hembra es tierra de refugio, puñado de hojas secas que piden candela.

(La madre, que fingía ignorar las «situaciones», ofuscada por la aprensión, le rogó prematuramente:

—Cuando yo os deje, cuida de Asunción, infeliz.

Y la sobrevivió ampliamente. Su consejo o legado —informar a la parentela de España, en cartas breves pero frecuentes, acerca de tía Asunción, ¿o de Aída Olmos?— se le antojaba, por lo ocurrido, un sarcasmo. Notificar el curso de una demencia, ¿no significa, también, una manera de enajenación?)

Nos separamos, a la salida de la terminal. Sólo llevaba unos minutos de caminar sin rumbo definido, cuando una manopla interiormente alámbrica repiqueteó en mi espalda. Me vuelvo —me volteo— y «tropiezo», no es metáfora, con la sonrisa descaradamente enigmática de Francisco Quiñones, con sus blandas pupilas entrecerradas de joven profesor en asueto. Otro de los viejos condiscípulos del «Vives», nuestro Instituto. Saludos y diálogo revisten una fluencia cansina. Aunque él es reservón, trasluce bajo las protestas de camaradería el deseo de que alguien, yo, pescado al vuelo, que no presuma de intelectual y que tampoco haya degenerado en comerciante próspero, le escuche. Un «aplatanado», calificó para sí y le seguí la corriente.

—Si quieres, vamos hasta Reforma. Al cabo de tantos meses, me dirás lo que haces, tus proyectos. Y platicaremos de los antiguos compañeros.

Atravesamos la Ribera de San Cosme, hacia Ramón

Guzmán. Lo «ficho»: de perfil, un brazo en alto, oratorio; reflejadas la nariz corva y las gafas de carey en la luna del aparador que recoge, verdosamente, con un tinte fantasmagórico, su piel pálida, cocida en largos encierros. Tan joven de edad y los ademanes suaves, pausados, completan la emanación de clérigo escéptico, aquejado de prematuras prudencias.

Interpolo frases cortas en su relato, para que recobre aliento. Y también por lo que, sobre mi derrotero y otras cuestiones, que ahora me traen de un ala, sugiere su propósito ostensible. Le doy beligerancia.

—El curso próximo empezaré a impartir clases en la Universidad. Naturalmente que no es de mucho brillo, ni aquí: una capital de Estado. De muy levítica tiene fama. El sueldo, escaso. Pero dispondré de margen para unas cuantas colaboraciones, prepararé dos o tres estudios serios, de investigación literaria. Poco a poco valoras una firma. Resulta más fácil, situándote bien con los amigos y cuates, que en la primera oportunidad te trasladen al Distrito Federal.

—Y será tiempo de casarte. Lo fatal. ¿Angelines?

—Soy consecuente. Tú prefieres cultivar el empleo, la tabarra de los médicos. Y, según oí, ninguna te pesca. Eres el único de la palomilla que no estuvo en la Prepa. Supe después que la aventura con Leo te escuece todavía.

(En el zaguán de la funeraria fuman y cuchichean los parientes de turno. Por allí, tiendas de abarrotes y misceláneas, supervivientes talleres artesanales, esquinas de muros extremosamente lóbregos, donde las lluvias de intensa descarga socavan las cales y los cantos. Un carpintero se cruza: a hombros, el sofá de resortes destripados, en cuyos extremos se balancean dos sillas de respaldos disparejos. La repetida criada india, doncella por la delgadez, que acarrea, en la mecedora del rebozo, una criatura de primigenio mirar mortecino.

—¿Usted me telefonea, licenciado?

Piensa —celeridad de ráfaga— que estos elementos

9

—aún le son extraños, lo atribuye a la herencia—, componen un paisaje impuesto pero adentrado en él. De ninguno podría prescindir. Al igual que de ese olor mixto, a gasolina y a tortillas palmeadas, del estrépito conmocionador de la circulación o de la alterna sonoridad de los tacones femeninos, golpetear de huaraches y muelles y pisadas descalzas. Es el ambiente impregnador, envolvente, en el que se sumerge y sobrenada, alentar de gentes que lo adoba, roce de piedras que lo erosionan y labran.

El mundo del padre —reminiscencia transmitida, desvaríos rutinarios— se proyecta, cual detector de añoranzas, en el marco remoto, inasible, que a su vez constituye para él una presencia, no por marginal menos necesaria.

Algo persiste en mi acento, en las reacciones temperamentales, en esta inquietud que reaparece y me sacude a su real antojo y me condujo a Jaime Trías. Jaime Trías, espectro para los demás; en mí, el problema candente. No envidio la suerte de Quiñones, ni me encandilan sus planes. Porque no le anima un ideal vigoroso, capaz de trascenderlo. Escarceos ante la creación, sin un vínculo profundo con los hombres, sin raíces siquiera en este suelo. Blandamente expele fatigas por todos los poros, se adapta, en una especie de alienación, a lo cotidiano.

Mi tendencia, la opuesta, me inclinó desde el principio, por instinto de diferenciación, a no enrolarme, como la mayoría de ellos, en Filosofía y Letras. A pesar de que no me faltaban aficiones y dotes de estilo, al decir de los maestros. Opté por este trabajo de calle, que quizá me permita averiguar —¿será un envite de azar?— la razón de mi origen y estado. Cuando despeje la incógnita, me habré trasplantado de verdad. Subsisto, revoloteo y busco.

Pero lo que me atrajo de y en Leonor —Quiñones capta exclusivamente lo superficial del episodio— fue, intuyo, el que ella luchaba, lo mismo que yo, con una sombra indescrifrable, apenas conjeturada. El esposo ausente: anhelaba, de manera verbal y social, su retorno. Temía, para sí, la re-unión, tras un prolongado alejamiento. Su dilema, equiparable a mi afán de resucitar, de palpar, la perdida memoria de una niñez española —desquiciamiento, guerra, huida— sin la cual sería, en este medio, hombre partido, a la deriva, desprovisto de un elemento básico de su naturaleza.

Percibí esta debilidad en el careo con el advenido dueño de Leonor. Como espectador de su física irrupción, que se apoyaba, recia y ávidamente, en la peripecia general que a la concreta mujer lo ayuntó. Yo le aventajaba en mocedad, advertía la vasta promesa sensual, iniciadora, que en un atadijo de silencios solía dirigirme Leo. Sin embargo, me retiré, no la emplacé a que me acompañara y lo abandonase. Los defendía una gravitada fuerza de prelación, de suspiros fraternos incrustados en el ayer, talmente moluscos, y que subsistían, por un raro efecto de inercia y apego. En aquel cuarto y dondequiera que ella estableciese su hogar, yo no dejaría de ser el intruso. Me sentiría el visitante importuno, el violador de una ley superior a las promulgadas.

Ahora, en sucesivos «ahoritas», «soy» un vendedor. Empujo puertas, logro simpatizar con las recepcionistas, sesteo o me plantifico en las antesalas de los consultorios, entrego las muestras del Laboratorio, a los doctores, con unas cuantas retahílas que nos enseñan y después modifico o improviso. Y para «todo» ello cuido la indumentaria, de modo que les impresione un toque, discreto, de extravagancia. Los competidores intentan y no consiguen imitarlo. Me divierte intercalar algún juicio —de arte, de música, de «vedettes»— que den la idea, amablemente imprecisa, de un mundano arruinado. El procedimiento resulta y ahorra discursos. Los colegas, «achicopalados», se retiran a un segundo término o desfilan. «Es un frívolo inteligente, que cae bien» — «¡Conoce a tantos y cuantos actores y toreros,

11

periodistas, políticos, artistas de radio!» — Obtengo éxitos que consolidan y elevan mi cotización, pero no me envanecen. Y al terminar el recorrido de zona, mato el tiempo en los cafés, de refugiados, leo desordenadamente, se me facilitan líos de faldas que no comprometen demasiado. Sorprendidos, en ambos sexos, de mi facilidad para tutear, para que todos se figuren privilegiados por una fuerte atención pasajera. Cada uno utiliza su truco o fórmula, hasta en los visajes. Mi faena requiere su máscara cambiante».)

Quiñones, receloso de mi cavilación, prosigue:

—Con los «antiguos» es algo imposible. Pretenden que les secundemos en sus obsesiones, que lamentemos a coro la pérdida de lo que no conocimos. ¿Qué nos importan ya, a nosotros, «su» guerra, «su» destierro? Y si te niegas opinan, a tambor batiente o en el fondo, que eres un descastado, un «criollito». ¡Qué puerilidad!

Esquivo el tema, me exasperaría discutirlo... con él. Quiñones no vale la pena. No comprende que los padres, emigrados políticos, cuando les arrebatan una esperanza, más o menos verosímil, se transforman en seres caprichosos, lunáticos o arbitrarios en equis grado. Que su actitud deshilachadamente patética, al insertarse en lo habitual, representa una especie de implacable fiebre crónica que mina su espíritu, lanzándolos a peregrinas o banales desviaciones de la energía que en otra época, «suya», los irguiera. Por el contrario, este meticuloso y viscoso Francisco Quiñones se afana principalmente por la mediocre renta, por la vía llana. Lo imagino en la madurez, ¡con qué maestría ayudará a su Angelines a bajar del autobús! Sin que la huella de un solo drama, en los insomnios, le raspe la médula, aburrido y rancio. ¿Tendrá de plástico la espina dorsal? Ni siquiera pertenece, entre los de mi generación, a los tremebundos y tremendistas, a los que insultan y desdeñan a sus mayores con patológica rudeza, manifestada en ocasiones por la espita de un escándalo, estudiadas insolencias, procacidades al expresarse, por agresiva originalidad si embadurnan lienzos o se dedican al teatro o al cine.

Mi pretexto —comentar las nuevas edificaciones que han revolucionado el aspecto de este barrio— y más aún la serie de mohínes que debían denunciar los secretos y desordenados pensamientos, mi hastiada disconformidad, irritan visiblemente al profesor, en agraz, de literatura. De acuerdo con su manera ladina, intenta provocarme.

—Perdona. Tú opinas de modo distinto y por cortesía ni me replicas.

Una corta pausa y continúa, afilada la lengua.

—Por cierto, «informan» los amigos que te enfrascaste en la búsqueda de antecedentes y hechos de un personajillo que en determinados círculos de Barcelona disfrutó de algún renombre, en aquel río revuelto. Te llaman «el detective póstumo de Jaime Trías», del «finado Jaime Trías». Cada uno con su «hobby». ¿Por qué te apasiona?

Es la segunda vez que, en la misma tarde, me desafía la pregunta. Mi interlocutor se ha detenido. Mirada de cansino apremio; el desencaje de los labios, cautamente burlón, resalta la boca de estructura canina.

—Calcula que soy aficionado a la historia y que me divierte hurgar en los episodios y tipos arrumbados... Puede ocurrir (extremo el tono despectivo) que un segundón, del que nadie se ocupa, me diera la pauta de toda una crisis. Es mi número en el sorteo. ¿Para qué te preocupas? Entre tú y yo no hay rivalidad. Si acabo escribiendo del «muertito» no se publicaría hasta que a los dos nos alojen en el Panteón de Dolores.

Francisco Quiñones —el rostro coloreado por el rojo estridente de un letrero de neón, ya al desembocar en Reforma— exclama, en chanza:

—No es justo que te niegues a la gloria, de las reivindicaciones, en vida.

Nos alcanza —andadura gimnástica, gallarda— Isabel Figueras. ¡Qué liberación!

13

—¿Vais a una tertulia de ex-alumnos?

Es un ritmo bárbaro, que descompone los peinados de «permanente» y destronca los cuerpos en contorsiones espasmódicas, que por la velocidad no alcanzan a significar una sucesión asimilable de siluetas grotescas. A ras de los perfumes y desodorantes, del denso aire de tabaco rubio, se coagulan —lápida en el cerebro— una atmósfera de sudor inmediato, gruesa estela de sonidos, los tufos de alcohol que silban los labios entreabiertos. Los bailarines, aturdidos, no distinguen al saxofonista, pintado en el mural del Club, del mulato de la orquesta que semeja duplicarlo, en una versión caricaturesca.

En su elemento, Isabel Figueras se esponja. Naturalmente, monopoliza el centro del salón, y los pechos, menores y jóvenes, realzados por el suéter, danzan como mandarinas desprendidas. En ese trance, no reniega de sus estudios de química, no glosa las minucias de su parentela y tampoco abomina de las asechanzas matrimoniales que antes, en el trayecto del tranvía, condenara sin ahorrar términos detonantes.

—Me estarás agradecido. Pudiste zafarte de Quiñones, que es de lo más roedor... y tienes en mí, modestia aparte, una compañía más alentadora.

El ritmo circula y borbotea, desenfrenado o lánguido. Motor o melaza. Al componer una pareja, extremidades y respiraciones unidas, Isabel exagera la actitud sumisa, de dóciles coyunturas, y toda ella se resume en curva y cueva, en redondo cobijo. Pero si un acorde brusco o un galopar de notas nos distancia, su expectación se convierte en retadora y maligna, en estremecido reto a mis deseos e instintos.

¿Cómo «bailo» yo? Porque cada uno tiene su compás particular, que se revela en esos momentos de tensión y escarceo. Evocados los rostros, sólo absurdamente graves o de rasgos rígidos. O aquellos otros que se reducen a un éxtasis bovino. O los que, con tremendo impudor, descubren entero talante físico, una exaltación orgánica.

¿Será diferente mi estilo? Nunca se me ocurrió pensarlo, analizarme, de acuerdo con ese patrón de tipicidad. Pero los ojos avellanados de Isabel, al alejarse, en un giro repentino de la pieza, tornábanse brillo definidor, me reflejaban: un caricioso espejo en la perspectiva.

(Y se vio en ellos, retrato exacto y paralítico. Un hombre alto, laxo, de cierta elegancia rebuscada y condescendiente, que no se altera ni en los movimientos de mayor brusquedad, que puede participar en las trepidaciones más primitivas sin perder la compostura ni la comedida sonrisa cortés, pero cuyo impulso último resulta problemático. Capaz de intercambiar frase y modismos, mientras su otro sentir se embosca.)

Unos conocidos —también del «Vives»— empiezan a discutir y forcejear. El «güero» Arturo Sanabria y un «prieto» que asistió a mi curso, Miguel Ramírez, en un corrillo de jovencitas. No sé por qué motivo pueril se increpan (una voz fría y aguda replica al tono chillón del inopinado antagonista; una mano corta y eléctrica choca con un brazo musculoso). Aspavientos y bromas han interrumpido la fiesta y flecos de sanguínea ansiedad empañan las bocas.

Aunque no alardeo de luchador, y me repugna el disfraz de la bravuconería, me interpongo y a medidos empellones aparto a Sanabria, en tanto que Isabel, con su espontánea intrepidez, se cuelga, literalmente, de la cintura de Ramírez.

—¡Te ayudo! —grita, deportiva.

Y el incidente se aísla y disuelve. Poco después, los que protagonizaron el amago de reyerta canjean disculpas, sin desarrugar enteramente los ceños.

Convenzo a Isabel y salimos. En el taxi, que por un centímetro o segundo no choca con la camioneta que se atraviesa, seguimos callados. Nos distraen las luces y calles de la noche, circundantemente mesetaria, en la ciudad desmesurada e impersonal.

15

—A ti nada te inmuta. Ni que fueras «british» —critica, profundamente irritada.

—No me privo de alguna que otra emoción.

—Bien la escondes.

A la puerta de su casa cae el llavín en el pasto oscuro y nos doblamos, a compás, para recogerlo. Se rozan las cabezas, en un acorde del tacto. Por unos instantes nos inmovilizamos y los labios de Isabel —llamativa línea que destacan, en su giro espectral, los faros de un auto— no palían una contracción amarga, que disuena de su ágil mocedad, tan lozana.

—Ahora sí estoy segura. No te importo.

Con un gesto áspero, altivo, ataja la explicación. Sobre mi corbata, sus dedos tiemblan y se rigidizan.

—De veras, preferiría no encontrarte de nuevo.

2

Los historiadores de oficio, a la usanza nominativa, consideran los grandes sucesos en calidad de cifras y tesis del tiempo social que mana o se desborda. No les queda margen para identificarse —y vibrar— con uno de esos... objetos, campos, de conocimiento. Una guerra civil carece, por tanto, para ellos, de validez independiente, de singularidad y, sobre todo, de virtualidad y dimensiones personales: la desposeen de su zozobra viva, de su anónima impronta, de su cálido resuello. Así, la de España, comienza, a su sabio entender, premisas sólo enumeradas, en 1936 y termina —o se «remata»— con la derrota de un bando, en 1939. Los efectos posteriores, especialmente los de resonancia individual, no cuentan. Han dejado de pertenecer a su interés y jurisdicción. Al cabo de unos pocos años, lo que entonces y allí ocurriera se juzgará como uno de los múltiples zigzags de este siglo convulso. Lo destinarán a manuales, a menciones en las enciclopedias, a coto de investigadores si algunos aspectos merecen el precario o avariento honor de las monografías.

Mas para mi padre, actor humilde, probablemente aturdido, de la contienda finita, el eco y la reflexión de la guerra civil española se iniciaron al desembarcar en Veracruz y sospecho que no concluirán hasta su muerte. Quizá comprendió, en esa fecha, cuando aún se estimaba beligerante, que su verdadera experiencia debía extraerla de aquella época de total desquiciamiento, que a veces parecía un sueño encrespado. ¿Supo que el resto de su existencia iba a ser enconada nostalgia y persistente contrición?

Los episodios domésticos y los imperativos de subsistir lo calmaban —o normalizarían— circunstancialmente. Pero al reposar de sus trajines, aposentado en la tertulia y en el hogar, recobraba su condición. ¡Qué semejanza con un náufrago!

Con ese desmadejado talante enterró a mi abuela por los abriles de 1940, mientras en casa las vecinas asistían a mi madre, flauta de sucesivos ataques histéricos, probablemente motivados por el escamoteo de los sordos pleitos típicos entre suegra y nuera y que, a su modo, la distraían... Una tarde de lluvia torrencial, que repicaba en los troncos y ramaje de los árboles de Chapultepec, a lo largo y ancho de un paisaje húmedo y de fermentadas emanaciones. Recibió, áridas las pupilas, los pésames y abrazos de los compatriotas, que minutos antes se apiñonaran a su alrededor, para escuchar un discurso político —¡el pesar del correligionario!— al vaivén de las paletadas de pedruscos y yerbajos que cubrieron el ataúd.

Yo, a su lado, a la altura de su cadera, casi era una prolongación del traje de luto que le prestó Quintanar. Lo seguí en la faena de arreglar papeles mortuorios y distribuir propinas entre los sepultureros. También, al anochecer, sentados en el recibidor de nuestro departamento —calle López— sin poder apagar en los oídos el sonsonete del pregón arrastrado —tamalees...— que rubricara, en la víspera, el corto sollozo bronco que lo doblegó al cerrarle los párpados: dos hojas pisoteadas.

—Te has portado como un hombre.

Crecí en la atmósfera que desprenden los padres de edad madura, proyectados sobre el hijo único y tardío. Y en el círculo de problemas de los emigrados, donde el anhelo utópico trastorna la noción serena de las realidades. Sueñan, con palabras de comodín, en el quimérico retorno a un ayer, situación petrificada, la que dejaron, esa circunstancia embargante. Solía llevarme a las reuniones de sus afines y yo aguardaba —dibujar monos, contemplar los techos descascarados de habitaciones vetustas o, desde el balcón, el paso de los transeúntes— a que acabaran de planear y discutir. De regreso despotricaba, si una intervención le había contrariado, o se manifestaba radiante porque «sus» argumentos se habían impuesto. Después, decretaban que me acostase y él vigilaba que estuviera bien abrigado, en su final y sigilosa inspección. En ocasiones, cuando me creía dormido, sus dedos rugosos recorrían mis sienes.

Combinaba esas excursiones con las diarias a la peña del café próximo, en que charlaba de lo mismo, o de lo que aconteció, entreverado de recuerdos y de anécdotas, con Quintanar, que fue Comisario en una Brigada de choque, Rentería, un ex-diputado de finústicos modales, tal colega —funcionario a sus órdenes en el Ministerio de Hacienda—, amén de un levantino, Rivera, de varias ocupaciones inestables, de bella testa decadente y sempiterna penuria, al que por riguroso turno invitaban y socorrían, por lo visto para mantener un melancólico vestigio de la castiza especie señoritil venida a menos.

Durante la primera fase, en el Instituto, salvo los planes de enseñanza, se reproducía a través de los condiscípulos, de aquellas prédicas que los maestros lanzaban en los descansos, un clima similar. Esperanzas, en oleadas, de volver a la patria, condenaciones y cantos de la lucha pretérita, en diversos estribillos. Y los niños se disfrazaban con el ropaje de los cargos y representaciones que los adultos no olvidaban aún. Teníamos dos himnos y dos banderas tricolores, ideas categóricas del bien y del mal.

Sin embargo, y a medida que nos acercábamos a la hombría, la calle ejerció su influencia moldeadora. Sencillo pero inflexible proceso. Un día descubrimos que

19

el cielo de la altiplanicie desplegaba una familiar densidad azulada que los nuestros, los mayores, no advertían. Los modismos nos brotaban con mayor frecuencia y se adosaban al lenguaje cortante y a la fonética rigurosa que nos enseñaran. Se pegaba al paladar el regusto de los «platillos» típicos y adentrábase en los tímpanos el palmoteo de las indias al amasar las tortillas. Y penetraba en el olfato el tufo de los aceites acres que se fríen y chisporrotean, como guiños de cohetes, en las esquinas de los barrios. ¿El despertar erótico no se asocia a la oscilación, atisbada, de unas piernas mestizas? Las fotografías de típicas plazas españolas o las descriptivas remembranzas de Quintanar, ¿no eran simple trasfondo, fantástico y remoto, de los edificios, altos o chaparros, que se reiteraban al pasear, desde las ventanillas del tranvía?

En esta pugna de impresiones perduraba, cual un eje rumoroso y estremecido de mi origen, esa estampa, que empalidece día a día, de la abuela, tan escueta de ademanes y parla, hormiga en los quehaceres, sin una protesta ante las privaciones, que se encerraba en la recámara para gemir ahogadamente, por los bárbaros dolores que la estrujaban, hundida la cabeza, de ásperas canas, en la almohada. Y, a lo tradicional, cuando se agravó no quiso que la internaran en un sanatorio.

—Debo sufrir en mi cama, rodeada de mis muebles, entre los míos. Aunque no hubiera remedio.

A mi padre le llegaba cada mes carta de tía Asunción, soltera, allá, en el pueblo burgalés donde, según las crónicas, surgió nuestro magnífico apellido. La hermana narraba sumariamente, con pulcra caligrafía monjil y frases de misa y olla, menudas peripecias de la casta, cambios de propiedades y mojoneras, y reafirmaba, orgullosa, su salud de infanzona. De modo indefectible, precediendo la frase de adiós, le reprochaba: «¡Si no te hubieras metido en belenes y repúblicas, otro gallo te cantaría!». Negábase ariscamente a enviarnos su retrato, como si se tratara de una presunción nefasta, de una complacencia mundana. «Era gallarda y hermosa». Solía dibujármela con suelta palabra, porque aspiraba a que se nos incorporase y procuraba que me encariñase con ella. «Nos hace falta. ¿Quién gobierna este cotarro si tu madre es casi una inválida? No duran las criadas por sus arrebatos» — «Asunción es fuertecilla de genio, pero miga tierna bajo la corteza» — «Un desengaño amoroso, de muy joven, la escarmentó para siempre. Tenía preparado el ajuar, ¡qué primores!, y se enteró de que el granuja se había liado en Madrid, con una lagarta. Cortó por lo sano. Nadie le oyó una lamentación y se tragó las lágrimas. Cose y borda a las mil maravillas: con lo que gana y el arriendo de una finca de regadío se las apaña modestamente. Y hasta es posible que haya ahorrado».

Comentario al editorial de un periódico de la emigración. «Es cuestión de días la caída de Franco». Apostilla a las recientes extravagancias de Quintanar, que ha progresado económicamente —poco había de durarle— y luce un auto lujoso.

—Hay que apretarse el cinturón. He suprimido los gastos superfluos. Separo, para el viaje de Asunción, la tercera parte del sueldo. Tu madre accede. A mi hermana todavía no se lo he dicho, pero consentirá. Podrá más el afecto que la rutina. Y aunque desde niños sus ideas difieren de las mías, está sola y nos necesitamos. Disipar algunas manías... Ha visto el mundo por un agujero. Las Américas y el avión la asustan.

Mi padre experimentó una terrible decepción porque me negué a continuar los estudios.

—Los profesores juran que no te faltan ni talento ni empeño. Yo no pude ir a la Universidad y me ilusionaba que tú hicieses una carrera, la que te agrade. En México es mucho más fácil.

Pero yo me resistí. Heredé la terquedad. Ya que

uno no puede disponer de libertad íntegra y el hombre vale lo que gana y consigue, al menos en los laboratorios sólo había que pasar lista, reportar las visitas y el resto de la jornada —de los consultorios a los camiones— me pertenecía. No alcanzaba, ni en hipótesis, a soportar la sujeción de un horario inalterable, el ocupar un lugar fijo, esa asfixia de las cuatro paredes, el cerco que te tienden los mismos rostros inertes. Y no respirar el aire exterior ni bucear en el espectáculo, de colores y de líneas, a que tanto se prestaban mis desplazamientos.

En esos intermedios —el copioso excedente de la actividad oficial— mi gran deleite se centraba en leer, observar gestos, dichos y episodios volanderos, encontrar, cuando no se les aguarda, a los conocidos, trabar relaciones que si bien no persisten te graban el hermoso acento de los ecos y de los contactos. Y, sobre todo, preguntarme, con apremio vital, tras mi disfraz de frivolidad, cuál era mi raíz, el punto de partida de mi ser. ¿Acaso el país —áspero y de secular sedimentación —que «ellos», en sus citas ocasionales, en su verbal paladeo de costumbres, tipos y anécdotas, solían evocar? ¿No era la referencia carnal de mi abuela muerta —el jadeo de su respiración— que sucesivas sombras ocultarían? Una y otra se manifestaban como lejanías escurridizas, en tanto que invisibles moldes de una sensación obsesionante de soledad y desamparo, mientras que mi padre —esa contracción severa en su frente, la quietud desesperada de su mano sobre las mesas de café, el tono destemplado de sus órdenes— representaba, hasta en el signo estáticamente agresivo de su figura, una insaciable protesta.

No sé cuándo empezó este afán de averiguar la razón o sinrazón de «su» guerra que a mí, tal el juicio de los extraños, no me incumbía y sólo de manera refleja y distante me afectaba. Fue, al principio, un ansia de detalles e historias menores que proporcionasen una idea clara del conjunto, el prestar anhelantes oídos a los relatos casuales y al dictamen —moral— de aquellos que gustan de escupir juicios rotundos. La tendencia se manifiesta de manera esporádica, discontinua, sin conciencia precisa de la finalidad que nos impulsa y que únicamente el mismo proceso revela. Te interesan, de inmediato, los aspectos parciales y acabas por captar una magnitud, una dimensión insospechada de las cosas y de los «actores».

Es el riesgo cuando el intento de conocer no se produce por simple deseo abstracto, por una modalidad del juego, sino que se centra en criaturas vivas, en su especial corporeidad. Por tanto, se erigen en nudo de nuestra existencia.

Porque desde la muerte de la abuela, él y yo, si bien fuera en breves pero diarias alusiones, o elusiones, quedamos frente a frente en nuestro círculo, atados codo con codo. (Mi madre se había excluido, era si acaso un reproche mudo.) Y esa actitud de mi padre constituía un enigma que necesitaba descifrar. Me daba la impresión de que estaba ausente, de prestado en este tiempo y lugar, y que todo su empeño para ganar el pan significaba una consecuencia pueril de la pasada enajenación.

¿Quimera? Frente a una pirámide: muertos y perseguidos, heroísmos propios y contrapuestos, todos en la balanza de la narración, de atropellos, crímenes y ruinas comunes, él sólo invocaba —antojándosele sobrados— unos vocablos mágicos, cáscaras de nuez flotantes en un río que se salió de cauce: Constitución, libertad, democracia, progreso, república, sufragio, ciudadanía.

Pero yo escapaba a la calle —al meollo de México, siempre multicolor y de atmósfera tensa— de noche o de mañana, y toda la protesta paterna se desvanecía, volvíase anacrónica. La arrastraban borbotones de luz y el múltiple crujido de las exclamaciones y el ambiente tangible, como la pulpa de una fruta que a fuerza de ácidos y azúcares amenaza pudrirse.

3

Iba el Buick a mediana velocidad por Sonora cuando Quintanar disminuyó la marcha hasta parar completamente, al filo de la banqueta. Contempló, boquiabierto, con una expresión de asombro que nunca le había visto antes, a un enlutado, hombre de recia contextura, que resaltaba aún más su aire meditativo y que, cruzado de brazos, daba la fulminante impresión de enfrentar a todos los enemigos imaginables.

Quintanar, sin una mera aclaración, descendió del auto, se apostó frente al aparador de una tienda de modas infantiles y desde allí lo examinó meticulosamente, de pies a caballo. Tras unos minutos volvió, acentuando el gesto de sorpresa, y empuñó de nuevo el volante.

—No es «él» —se limitó a decir.

—Si no me lo baraja más despacio...

—Igualito a Germinal. Las mismas cejas espesas, esa facha mitad de cura y mitad de contrabandista, la clásica actitud de aplomo y distracción. Pero fue una figuración mía. Hace años que lo mataron, en Francia, al oscurecer y por la espalda. Iba a una reunión. El balazo, clavado en la nuca. No quiso ceder y lo pagó. «Diferencias de táctica, labor fraccional.» «Desviaciones de la línea política justa.» Yo lo traté mucho. Y ahora creí que me lo encontraba, resucitado. ¡Cómo se le parece ese tipo!

—Un espejismo.

—Quizá es que la imagen no se le acaba de borrar a uno. La de Germinal, mientras argumentaba que debíamos seguir la lucha, a pesar de que dudaba de la mejor calidad humana de algunos dirigentes, ensoberbecidos por las facultades de mando que de pronto poseían. Era en la quinta donde había instalado Jaime Trías su cuartel general de transportes, cerca de la Diagonal, y que se convirtió en una tertulia de lo más raro.

Frenó el auto para encender un pitillo y hablar a su sabor, como si el «doble» de Germinal le suscitara un ansia, largo tiempo refrenada, de transmitir sus cavilaciones.

—Tú y los de tu edad, los que vinisteis de chamacos, los que entonces apenas teníais discernimiento, no podéis entenderlo. ¿Por qué algo que nos ocurrió, que presenciamos sin darle mayor importancia, vuelve, en un momento raro, con una significación distinta, como si fuese la clave, que no logras comprender, pero que te obsesiona, de una serie de hechos?

Me invitó a una nevería próxima, olvidando su cita de negocios y que me llevaba a un consultorio, a mano en el trayecto. Su vozarrón —todavía de brusquedad militar— ahogaba el estruendo de la sinfonola y era, sin embargo, roncamente confidencial.

—Yo había regresado del Pirineo aragonés, con una semana de permiso. Y fui a caer en la madriguera del traidor Jaime Trías, uno de esos zorros ventajistas de la retaguardia, que tanto nos irritaban a los del frente. Me habían hablado del sujeto —por supuesto— y no justificaba el que Aurelio, tan limpio y tosco, tan «noblote», fuese su protegido. Para saludarle y convencido de que uno, con las armas y arriesgando el pellejo, para nada influye en lo que se maquina a buen recaudo, acudí. Aurelio y yo habíamos sido compañeros de celda cuando el alzamiento de 1934. Después del 19 de julio se enroló en mi centuria —la mayoría eran del Sindicato de Metalúrgicos— y estaba a mi lado cuando un obús de los fascistas le rebanó el brazo derecho.

Tomó aliento. Quintanar se transformaba. El ocasional traficante de varilla corrugada, tornaba a ser joven, bronco y emotivo, volvía a ser el jefe improvisado que grita arengas en las trincheras o el sindicalista que levanta la diestra, como un banderín, en los debates y votaciones de asamblea. O el soldado que en los helados amaneceres, en tanto tirita de dientes y rodillas, se encandila con el arrobo de la justicia de los pobres, impuesta en los ámbitos todos de la tierra inabarcable. Yo le miraba entre respetuoso y desconfiado.

—Aurelio, el ebanista, manco a los veinticuatro años. Una manga de la camisa bamboleaba, pavorosamente vacía, al menor movimiento. No servía ya ni para el oficio ni para el combate. Y los camaradas, después de tejer la aureola de la herida gloriosa, se sentían incómodos junto a él. Fingían naturalidad, pero le compadecían o les suscitaba un vago malestar. Como si fuera una recriminación. Un compromiso molesto, inmediato. Disimulaban para no ofenderle... Él lo advertía y llegó a considerarse un hombre liquidado, una carga. No podía desempeñar puestos de responsabilidad, porque le faltaba capacidad y él lo comprobaba, perplejo ante un papel sellado, con un temor instintivo hacia las frases de los comunicados burocráticos. «No quiero limosnas.» Y de nada le servía ya su vigor físico. Mucho debió padecer, no aceptó varios cargos que le ofrecieron. «No lo merezco, no sería útil a la clase obrera, sino un estorbo en todas partes.» También rechazó, con un mohín de asco, puestos cómodos en nuestra policía reorganizada. «Soy un trabajador.» ¡Gran tipo, Aurelio!

—¿Qué sería de él?

—Hizo a pie la retirada, cabizbajo entre la multitud. Lo supe por unos amigos. Se aferraría aún más al silencio que extremaba en los últimos tiempos.

—¿Y después?

—Se le perdió la pista. Nadie se dignó hablar de Aurelio. No dejó recuerdo. Supongo que se arrinconaría en el campo de concentración y que allí, callado, hasta el punto de que él mismo no querría oírse, gota a gota se le quebró la voluntad de vivir. Lo encontrarían, una mañana cualquiera, rígido, apretados los labios, inmóvil para siempre.

Una de las historias que cuentan de la guerra. Mi padre, sus cofrades. Casi ninguna se diferencia, acusadamente. Tienen ese sabor, amargo y fatalista, que rezuma la suerte de una muchedumbre derrotada y los azares de sus individuos, arrancados de cuajo del suelo y de la estabilidad. En la pared, sobre la cabeza de Quintanar, un calendario de motivo típico y abundantes colorines: la china poblana avanza el busto al pairo de la escotada blusa blanca; en la mesa donde sustenta el arranque de las nalgas, un platón de enchiladas, sin misericordia de pormenores plásticos. La mentada sinfonola se las entiende, ahora, con una nostálgica melodía caribeña. Los parroquianos comentan —ensalada de jonrones, bateos, hits— el partido de béisbol de la noche anterior. El Dr. Arcila habrá llegado a la clínica: «Puesto que no hay enfermos, Chabela, ¿ni un pinche agente de laboratorios que me distraiga?» Son excesivos los elementos que pugnan en mis sentidos.

¿Por qué asocio la figura, acusadoramente exasperada, de Aurelio, que los rasgos de Quintanar, aún más endurecidos que de costumbre, reproducen, con aquel cuarentón extraño que recorría los jardines de un hotel de Cuernavaca? Su andar lento, incansable, sin objeto. ¿Será cierto que estuvo a sueldo de la Embajada inglesa en Lisboa, en un contrabando de alhajas asiáticas y dedicado a proporcionar informes de otra índole, en un intervalo de su larga práctica de jugador profesional? ¿Por qué le temblaban desaforadamente las manos nudosas, habituadas al manejo profesional de la fortuna, a una familiaridad cínica con la suerte? Y sus ojos, cenicientos y tristes, de relumbre fugitivo, como de caramelo pulido por un torrente. De manera oficial se dedica a importar instrumentos de precisión. Doblo la página. Quintanar posee una extraordinaria habilidad persuasiva con los arquitectos y contratistas. Sin embargo, de vez en cuando se alucina y acapara al primer infeliz que le sale al paso y le endilga su momentáneo resquemor. Se ha mostrado ahorrativo, compra en abonos un terreno por la Villa, que edifica a duras penas, habitación tras habitación. Empezó con el garaje. «Allí duermo y cocino. Más tarde construiré la recámara y el comedor. Hago ejercicios de tiro al blanco. Me apuesto en un cañaveral y disparo sobre la fachada, los domingos. Y así la decoro, originalmente. Yo era un tirador estupendo.»

¡Este Quintanar! Creo que adivina que mis pensamientos se bifurcan y escapan. ¡Y se siente tan mortificado!

—Fui al cuartel particular de Jaime Trías únicamente a charlar con Aurelio. Jaime Trías —¡lagarto de pedriza!— lo había domesticado. Gracias a ese modo sugeridor y convincente que empleaba con una habilidad tremenda, le hizo ver que necesitaba un ayudante de confianza, que el parque móvil del Sindicato —cinco Fords y tres camionetas —no funcionaba bien por falta de un hombre enérgico que supiera controlar a los conductores y mecánicos. Y que así se cumplía una misión importante. «En ocasiones, las menos, hay que transigir y que parte del suministro se filtre a las casas de algunos mandones —unos cuantos botes de leche condensada, conservas, bah...— pero esos pecados veniales permiten que en casos urgentes podamos mandar víveres, sin que se extravíen ni mermen en los colmillos de las Intendencias, a la primera línea de fuego. Una pequeña inmoralidad, lo confieso, pero que salva de bastantes apuros.»

—¿Y Aurelio se tragó el anzuelo?

—Era muy ladino el Jaime Trías de marras. No traslucía nunca impaciencia. Y sus argumentos torcidos —chuecos— los enderezaba su propia y rara sobriedad. No sé cómo retratarlo. ¿Un pícaro ascético?

—Pero usted me hablaba antes de Germinal.

—Germinal también acertó a conquistar la simpatía de Aurelio, ¡ese erizo de bondad! Por distintos motivos, es verdad. Germinal, uno de los casos excepcionales del teórico y orador de categoría que les hablaba en su lenguaje a los hombres sencillos. Observaba con ahínco a su interlocutor y si barruntaba que sus frases eran demasiado complicadas para su caletre, simulaba no advertirlo y limaba la idea de difícil asimilación con alguna comparación fácil. Así, al principio, Aurelio podía estar en desacuerdo, pero Germinal no cejaba. Asentía a sus objeciones y de pronto iluminaba un argumento enrevesado y cambiaba la valoración del conjunto. En estas pláticas, y como si en ello estribase su principal ocupación, invertía horas y horas. Y se aficionaron el uno al otro. Germinal era uno de esos camaradas que saben perder el tiempo.

—Su Aurelio, un alma cándida, de alas rotas; Germinal, una especie de «socrático» en el movimiento obrero. Y el inevitable Jaime Trías, en papel de Judas. ¡Curioso trío!

Quintanar me miró con un chispazo de irritación, rápidamente dominada.

—Te burlas. Es un privilegio de los jóvenes, de los que no estuvieron allí en la edad de razonar y no pueden apreciar los efectos incalculables de una guerra civil, que funde a los seres dispares y separa a los de una misma cuerda. Casamentera y celestina, convierte en héroes a los miserables, destrona a los potentados, hace añicos los apellidos famosos, sopla vientos de locura sanguinaria y de súbitas solidaridades fraternales, barre las añejas murallas del respeto y erige nuevas autoridades, ingenuas o feroces. Saca de la nada campeones y mitos. Fíjate, yo mismo. ¿Qué era antes de la sublevación? Un pobre maestrillo pedante que distribuía sus afanes entre la escuela y la Casa del Pueblo. Con el prurito, puntualiza tú si ridículo o legítimo, de ser culto. Y ascendí, peldaño tras peldaño, en el cuerpo cuatro heridas, a Comisario de División, a mandar militares de Academia, a participar en las deliberaciones de los Estados Mayores. Era tan maravilloso el cambio, que no podía durar, ¡y se derrumbó! Trabajo me costó habituarme en México a ser uno de tantos, en esta vida de ajetreo sin móviles. Y sin fervores.

—Pero comentaba usted lo de Aurelio, lo de Germinal, lo de Jaime Trías. El traidor Jaime Trías...

—Es singular, Jaime Trías siempre me inspiró recelo. Y sin embargo, al tener noticia, pasados unos días de aquella velada, de su fin, no reaccioné con odio. Hoy, al cabo de tantos años, me desconcierta todavía más. Pero, según dijeron, lo tenía merecido, se comprobó que estaba en relación con el enemigo.

—¿Lo enjuiciaron?

—No se trata de palabras o de formalismos... En aquella época y cuando se ventilaba un asunto vidrioso, algunos recurrían a lo expeditivo. Sobre todo, si se trataba de alguien significado en la organización. Entonces —aunque ignoro lo que pasó concretamente— se procedía por propia cuenta, sin dar tres cuartos al pregonero. No se publica una vergüenza de la parentela. ¡Y la ropa sucia a lavarla en casa!

—Vaya, que le impresionó aquella reunión en torno a Jaime Trías.

—Fue como una corazonada, muchacho. No se me ha borrado un detalle. El vestíbulo de la quinta incautada desempeñaba funciones de «Secretaría del Transporte». Serían las diez de la noche y se había levantado el relente mediterráneo de enero. En la chimenea —más de ornato, por lo común, que de uso frecuente— Aurelio prendió el fuego. Con el brazo válido cargaba, viaje tras viaje, en tanto que el peso lo ladeaba, leños y tocones, brazadas de hojarasca. Junto a la ventana,

31

peroraba Germinal, con un tono a trechos melancólico, escéptico y entusiasta en algunos períodos. «La revolución no resiste la prueba de la continuidad, del éxito. Sólo es pura cuando se incuba y brota. Luego —ved la historia, nuestra experiencia— cede sus defensas a los rapaces, a los "organizadores" y nace una burocracia despótica y zafia, sin las garras enguantadas de la casta tradicional, con hambre plebeya de afirmarse y reproducirse. No protestes, Aurelio: a la larga o a la corta a ti te arrinconarán y a los de mi especie tendrán que liquidarlos. Quizá a Trías lo entronicen. Berta está destinada a prosperar. Y nuestro Comisario, Quintanar, no querrá despegarse del frente, es un visionario, un cándido. Comprendo la obligación biológica de que así ocurra. Es un precio alto, pero ineludible, para un avance que no alcanzaríamos a valorar».

—¿Berta, otro personaje?

—Sentada en el brazo del sofá aparentaba escuchar a Germinal, mientras las grandes pupilas ojerosas rondaban a Jaime Trías, con aire negligente de acecho. Balanceaba la pierna derecha y hacía gala de las alpargatas, de baile folklórico, con listones negros que le adornaban las pantorrillas robustas.

—Y lo femenino opacó el discurso de Germinal.

—Es que ensambla con nuestros gestos y actitudes de aquella noche. Berta procuraba distraernos con ese abandono caprichoso y no desviaba su atención de Jaime Trías, a veces de refilón, hasta impertinentemente. Exhalaba una voluptuosidad densa, turbia.

El apasionamiento de Quintanar me arrastraba.

—En su «cuadro», va usted relegando, como si no se atreviera con él, al principal protagonista.

Quintanar asintió, con un gruñido preliminar.

—Nos diéramos cuenta o no, girábamos alrededor de Jaime Trías. No era cuestión de palabras, sino de atmósfera, de ese clima tirante que irradia de una persona y que uno no acierta a explicar, pero que lo domina. A media voz, Jaime Trías repasaba una lista de existencias de almacén, en tanto que Aurelio cuidaba del fuego, hablaba Germinal con lujo de exageraciones levantinas y Berta rozaba, en un brindis provocativo, su copa de coñac con la mía. Había traído una botella de Domecq auténtico del frente, por si se presentaba la oportunidad de un convite.

¡Cuán honda y silbante la respiración de Quintanar!

—Jaime Trías levantó la cabeza y nos «inspeccionó» a todos, uno por uno, con serenidad socarrona. «¿A quién despedimos hoy?» —preguntó. Tras la mesa de despacho en que trabajaba, entreabierta la guerrera del uniforme, las palmas de las manos aguantando las sienes, el rostro afeitado destellaba la dura pelambre natural de la barba, a compás de los ojuelos pardos y quietos, de cazador. Al cabo de unos segundos corrigió: «Podéis charlar, que no me interrumpís. ¿Verdad que nada se interrumpe?» Recibimos a un combatiente. ¡Qué afortunado es Quintanar! Pronto estará lejos de nuestras miserias de retaguardia.

—¿Y luego?

—¿Qué podía suceder, joven Estella? Nada espectacular. Salí, ya de madrugada. Llevaba mi auto de campaña y dejé a Germinal en su pisito de la calle de Nicolás Salmerón, y a Berta en la casa de una lateral del Paseo de Gracia, que ocupaba con sus acólitos. Sí, formaban un cuerpo «marginal» de investigación, una policía disimulada. Ella los capitaneaba.

—¿Más tarde?

—Amanecía cuando enfilé la carretera hacia Igualada. Berta había intentado en vano retenerme. Me sentía mejor dentro de mi capote. Bebí, con la velocidad, el aire helado y libre. Pasaron semanas y un camarada que vino de Barcelona, en misión especial, me informó, entre cuchicheos, que habían desenmascarado a Jaime Trías, que estaba en contacto activo con los franquistas. Y que no era prudente que me refiriese al asunto ni al sujeto.

—Y ahí terminó el episodio.

—Murió y lo enterraron. ¡Junto a tanta víctima! ¿Por qué me miras así? ¡Déjame en paz! Tu padre lo trató más que yo. Si lo encuentras de humor, él te ampliará el informe.

Debo recuperar la hora gastada en esta confidencia. Leeré la «extra» del mediodía en el camión. Don Manuel, facha de torero retirado, pelo corvino en sortijas sobre los parietales de la cabeza a pájaros, chaleco con cadena de oro para reloj de tapas, poltrón y de oreja dura, me regañará por la demora. Es el dueño de la pensión, en República del Salvador, donde estoy abonado a comer, a pesar de la oposición maternal. «Jovencito, tendrá que esperar en el pasillo a que haya sitio disponible. ¿Usted no oyó cantar a la Raquel Meller? (Deniego, y su desprecio por tal inferioridad abruma...) ¿Sigue con sus matasanos? Carmelita, los garbanzos, no se me atontoline. Aprenda, atrévase, el que depende de otro no prospera. Y usted es listo, le sobra labia. Y de presencia, pues el pisar del potro, apenas desbravado. ¿Por qué no explota esos dones?» En la mesa del balcón, un tipo palitroque, de aspecto solemne, cabellera canosa y neto perfil caballar, azulada corbata de plastrón donde se pavonea un prendedor de piedra falsa, corta, con soberbio ademán de marqués tronado, el bisté más nervudo de la general pitanza. Aspiraba a ser cómico en las Américas y acabó en comisionista de papelería. —Me corresponde la espesa ruta de las calles de Brasil y Chile, que en esa zona —peregrina coincidencia— también hay médicos a visitar. A pleno sol, entre un griterío de zoco —según la expresión despectiva de mi padre— cortaré por la Lagunilla, donde ofrecen, a puritos jalones de manga, desde un juego de cristalería a un traje de boda. Los gritos comerciales y el trote de los indios atarantados y el revolver de mascadas y blusas y la sonrisa sosegada, de

medio filo, de algún remendón y los charcos —de vo-
mitona y de refrescos, con puntos de pepitas— componen una imagen oscilante y gelatinosa, que provoca
el mareo. Cruzaré ese paraje, en que la ciudad sacude
sus axilas, con la celeridad de rigor y precepto, pero
en mí predominan otras imágenes, que de momento
desplazan esta realidad circundante. Es ilógico, yo no
los he conocido y sin embargo revisten una vigencia
superior a los seres de carne y hueso, a los que oigo
y diviso, con los que me tropiezo.

Esa mujer que se arregla las trenzas, recostando
los hombros en el muro náufrago de un edificio en de-
molición, es un remedo de Berta y su frente morena di-
buja la misma arruga transversal que en ella debió sur-
gir cuando espiaba, ahincadamente, a Jaime Trías. El
pálido propietario de una tienda de encajes, que sale
a revisar un aparador, chaleco en ristre, no lleva al
brazo velloso la cepa de viña enferma que Aurelio aca-
rreó para alimentar el fuego. Tampoco el dependiente
inmóvil de una mercería —cara de corte eslavo— puede
asimilarse a Jaime Trías. Y el escuálido rabino que
discute con un comerciante devoto difiere de mi fantástico retrato de Germinal.

Pero mi padre tuvo una relación más estrecha con
Jaime Trías. Temo que intente soslayar la conversación y he de pensar cómo abordarlo para que no rehúya
las respuestas precisas. Es absurdo este anhelo, pero
me zarandea a su sabor. Intuyo que mi vida ha descubierto una misteriosa e inevitable ruta.

4

Los hijos se cifran o descifran a través de una serie
de reacciones imprevisibles, Lorenzo Estella. Ricardo,
el tuyo, el único además, te somete a difíciles pruebas.
Y has de extremar la ductilidad. Aspirabas a que no te
desconociera, en tanto que hombre de un exilio, como
les ha ocurrido a la mayoría de tus amigos, cuyos reto-
ños andan como rebeldes jabatos sueltos y consideran
anacrónicos a los padres, fuera del medio concreto,
palpable y audible a que pertenecen. ¡Cuando no les da
por despreciarlos!

Y te hubiera complacido su admiración, que debía
extenderse al todo, al autónomo mundo de sucesos,
exaltaciones y desmayos que son para ti clave pródiga
del vivir en pena. Que tú fuiste porción o guijarro de
ese río sepultado y su anterior oleaje te arrebató lar
y cielo, raíz y aire. Efímero poderío —delegado y compartido el tuyo, subalterno pero positivo— de que no
logras desprenderte y por ello te adhieres, hasta que
se te rajen las uñas, a su follaje; una legalidad, un
atropello, un orgullo requemado y un despojo inolvidable.

Ante él, tu heredero, ¿de qué?, has procurado mostrar esa faz en relieve de la medalla y si en ocasiones
salieron a relucir deslices y desafueros, los tapabas,
presuroso, con el mando del sacrificio y del magnífico
impulso que a un pueblo en haz animó y que exculpa-

ba las notas de barro y las pelladas de cieno. Era como un resplandor milagroso que empalidecía aún pleitos y querellas de la derrota, que eliminaba el retrospectivo aguijón.

Esos ojos, precozmente graves, cotidianamente claros, de un niño, que engendraste y del que has de responder, te clavaron su luminosa palpitación —entonces, mal fario de las noches estrelladas— en cada bombardeo. Criatura, invención de vuestro ser, ¡qué agónico sudor el de su mano en tu piel curtida, cuando cruzasteis —cuatro sombras de tamaño desigual en la sierpe de las cuestas— la frontera! Después, estuvo a tu lado, «al nivel de tu cadera», talla de colegial, junto al cadáver de la abuela. Más tarde, empezó a esquivar, gradualmente, tu autoridad. Y si te acompañaba a las interminables reuniones de emigrados, lo hacía por obligación, con un precoz talante de tolerancia.

Habitasteis la casa sola, sin que la madre, enferma y desabrida, os compaginara. La patria y las ideas, la esposa y el unigénito, fantasmas en jirones, reflejos huidizos y descoyuntados. Y mientras buscabas, siempre provisionalmente, las varias maneras de subsistir, el muchacho creció, en bruscos tirones de la osamenta, en una plasmación de rasgos ajena a su capacidad de pesquisa. El carácter pareció mineralizársele y tus dedos temblones no pudieron ya desplegar el intento de una terneza.

Los repliegues del nuevo temperamento lo distanciaban de tu percepción. Sin desplantes ni destemples rechazaba tus normas. Una buena mañana intuiste —quemadura de las entrañas— que su voluntad era, en el fondo, inaprehensible.

Y Lorenzo Estella —falsa disposición cordial— fingió aceptar su tendencia, ese terco afán de ser libre y de soñar que no está supeditado a nadie... Fue como otro destierro, admítelo. Como una sentencia inapelable que de tu misma carne surgiera. Ahí nació tu ansia pueril de cobijo y de eco, lo que te decidiera inconscientemente a precipitar el viaje de Asunción, escala para tu pecado.

(Aunque estas reflexiones manen de tu desamparo, pretendes saber quién soy, disfrazarme de figura. ¡Pero si carezco de nombre y apellidos, de seno materno y de sello paternal! Existo en virtud de tu desazón. Agradece que esta mi voz te consuele y contraste. Te has desdoblado y el subterfugio alivia, que no todos, en el asfixiante retazo de mundo que ocupas, gozan del privilegio de que alguien les taña hondamente su cuita o navegue por el rielar azogado de su alma perpleja.)

Con tu hijo charlas a veces de la guerra, de tu cacareada y doliente guerra. ¿Qué otro tema sería válido si deseas que se aproxime? Es lo que más te importa. Sin un propósito lúcido, lo citas y suscitas, para obtener, siquiera sea casualmente, su aprobación. Te conviertes en actor y testigo de hechos memorables, en una isla superviviente, en grano y grumo de la tragedia, en resonancia inextinguible de tu pueblo y de tu casta, tan imperecederos —crees— que habrán de fundir el general egoísmo, las paletadas de olvido que horas escurridizas y temporales apetitos acumulan sobre vuestra mortal herida vieja.

¿No es cierto, Lorenzo Estella, que te pesan las palabras cuando destilan tu sordo clamor, el andar vacilante de estos oscuros años rabiosos? Fuera de moda, al margen de los acontecimientos actuales, para los que no cuentas, la nostalgia que te singulariza también te destruye.. A pesar de que manifiestes absurdas ilusiones, te consta que no hay retorno y al par no puedes entregar tu albedrío definitivamente al medio que te envuelve y penetra, al cúmulo de sensaciones y sustancias que se graban en tu corteza y que son ya agua de tu jugo.

He aquí la prisión de tu dilema. Escapas, por unos instantes, de tu cerco tenaz, en las pláticas de Ricardo, que son rebrincos de tu interno batallar. Al igual que los galanes de antaño que intentan justificar su inapetencia erótica con el relato hiperbólico de las proezas idas.

Pero esa noche él tomó la iniciativa y te invitó a pasear por el umbrío cinturón de la ciudadela. Y se permitió preguntarte, excluyendo las generalidades acostumbradas, datos concretos de gentes que fueron y cuyo destino te conturbó.

—¿Tú conociste a Jaime Trías? Según Quintanar lo tratabas frecuentemente.

No había forma de evadirse. Era una de tus experiencias enconadas, obsesionantes, y cada interrogación suya, más acorraladora, más ceñida, en tanto aguzaba la mirada y sorprendía tu desazón, te reintegraba a los soterrados días de aquella flaqueza. Al contrario de lo que temías, comprobaste que tu confesión, la pobre culpa que te había correspondido, te ligaba más al hijo.

Simple casualidad el primer encuentro con Jaime Trías, en un recodo boscoso de la Bonanova. Acababan de incorporarte a la Subsecretaría de Armamentos, a las órdenes de un alto funcionario, para disciplinar e incrementar la producción de las improvisadas fábricas de municiones de Sabadell, Tarrasa y Manresa. Te habían prestado auto y chófer para regresar al centro de la ciudad: desde la montaña, a tus pies, burbujear incontable de luces, muñones irregulares de una lámpara fantástica (que se apaga de improviso con el ulular de las sirenas), sólo limitada, en la rumorosa ondulación de la noche, por la serpentina de focos y faros del puerto, allí, en el lejano horizonte. Pero el motor se había negado a seguir marchando, por uno de los inexplicables motivos a que las máquinas se atienen, y el conductor hurgaba, con salsa de reniegos baturros, en sus tripas. Lorenzo Estella contemplaba su ciega tarea, entre irritado y displicente.

Hasta que acertó a pasar una camioneta y de ella saltaron dos desconocidos. El uno, flaco, alcayatado y por los cuarenta: todavía con gorro de miliciano, el entonces clásico chaquetón de cuero y, de rúbrica, polainas que por lo cortas y estrechas debieron fabricarse para piernas de otra medida. Joven, por los veinticuatro, su acompañante y escolta, algo rizado el pelo hacia los campos de las sienes, en mangas de camisa: la izquierda era como un péndulo blanco y hueco; nacía de la derecha una sólida mano obrera, aún con reminiscente nobleza artesana su ancho trazo.

Jaime Trías brindó su ayuda, tras calmar previamente la susceptibilidad del aragonés —«debes estar cansado de la postura, camarada; si quieres te sustituyo unos momentos y a lo mejor la suerte nos favorece; a veces se oprime por casualidad un resorte y asunto concluido»—. Y su risa jovial, para el trance.

Mientras investigaba, las astutas preguntas, que parecían rutinarias, eran casi un complemento del ejercicio. Y al desgaire averiguó de ti, Lorenzo Estella, todo lo que se proponía. Te hizo su padrón. Quién eras, dónde naciste y qué estudiaste, tu ocupación en aquella temporada. Al rato —un brillo sutil de ojos sobre el ancho fondo de la sombra vespertina de los árboles y de los montes breves, tendidos en blandas líneas— y tras un laborar de ardilla, confesó su fracaso.

—El desperfecto es para un mecánico. No creo que pueda repararse aquí, sino en el taller. Espere unos cuantos minutos y le envío un coche y remolcador.

Diste las gracias, por fórmula y desgana, convencido de que no volverías a tener noticias suyas. En el tiempo de dos cigarrillos, el aragonés se reintegró a su escarbar de émbolos y carburadores, con crecidos trenos.

—Más valía que no presumieran de solidaridad. ¡Y dale que te pego el «camarada»! Presumen pero no te salvan de un apuro. Bien plantados nos dejaron.

Pero no tardó en avistarse el auxilio de Jaime Trías, exactamente según su promesa. El remolcador se encargó del auto averiado y un buen Chevrolet —al lado del chófer, Aurelio— te llevó, con todos los honores, al centro.

—De parte del camarada Jaime Trías, que le telefonee —ahí va el número— en cuanto necesite algo en que él pueda colaborar en su misión. La causa es común y aunque depende del Sindicato —es el responsable del Parque Móvil— hará siempre todo lo que pueda en beneficio de la victoria, sin importarle tiquismiquis de partido o jurisdicción. Apunte también la dirección. Es igual que llame de noche o de día.

Fue un episodio menudo, que incluso habrías olvidado si semanas después no hubiera surgido un obstáculo para ti insuperable. Reclamaban del frente cintas de ametralladora de cierto calibre, para una ofensiva en preparación, y no disponías de vehículos suficientes. Por una de esas peculiaridades de aquella guerra, entreverada de tercas suspicacias partidistas, y cuando el Gobierno no contaba aún con todos los recursos —su autoridad era, en buena porción, nominal— a última hora te faltaron para el convoy seis camiones. Y se te ocurrió —sin mayor esperanza— apelar a Jaime Trías, que con increíble celeridad te los proporcionó de su feudo, y sabe Dios si birlándolos de otros lugares.

Así empezó una relación esporádica pero firme. Al «camarada» Jaime Trías sólo le debías favores, grandes y pequeños. Daba la impresión de que le interesaba extraordinariamente tu éxito personal, a pesar de que en ocasiones tuviera que contrariar —o esquivar— la línea y órdenes de sus compañeros.

—Perdone, camarada Jaime Trías, que le moleste y, como de costumbre, para ganar unos minutos, por teléfono. Es que me falla el abastecimiento de leche condensada para los hijos de las obreras de esa fabriquita de Sans. Me arreglaría con tres o cuatro cajas. Usted, que es hombre de recursos, ¿a quién cree que podría llamar?

Y el camarada Jaime Trías, por arte de birlibirloque, te solucionaba el problema. Uno podía pedirle lo más extravagante, lo más ajeno a su función. Era hombre de agudo instinto para improvisar, enjaretar y prestar servicios, para vencer la resiştencia estratégica en el momento oportuno. Además, dormiría de pie, se supone, porque hasta en las madrugadas se le localizaba.

Un tipo tan eficaz y seguro merece admiración. Pero si lo elogias abiertamente sueles encontrar, en algunos rostros severos y agrios, mohínes de recelo.

Lo utilizábamos, y sin embargo, no convencía ni a los de su propia filiación. En tales aprietos, preferían cambiar de tema. Si acaso, el puritano de turno aventuraba:

—No es trigo limpio. Y lo peor es que resulta difícil demostrarlo. Reconozco que vive sobriamente, y no obstante acapara. ¿Qué demonios persigue, qué diablos trama? Para el esfuerzo que realiza, demasiado nuevo en la organización. Y no tiene un pelo de vanidoso. No aspira todavía a cargos de relumbrón ni ha requisado un piso a los fascistas, para instalarse a lo burgués.

O agregaban:

—Quizás, un lunar viejo en su historia, en sus antecedentes. Procura taparlo con este ajetreo. Trías es como un mal indispensable. Tan seguro, tan capaz para mandar. A mí también me ha librado de atascos serios, pero no me fío.

Transcurren los meses, entre dimes y diretes, fugaces impresiones de que el desenlace favorable se aproxima o turbonadas de zozobra, una sensación multipresente, en el trasfondo, de cansancio y derrota.

En un atardecer, Lorenzo Estella, tronchados los huesos, volvía en su auto de la habitual entrevista con un funcionario de la Subsecretaría de Armamentos y el Ford, amarillo y desvencijado, de Jaime Trías, se cruzó en sentido ascendente, a pocos metros de distancia del paraje de su primer encuentro, por la Bonanova.

Un doble frenazo y ambos os apeasteis. Tras los saludos de rigor, la voz, perceptiblemente trémula, de Jaime Trías:

—¿No le molesto si le pido que hablemos un ratito a solas?

Camináis un corto trecho cuesta arriba, mientras el monte se puntúa de luces temblorosas, sopla el viento leve en la vihuela, de hondo acento y estremecida frase, de los aires ocultos, y entúrbiase el albor de las casas que vertebran las laderas. ¿Recuerdas? En una comba de la carretera, la estridencia de un claxon y la nota autónoma, que brota junto a una ventana, del llorar intempestivo de un niño.

Jaime Trías se sienta en un cono de grava de la cuneta, rígidamente unidas las rodillas, sobrecargada de arrugas la frente morena y polvorienta. Una actitud, la suya, que participa de la tensión y del abatimiento.

Y desaparece el paisaje, se esfuma la circunstancia exterior. Porque comprendes que te hallas ante un decisivo trance personal, que la casualidad te sitúa en misión de testigo, que el suceso acude a dislocarte; es la tierra de la sorpresa, la jornada que se diferenciará de la extraña normalidad y que, a tu pesar, se impone y perdura.

—Comenzaré por decirle, camarada Estella, que no pretendo que me defienda, que no lo comprometeré. No somos amigos, no nos tratamos sino en momentos de apuro. Pero es una bendita suerte el que le haya encontrado ahora. Mire: mañana, pasado, y probablemente siempre, mi nombre será el de un traidorcillo, que ni siquiera vale la pena que lo fusilen en público, para escarmiento de cobardes. Me liquidarán en descampado, quizás entierren este cuerpo en una huerta, donde nadie sospeche, o me lanzarán mar adentro. No conviene que me lleven a la justicia oficial. Los desacredito. Al fin y al cabo, he sido de los suyos, me he vestido con sus colores. Les sobra razón: lo que ellos conocen —lo de fuera— me condena. Podría intentar huir —que medios no me faltan— pero esa solución no me convence. Pienso que mi vida se cumple de esta manera. ¿Y adivina usted por qué no me rebelo, siendo, esta vez, inocente? Es que he cambiado, mucho más allá de lo que imaginan. También la locura, buena y mala, se contagia, prende en uno.

Como rúbrica de un escupitajo, se sonrió.

—Camarada Estella: no me las doy de angelito. Me movieron el miedo y el gusto de mangonear a mis anchas, la ocasión de gozar de autoridad, según el modo mío. Voy a morir y ni aquellos a los que estuve ligado mucho antes —los enemigos, los de la otra trinchera—, ni los que tranquilamente se disponen a taladrarme la cabeza, después de haberme empleado, han calado en mí. Tendrán que caer las gotas gruesas de los años, para que usted mismo, sin vela en esta procesión, pueda rumiarlo. No despegaré los labios, me basta con que usted medite, más adelante, en lo que le he confiado, como un grano de arena en la playa, que miramos, un día cualquiera, fijamente, y que se clava en la memoria. ¿Por qué lo he elegido? ¡Un capricho! Váyase, sin despedidas.

No alcancé a protestar.

Y el hecho es que desde entonces adiviné que no había mentido. Y sin embargo, no levanté un dedo —ni pronuncié una palabra— en su favor, evité temerosamente hablar de él y me abstuve de averiguar lo que ocurrió, de qué le acusaron concretamente.

Una guerra civil —y no me lo enseñó nadie— crea en los hombres una rica corriente de heroísmo diario, ante los repetidos sucesos tremendos y las crudas exigencias elementales. Al mismo tiempo, un menosprecio habitual del hombre aislado, cuando, por una fatalidad se convierte en obstáculo, lastre y engorro. La calificación, pregonada o murmurada, de traidor, se pruebe o no, lo incomunica. Nadie frecuenta al «marcado». Desviamos de él los ojos, tartamudeamos el reconocimiento. Y si nos asocian con sus relaciones, insinuamos apresuradamente, sin demostrar que nos afecta, que fue un mero azar y que también otros, más encumbrados y notorios, cayeron en la trampa. A pesar de que uno sea, por su trayectoria y conducta, intachable.

Aparentamos escuchar con indiferencia, si se explayan a costa de su desvalida persona, convertida en espantapájaros.

—Se evaporó el dichoso Jaime Trías. Ni la menor noticia de él. Dicen que lo han enviado a Francia, en una «comisión secreta». ¡El embuste de costumbre! La verdad es que estamos rodeados de miserables, que se aprovechan de nuestra ingenuidad de revolucionarios para apoderarse de los puestos clave y apuñalarnos. Justo es que si les descubren el truco les apliquen, sin armar escándalo, su castigo. Mandarlos a los tribunales es peligroso, allí tienen cómplices y simpatizantes, uno se enreda con las leyes.

Y yo no objeté nada, mientras la duda y la vergüenza me roían. No tanto como hoy...

En la tintorería mueve el viento los trajes de diversas medidas, distintos colores y desiguales hechuras, que cuelgan, igual que los ahorcados en los patíbulos, de los ganchos. Sobre el muro, la fotografía del equipo predilecto de fútbol, y en la atmósfera empañada el humo de la plancha. La dueña ríe, con hipo que le mece el vientre sedentario, un chiste, emitido con nasalidad tarzanesca, del popular cómico de la omnipresente emisora.

Rebotan las últimas palabras de mi padre, en este decorado, aquella noche.

Yo le consolé y advertí:

—No te culpes ni le des más vueltas. Supongo que en esas circunstancias, era un hecho normal. Ni tú hubieras conseguido nada y a él no lo aliviabas. ¿Pero no te parece que en este caso se ventilaba algo más que un error y una víctima? Ciertas reflexiones de Jaime Trías tenían un alcance que ni tú ni yo nos explicamos. Habrá que indagar.

—¡Llovió demasiado!

5

Los sábados por la tarde, únicamente ajustar la puerta, de hojas que fueron recias y nuevas. La costumbre de Juan José Guevara data de la época en que Ricardo Estella, al que hasta entonces había juzgado un muchacho petulante —cuello duro y redondo, largos puños postizos que se disparaban con su bracear hiperbólico, de las mangas; bigotito cinematográfico y acicalado en donde parecían anidar sus silencios dubitativos— manifestó, de una parte, que en música prefería los cuartetos de cuerda; y de otra, que si alguna vez llegaba a suprimir el ocio para acumular riqueza, se consideraría incluido en una especie animal inferior. Agregó, finalmente, que si bien él podía reírse de las discusiones pueriles, en torno a la guerra de España y de la aburrida invocación de las pretéritas jerarquías a que solían entregarse los hombres de edad y peso, aquella conmoción debió implicar causas hondas y perdurables que sus mismos protagonistas no alcanzaban a discernir. Y era ineludible considerar, sin precipitaciones, con nuevos elementos de juicio y al margen de partidismos grotescos, lo ocurrido.

La antipatía de Juan José Guevara se trocó en benevolencia y como, a pesar de su exterior sociabilidad y afables modos, deseaba mitigar un penoso aislamiento, y a sus años la espaciada comunicación con los jóvenes satisface ese anhelo, le invitó tímidamente. Necesitaba un auditorio y pensó que también sería interesante averiguar lo que sentía esa generación desarraigada en la niñez, tan lejana y disímil de la suya, la que había militado en sindicatos y que después de los conciertos endomingados y matinales en los teatros pasó a ejecutar —brizna de un afán entre redentor y educativo— piezas sinfónicas para los combatientes de primera línea y los heridos en los hospitales de campaña.

—Cuando quieras, ven, los sábados por la tarde, a partir de las cuatro. Vivo en las calles de Orizaba. Dejo la puerta entornada, para que entren sin ceremonias, los amigos. Resulta que durante la semana me gano los centavos con programas de radio, tocando boleros y, en el mejor de los casos, arreglos cortitos, digestibles, de composiciones más o menos célebres. Pero ese día, que es mío, a sacarme la espina. Me dedico a entonar los dedos y a desagraviar los oídos. Ensayo horas y horas a los clásicos. Sin esperanza de poder consagrarme por entero a los patriarcas, pero no me creo del todo un mercenario. ¡Caray, si yo fuera un Casals chiquito!

El término plural —«los amigos»— era una vergonzante y tímida argucia. Porque Ricardo Estella no encontró nunca visitantes, y esta cuestión, de modo tácito, no se abordó. En el vestíbulo le acogían melódicas probaturas, de majestuoso fraseo, que le retrotraían a extintas centurias. A veces se interrumpían, para saludarle.

—Pasa, Estella. ¡Ya has oído! Hoy no me sale. «Los» estoy ofendiendo.

Y contemplaba los grabados, en medallones sepultos, de Bach y Mozart. O el grupo fotográfico —marco de caoba, apagado tono ocre— de la Orquesta Filarmónica de Madrid que dirigiera Fernández Arbós y en una de cuyas primeras filas —el violoncello trepaba de pies a pecho, como un hijo crecido— estiraba su pescuezo campesino Juan José Guevara, el mozo.

—Espera, insistiré.

Y el arco tornaba a su ronda enamorada, trepaba o fluía, provocando alternativamente pestañeos de irritación o un resplandor gozoso en los quietos ojos, de troquel ovejuno.

Apostábase Estella junto a la ventana, en un taburete de cuero que se le figuraba exclusivo. Y allí permanecía horas inmóvil y silencioso, como en suspenso los nervios. Oía, a compás de la coagulación del crepúsculo, aquellas líricas maneras de buscar un lenguaje, de común emoción para los hombres, que pulsaba zonas ignoradas de su naturaleza.

Meditaba que la interpretación de Guevara quizá no alcanzara —él no podía dictaminarlo con desenfado táctico, sino intuitivamente— la categoría de una versión digna de los artistas famosos, que incluso transforma a los públicos vulgares. Pero había en ella una seriedad y verdad distintas; una actitud ingenua, que se afirmaba en la tenaz repetición de los fragmentos difíciles, que el violoncelista no lograba dominar y que abandonaba al obtener un modesto grado de pureza y coherencia, como si admitiese la limitación de su capacidad y ello no le mortificase.

Cobraba así la música —en la estancia reducida, al valer únicamente para la justificación de un ser— sustancia de familiaridad troncal y estricto carácter biológico, que no menguaba su arcano prodigio, el inexplicable milagro de su nacimiento, resonancia y cabal agonía amorosa.

En el tangible debate, la rudeza aldeana de la postura y visajes de Guevara lo personalizaban con dejo anónimo, de milenaria huella, tan opuestos a la vil exhibición de los solistas espectaculares. Constituía su lección de vital humildad. Idéntica sencillez manifestaba al separar, sin cálculo miserable, los pasajes brillantes de aquellos nudos y vetas de la creación donde se revela dolorosamente la idea palpitante o la imagen pugna por su textura auténtica.

49

Lo observaba Estella, admirador de su pétrea candidez. Y no se permitía más comentario que el de aquella muda asiduidad.

A través de los balcones traducíase la noche en bizquear de neón y deformes rumores, descansaba Guevara el violoncelo en un ángulo de la habitación, se limpiaba la frente sudorosa y reparaba en el paquete —sobre la mesita, en el único lugar limpio de partituras— que Estella había traído. Parte del rito.

—¿Puedo abrirlo? La curiosidad me domina tanto como el hambre. ¡Ah, bien me sabes las flaquezas! Media botella de tinto, queso de Chihuahua y chorizo de la tierra. ¡Lucha, los instrumentos de la cochina civilización!

Y Lucha se presentaba con la bandeja —cazuelitas de verdes festones, vasos de filos dorados, y la navaja de cachas marfilinas que Guevara pasó de contrabando por varios campos de concentración—. Desaparecía «luego, luego».

(Ha penetrado por la franja más oscura y regresa, azorada, por la misma mínima ruta. La piel, apagadamente cobriza, se colorea de manchas en las cóncavas fronteras de los pómulos, en los tendones ahilados de la garganta gallinácea. Lucha es de la región zamorana: criada dócil y analfabeta, probablemente manceba ocasional, que ni a gemir se atreve bajo la presión —obcecada y rápida— de Guevara. Anda como si atravesara eslabonados círculos de pavores, invisibles para los demás.)

—Respeto su miedo —le explicó Guevara—, aunque es de lo más irracional. Huyó, allá por 1930, de su pueblo, porque se la disputaban dos hermanos, que se «picaron» hasta desangrarse. Ella está convencida de que los parientes la persiguen y que si la ven a cierta distancia le harán mal de ojo, sin remedio. Sirvió en casas de las afueras y le alegraban los cambios porque con tanta mudanza se sentía más protegida. Conmigo dura y es que no la «fuerzo». Apenas se atreve a salir del departamento a lo indispensable, evita a las comadres. A mí me da igual. ¿Que es la primera en ir a la compra porque está desierta la plaza? ¿Que de día no cruza la calle, aunque haya cerca el espectáculo de un incendio? ¿Que si pido unos cigarrillos, aguarda, con mil pretextos, a que suenen las nueve y pueda deslizarse, como sombra, pegada a los muros, más noche ella que la propia noche? Pero me cuida, me consiente, ya me adivina los humores, casi no habla. Y de llorar, lo hace a escondidas. Son ventajas. He renunciado a regalarle algún vestidillo. Los rechaza invariablemente. «Me convienen más los pesos, señor. Últimamente, ¿para qué me los pongo? Y si por un casual algún día tuviera que escapar, pero muy lejos, necesitaré los fierros para el viaje. Por Chiapas estaría más a salvo. Usted puede "correrme" también. Ya soy grande y me cansé de cambios. Unos centavos para vender pepitas y esperar a que me llamen las ánimas de los abuelos, en la cruz de la milpa».

La atención se distrae del fantasma de Jaime Trías, tu fantasma, Estella. El mundo de la música y los anillos de la magia rústica, el violoncelo que reposa y el sempiterno batir de las tortillas y su humedad de maíz, a cargo de Lucha, en la cocina, lo centra y resume todo, de momento. Al paladear el vino, Guevara se enternece y evoca sus trapisondas infantiles en el nativo Toledo.

—¿Te canso? La sesión ha terminado. Debes ir ahora con los de tu edad. No andarás escaso de chicas para divertirte. Todavía no necesitas recordar. En realidad tú, y es una felicidad, no has perdido el ambiente que forma y que después, al extraviarlo, no te deja en paz.

—¿Y usted qué piensa hacer?

—Pues lo de siempre. Pasear solo por ahí, como un perro vagabundo, hasta que no me aguanten las piernas.

Un sábado —se extravió la fecha—, al subir la escalera, cuanto Estella confiaba que en el rellano le saldrían al encuentro, filtradas, las notas mitigadoras de una cadencia que habría de adquirir volumen a medida que él pisara los peldaños finales, fue atajado por un silencio opaco, que espesaba la durmiente plenitud de la hora.

Para él, la puerta no estaba entornada y la costumbre se había violado. Se detuvo allí, unos segundos, indeciso. La quietud, que las maderas y paredes rezumaban, confirmó su hiperbólica decepción. Todo parecía extraño y trunco. Súbitamente aquella alteración de un hábito, le lanzaba a una jornada imprevista y enigmática. Comprendió entonces que la compañía de Guevara, su llano ejercicio de la amistad y de la música, el recodo de ensueño y cordialidad que semana tras semana le brindaba, representaban ya para él un valor y una efusión insustituibles.

Chirrió la cerradura, con suma cautela, y apareció Lucha, todavía retenida la silbante respiración. Apenas avanzó el cuello y susurró:

—¡Señor, señor!

Se apoyó en la pausa, como el pie descansa su planta en la yerba segada, y acertó a proseguir:

—Es que don Juan José no pudo comunicarse con usted y ahorrarle el viaje. Apenas ahorita le llegó telegrama para que fuera al aeropuerto a recibir a un recomendado de su hermano, que viene de la mera España. Que lo dispense usted y que lo invita a merendar mañana, para que se conozcan.

—Dile que... (le ahogaba una rabia casi infantil, una desbordada antipatía hacia el extranjero, el intruso).

Lucha suavizó aún más el tono de la súplica:

—Si no tiene compromiso... Don Juan José creería que usted se enojó y haría harto coraje... En esas cosas es un chamaco. A usted bien que me lo prefiere. Casi igual que a un hijo.

Convertido el estudio de Guevara en sala de recibir, charlaron allí los tres, en prolongada sobremesa. Esforzábase Estella en refrenar su hostilidad, tan aguda desde la víspera, en no dar rienda suelta a su antipatía. Notó también el desasosiego del músico y ello le obligó más a discretas evasivas.

Porque ambos advertían la diferencia de acento entre los que en España viven y los afincados en América, cómo la nueva tierra limara su hablar y había trasvasado en sus conceptos los vocablos y ritmos adoptivos, mientras que el huésped se expresaba con una rotundidad que ellos ya no soportaban.

Era, en la piel, el común idioma, pero distinta su savia cercana, de índole peculiar cada modulación. Ante el visitante, el hecho les afirmaba y desconcertaba, al propio tiempo, provocando un clima erizado.

El «intruso» no daba muestras de percibirlo y tampoco reparaba en la sutileza de la atmósfera —y de los oídos, que vierte y siembra sus corpúsculos de polvo y clima, su reseca y buida configuración— y la acribillaba con su parloteo, la hendía, a tajos de vocales y consonantes para que le devolviera su eco aumentativo, cual un espejo que lo reprodujese.

La sesión se desarrolló por estos cauces de subterráneas divergencias y amenazaba suscitar irritadas discusiones, pues el recién venido, si bien de soslayo, no dejó de manifestar su conmiseración por los «emigrados», «que se aferran a un desvarío», «a los que nadie extrañaba en la patria». Y mientras Guevara mudaba de color, Estella experimentó, por los denostados, una imprevista y ardiente identificación.

—Él no entendía de políticas, sino de cuestiones prácticas. Ahora cumpliría el encargo de inspeccionar las ventas de sus representantes en América y regresaría, lo antes posible. Nuestros productos se imponen, cada vez más. El resto no me importa. Ni siquiera durante la guerra civil me definí. Arriba fulano, abajo mengano, según el viento. No te agradecen nada. ¡Las cosas que ha visto uno! Hasta a Jaime Trías, que se quiso pasar de listo, le salió la moza respondona. Parece que los «vuestros» lo fusilaron, de tapadillo, y el hijo menor de Nuria Valterra —sólo él quedó de los tres— prefiere no nombrarlo. ¡Quién lo iba a adivinar cuando íbamos juntos a la escuela! Porque yo nací en el mismo pueblo, en la plana de Vich. Es curioso, a lo mejor ustedes no han oído hablar nunca de Jaime Trías.

Estella se levanta bruscamente de la mecedora, simula buscar una caja de cerillos entre los legajos de las partituras.

(Ha vuelto, con sus patas y tinte de araña, la obsesión.)

—¿Y casi a la media noche me llamas por teléfono? Sí, ya sé que Raurell te cayó mal. A mí también, pero debo aguantarlo.

—Le voy a pedir un gran favor, Guevara. Tírele de la lengua. Averigüe todo lo que pueda de Jaime Trías.

—¿Jaime Trías?

—Ya le explicaré, pero me urge saberlo. No importa que sean detalles insignificantes, hasta habladurías. Comprenda usted que cualquier dato puede aclarármelo todo. ¡Y se lo graba en la memoria!

—Muchacho, ¿qué tarántula te ha picado? No me gustan las faenas de ese tipo.

—¡Hágalo! Dijo que se marcharía pronto.

—Bien, tratándose de ti...

Raurell, en tanto que despega el avión y la ciudad de México se desmigaja en menudos cascarones de casas, caminos que semejan desde lo alto viejas pieles de serpiente, a la vera de olvidadas sortijas de agua inmóvil y verdiamarillas arterias cortadas a cercén, en un ámbito donde lánguidamente se debaten humos y vapores, intenta meditar, a su física manera, para extraer una sensación tangible sobre esta apresurada y resbaladiza experiencia.

Desearía hallar y transformar en un par de frases corrientes, que le permitieran, más tarde, darse a entender, y suscitara, cual fruto de este encuentro, la idea sumaria que el lugar y las gentes —a su juicio— reclamaban.

Al mismo tiempo que, como telón de fondo y móvil principalísimo, le complacía haber realizado su misión (era, en lo mental, un frotarse de manos: «hice un negocio estupendo —el mercado rendirá más—, eliminé a un inútil —el nuevo es listo, trabajador»). Lo aturdía, tangencialmente, la noción de que se le ocultaran los móviles y el estilo de vida de los múltiples seres que trató con la palabra o aprehendió con los ojos, de que todas las acciones de los «mexicanos» equivalían a un burlesco juego, rugoso y hosco, cual si fueran poros obturados el bullicio y frenesí o la apatía con que los había visto desenvolverse o replegarse.

¿No le desconcertaba aquella cortesía, escurridiza, mecánicamente ensimismada; no le punzan aún los matices —gemir de cañas, venganza ancestral de las letras aristadas al socaire del castellano antiguo, pulular de interrogaciones y evasivas— de su pronunciación y frases de intercambio? Y ese mundo, abigarrado de apariencias más unitario en su profundo gesto, que se identifica con lo irreparable, que mezcla y enfrenta sabores y sangres, sin truncar la fatalidad de su marcha, era algo que le irritaba.

Vale más relegar la incógnita que no puedo resolver —piensa, fisiológicamente, Raurell.

Lo más absurdo, quizá, fue la diferencia palpada en los que, nominalmente, debían tener con él una cierta afinidad natural, entre otros Guevara y ese joven desconcertante, Estella. Sobre todo el músico, un ser maniático e inofensivo, daba la impresión de habitar en el aire, fuera de lo que el tiempo implica de codicia y gustosa oportunidad, apoyado sólo, como en dos muletas, en la compañía hermética de la criada india y en sus largos diálogos con el violoncelo.

—¿Pero usted no ha previsto que la vejez se acerca,

que carece de reservas y de familia, que le será muy difícil ganarse el pan cuando pasen unos años?

—¿Y qué importa? Yo no sé ahorrar. En América hay que actuar siempre con la sorpresa. Hoy toco en una orquesta, mañana no faltará otro hueco. Daré clases, venderé discos o cigarrillos o (y en ese momento los pliegues de la frente deplegaron su línea maliciosa) «seguros de vida». Alrededor de uno abundan los ejemplos.

Raurell no quiso insistir y menos todavía proseguir su letanía de consejos. Imaginó que si una casualidad, «verdaderamente fantástica», arrojara a este iluso pacífico al medio donde él braceaba con muscular destreza, al ritmo de Barcelona, no cambiarían sus hábitos ni sus prejuicios, con la agravante de que no era sencillo que se acomodara a la vasta red de prohibiciones e inhibiciones, al sensato funcionamiento de los encasillados sociales. ¿Se sometería a un sistema que ni teóricamente admite enmiendas?

—Aquí, protesto y reniego, apenas pequeños formalismos con las autoridades. Es el derecho a no temer, premisa de la facultad para ser.

¡Qué jerigonza! —continúa la íntima divergencia de Raurell.

Definitivamente, y sin dedicarse a vaticinar el futuro, caiga o subsista la dictadura —así se lo dirían al hermano de Guevara— incluso en el supuesto de que, por puro milagro, adviniera un régimen distinto, los «emigrados» ya no podrían readaptarse.

Pero esta apreciación —subordinada a la prudente apertura de una cuenta en dólares en el National City Bank; a la compra de acciones, a nombre de un testaferro, en la fábrica de conservas; a la adquisición de dos predios en una colonia residencial— no le impedía sentir hacia Guevara restos de indulgencia, vaga simpatía. Al par que una admiración conmiserativa por su desprendimiento. Le había invitado y atendido generosamente, a pesar de que a Raurell no se le ocultaba lo esporádico y modesto de sus ingresos. Y cuando le propuso que lo representara en México, para manejar esas inversiones precautorias y mediante un sueldo que le aliviaría de la estrechez que a duras penas sorteaba, Guevara se negó rotundamente, alegando con énfasis bien gesticulado su incapacidad para tal menester y en tono menor —si bien más firme— sus principios. No tenía cura.

Junto a estos motivos de tangible resquemor, Guevara habíase manifestado hospitalario, cordial hasta cierto punto. Por las noches, terminadas las citas de negocios, solía buscarle en el hotel. Charlaban tranquila y profusamente, sin recelos. El músico —intuyendo que su interlocutor necesitaba expansionarse— procuraba centrar la charla en sus andanzas y recuerdos. Sabía escuchar y, llegado el momento, sus preguntas lo reintegraban al tema inicial, removían la memoria, provocaban asociaciones de ideas y de personas que Raurell no previó.

El avión trepa por las nubes altas, rasgan sus alas blancos cuerpos en transformación y eterno curso, tan concretos en la instantánea limpidez del color y del tejido, tan vulnerables en sus cambiantes límites. Le sorprendía ahora, al resumir mentalmente las pláticas con Guevara, que éstas hubieran girado de modo inexplicable en torno a Jaime Trías.

Se restregó los ojos —dedos gordezuelos sobre pupilas de algodón dormido— porque la evocación le acosaba apremiantemente. Había interrumpido el cálculo de sus ganancias en la temporada. (Más certero en esa aritmética, y de ello se ufanaba, que las cifras a confeccionar y presentar después por su contabilidad. Hasta el grado de que, por unos segundos, se le figuró que, avanzando sobre el albo tapiz suspendido, el mismo Jaime Trías se encaminaba hacia él. Y al aproximarse redoblaba la palidez de su rostro, sacudía la tos sus labios delgados, de los que ya, al quedar situado casi al borde de la ventanilla, se desprendía, con hervor de pequeñas espumas, un hilo rojo.

—¿Se marea?

—No, gracias.

La azafata se aleja y lo observa disimuladamente, mientras estira las medias en boga sobre las piernas de moldeado estándar.

Nunca le inspiró afecto Jaime Trías, tampoco animadversión. Hombro con hombro se sentaban en el colegio, en la cuarta fila, en el banco de la derecha que otea el pasillo, por donde solían talonear, en función de vigilancia, los profesores.

Oía su respiración pausada, el soplo intermitente de la garganta reseca. Al trasluz, un perfil estático y repetido, la invariable postura del pecho inclinado sobre el pupitre y de las manos gatunas que circulan, con presión pareja, monocorde, de la madera rayada arbitrariamente a las cuadrículas del cuaderno. Años y años, así. Su regularidad y la falta de sorpresa en sus actitudes le exasperaban, solapadamente. La canción reglamentaria venía a significar un descanso.

Cristo ha de ser
Cristo ha de ser
El Señooor...
El Señooor...
De la nación española...
De la nación española...

«Trías y yo éramos los alumnos más pobres de la escuela. Y apostaría que, también, los más ambiciosos. A los dos nos costeaba los estudios Nuria Valterra. ¿No le suena?»

(Guevara denegaba.)

«Nuria Valterra, un capítulo aparte. ¡Qué mujer! Conmigo deseaba presumir, ante el pueblo, de "protectora", como quien ahora paga el anuncio de sus donativos a una institución de beneficencia. Mi madre estaba baldada, de reumatismo. No podía caminar y con grandes esfuerzos, arrastrándose, despachaba los quehaceres sencillos de la casa. Hubo que tomar una criada que la ayudara, ¡un lujo escandaloso! Y mi padre estaba desesperado, porque no le alcanzaba para tantas bocas su sueldo de secretario del Ayuntamiento. Y entonces, "providencialmente", con un alarde teatral, Nuria Valterra se encargó de mi educación.»

—Es una lástima que el Raurell pequeño no se instruya. Se le dan bien los números. Y hasta es posible —agregaba, mientras se alisaba la falda de seda negra con su enérgico y característico estirón— que me lo agradezca.

El caso de Jaime Trías fue distinto. Le ligaban a esa familia, en la que sin objeción imperaba Nuria Valterra, lazos más directos y otros intereses. Se murmuraba, sobre todo cuando Pedro Trías desapareció, sin importarle la administración de la finca «El Roure», que la señora había estado enamorada de él, antes de que se casara con una vulgar cupletista de las que aterrizan en los pueblos pequeños por un azar, y luego se quedan allí para siempre, porque el empresario —un vividor, por lo común— se escapa con la recaudación y las deja plantadas en una pensioncilla.

Pedro Trías se prendó de la alicantina, en esa vulgar circunstancia, la amparó y después, para evitar los mordiscos de la maledicencia, legalizó la situación.

Yo no la conocí, sino por una foto que cierto día se le cayó a Jaime, al encaramarse a un árbol y que recogí sin que lo notara.

Pícaro el gesto, en traje de baile andaluz, con una peineta monumental en el moño, pero ya afiladas las mejillas.

—Tengo un tesoro, algo que has perdido. ¿Qué me das por él?

—Cinco cromos de animales.

—Y tres de submarinos.

—Si me engañas...

—No, palabra. Tú, primero. Paga.

Jaime le arrebató el retrato y escupió a sus pies. De pronto su mirada adquirió torva rigidez de acero y, conteniéndose, volvió la espalda. Pasos lentos y amenazadores, sobre el empedrado del patio, como si esperase una sílaba de Raurell para abalanzarse y descargar aquella cólera muda y tremenda que lo unificaba en un solo sufrimiento, desde la raíz de las cejas hasta el rechinar —que sobrecogía— de sus dientes entrechocados.

Pero al cabo de unas semanas el episodio no pareció haber influido demasiado en él y nunca se lo reprochó a Raurell.

«Existía, entre nosotros, un vínculo más fuerte.»

No ya la contigüidad de asientos, sino la convicción unificadora de ser «los pájaros huérfanos de Nuria Valterra», según el título de las comadres, que nos diferenciaba del resto de los alumnos de clase económica más holgada.

Aunque participaban en sus juegos y vestían el mismo uniforme en los desfiles cívicos y en las ceremonias religiosas de pompa y batuta, intuían su aislamiento, eran objeto de la misma humillación difusa que nadie podría justificarles. Sin confabularse, por natural instinto, armonizaban sus tácticas, seguían con afán las explicaciones de los maestros y en contraste de la general desgana de los riquillos, aprendían ávidamente todo aquello que ofrecía un valor práctico, aplicable, para utilizar esas armas en el futuro y en su provecho. Pero si los llamaban al estrado, un aviso sutil, de astucia espontánea hacía que no los previnieran, evidenciando su mayor inteligencia. Bastaba simular que uno había asimilado parte de las lecciones y que no se lanzaba a la calle el dinero invertido por Nuria Valterra. Sin embargo, en los recreos preparaban, y disfrutaban, el desquite.

No había quien les aventajase en el habitual comercio de los niños, en oficiar de recaderos y, sin que los otros lo percibiesen muy a las claras, en organizar carreras y competiciones.

«Ahí brillaba yo, todavía más que Jaime Trías, que una vez cumplido hasta un punto que él, y nadie más que él, determinaba, su propósito, se apartaba de los grupos e instalado en un rincón, tranquilo, la libreta sobre las rodillas, adelantaba la tarea que nos habían señalado.»

Todos debían creerle absorbido, Raurell entre ellos.

«Pero una tarde le sorprendí. Espiaba fijamente, apenas levantada la cabeza, mientras la pluma seguía clavada en el papel, al hijo mayor, al heredero de Nuria Valterra. Aproximadamente de su edad. Era en cuarto año de bachillerato. El Agustí discutía con los de su grupo, en tono chillón. Sus ademanes, mandones, ásperos, orquestaban el griterío.

Cautelosamente me acerqué a Trías. Seguía concentrado en su rara inspección.

—¿Por qué lo miras con ese afán? ¡Como si le vieras algo interesante, extraordinario!

Dudó unos momentos y después, con solemnidad de abuelo, preguntó:

—¿Me prometes no decirlo?

—Por éstas —juré.

—Es que de los tres de la "señora" —invariablemente nombraba de ese modo a Nuria Valterra— el Agustí morirá de bala. Y el segundo...

—¡Ni que fueras gitano!

—Te ríes, por ignorante. Yo sueño despierto y a veces presiento lo que sucederá. Quizá es que me divierto así, creo que soy más poderoso, al saber... Se confirmará o no. Y ahora, cállate, si eres hombre.»

Ejercía sobre Raurell, en este aspecto, una influencia ilógica, que nunca acertó a justificar.

Si le confiaba un secreto personal de ese tipo, a pesar de su tendencia a la burla, no lo traicionaba. Le parecía que cada mañana, cuando coincidían a la puerta del colegio y empezaba a mirarlo con cierta insistencia, habría notado su deslealtad. Hasta los de temperamento más positivo como Raurell, tienen alguna debilidad en esas indefinibles cuestiones y guardan un rincón para los registros supersticiosos.

(El único ancho momento de aquellos años en que Raurell se apartó del bullicio, del estudio ávido, casi glotón, del afán de traficar que ya entonces era parte primordial de su carácter, fue a raíz de la fiesta de fin de curso y de estudios.) .

Hay una curva en la carretera desde la que el pueblo, en forma de concha a lo lejos, estrecha más las arqueadas cejas de los tejados y el color de las casas parece tinte moreno de la tierra —de ese modo hubiera descrito el lugar en que Raurell, se refugió, Artemio Canet, cronista, orador y parásito autorizado de la localidad. ¡Oh, el Canet! Era indispensable para la ristra de actos oficiales en sus gacetillas, de corresponsal inamovible de «La Veu de Catalunya», en mil funciones para las cuales los demás reconocían su ineptitud y sin embargo les remordía la conciencia mantenerlo, aunque fuera a media hambre y largas súplicas. Lo convidaban a las cenas de «hombres solos», para que, quisiera o no, los divirtiese. Vestía un traje raído, chalina de bohemio. Desordenada y sucia le caía la melena sobre el cogote sarpullido y las enormes notas de fuelle emanadas de su pecho componían un ruido tan especial y gemebundo en la madrugada, «su hora de libertad e inspiración», según decía en prosa y verso, que era indefectible la exclamación «Avisa igual que los gallos y los despertadores».

—Notó —quizás fuera suspicacia suya— que Guevara se impacientaba. ¡Como si le aburriese la genialidad de Canet, a quien el pueblo menospreciaba, por el roce continuo y sus debilidades, entre ellas los meses que vivió amancebado con una barcelonesa de buen ver. Brunilda de nombre —era la época del furor wagne-

riano y a la infeliz no la consultaron para el bautizo—.
Mientras que los literatos de la capital admitieran que
no le faltaba talento y en ocasiones, para que no los
abrumase, le permitiesen colaborar en sus revistas...
Llegaron al feudo de Nuria Valterra, después de andan-
zas y aventuras de difícil comprobación, derrotados
y sin una peseta, a refugiarse en la casa que como
única herencia recibió Canet del abuelo materno. Se
comentó que al principio no disimulaba sus ideas
anarquistas y las citas de Nietzsche y Kropotkine —¡sabe
Dios si venían a cuento!— no se le despegaban de los
labios abotargados. El lujo de ser independientes y
«soberanos» les resultaba demasiado caro. Todos se
escandalizaban de aquel mal ejemplo.

Hasta que intervino Nuria Valterra y empezó a
visitarlos, a mostrarse en público con la pareja, sin
temor a las críticas. La gente estaba desconcertada y
podían circular las conjeturas más absurdas. Pero un
domingo de abril exactamente al mediodía, para que
el acontecimiento fuera más espectacular e imperece-
dero, convocados por el rumor increíble en la calle Ver-
daguer, poco antes de la misa de doce, presenciaron
un desfile sensacional. Marchaba a la cabeza Nuria
Valterra, con mantilla de blonda, orgulloso y desa-
fiante el aire. La seguían, cabizbajos, con indumentaria
de boda —la de ella, naturalmente, un discreto paño
gris, proscritos el azahar y el raso blanco— el Canet y
su querida. Cerraban el pelotón tres criados de la «se-
ñora» y Pedro Trías. Se dirigieron a la iglesia —mante-
nían entre sí una distancia invariable, jerárquica— y
en ella ocuparon los lugares que la tradición marca.
La bendición y palabras sacramentales de Mosén Al-
birol ungían, católicamente, como marido y mujer, a
las ovejas descarriadas. Nuria Valterra había consu-
mado una nueva hazaña y se mostró espléndida en el
banquete, al que asistieron, bajo su severa presiden-
cia, el menguado ministro de la Iglesia, los grandes
propietarios de la comarca, un notario de Vich, el

*sargento de la Guardia Civil, fabricantes de Sabadell
y varias personalidades pueblerinas.*

A partir de aquel día empezó una existencia distinta para el Canet y su esposa. Nuria Valterra le encargaba ciertas gestiones de tipo confidencial en Barcelona y las autoridades lo convirtieron en una especie de versificador y escribano, al que se endosa la organización de los festejos públicos y privados de cierto fuste.

Ante esta «camisa de fuerza», algo debía rebelarse irresistiblemente en Canet y se desahogaba golpeando —y los domingos a las doce, con simbólica puntualidad— a su legítima mujer. Los gritos de la víctima, nada operáticos, se unían al «Ite misa est» de Mosén Albirol. Orillado a tan condenables expansiones, tuvo que ceder a la presión pública para que no atormentara más a la que, según él, era la principal culpable de que hubiera claudicado. Simuló volver a los cauces trillados del «rebaño» y la normalidad se restableció por una breve temporada.

Pero cuando logró que publicaran en prensas condales una «fantasía histórica», cuyos personajes podía identificar el más lerdo del lugar, el vigilante y feroz humor de Nuria Valterra descargó sobre sus costillas. Lo redujo prácticamente a la limosna y sólo el tiempo y las gestiones de Mosén Albirol lograron un condicionado perdón.

(Guevara busca unos papeles en su cartera, ojea de soslayo los titulares del periódico que despliega el turista americano, tumbado en el sillón del vestíbulo. Raspa con sus uñas sucias y córneas el respaldo del sofá en que charlan. ¡Qué actitud tan desconcertante la suya! Piensa Raurell que sólo se interesa cuando habla de Jaime Trías. Y nunca lo ha conocido, ni siquiera lo oyó nombrar antes.)

Canet situó la acción de su «fantasía histórica» en un castillo de Burgos, hacia el siglo XVII. Todo muy convencional. El léxico empleado, notoriamente anacrónico, afirmaba el jesuita profesor de castellano en el colegio, que además le reprochaba, en son pedagógico, la pícara desfachatez de atribuir a los protagonistas de tan lejana edad conflictos sentimentales típicos del moderno desorden. Semejantes infidelidades y el no ser el autor un genio literario, hacían inconcebible la edición misma, de no haber concurrido la circunstancia de que Canet injertara, a lomos de descripciones y parlamentos, «la crítica social y la rebeldía ampulosa que siempre hallan eco en nuestro epiléptico tiempo»: he aquí el dictamen que pronunciaba, si el tema salía a relucir, Pablo Mirall, notario de Vich y uno de los íntimos de Nuria Valterra.

Quizá la cautelosa objetividad de Mirall obedecía al maligno propósito de oscurecer los méritos reales de la obra. El rótulo ya encerraba dinamita, al socaire de su regusto clásico: «La dama contrariada». Y el propio notario no se libró del resentimiento de Canet, que lo disfrazó de confesor, propicio a disculpar teológicamente las carnales flaquezas de la castellana: Nuria Valterra, sin ninguna duda. Nadie se libraba de su saña. Cada tipo correspondía a una máscara, transparente para los menos perspicaces del vecindario. Mosén Albirol ocultábase tras la figura de un monje ingenuo. A Pedro Trías, el padre de Jaime, lo representaba en el papel de mozo apuesto que desdeñaba las directas y vehementes solicitudes de la brava ricahembra, a la que, sin embargo, en escena lacrimógena, confía al hijo bastardo, producto de una aventura apenas esbozada. Proyecta escapar a tierras de infieles. Coro, los campesinos oprimidos, los siervos de la gleba, que por un tris no fundan un sindicato. El mismo Canet se pintó, sin piedad, en condición y gesticulación de juglar, y a su mujer en tareas de alcahueta miserable. Y Jaime Trías —«mi condiscípulo», exclama con cierta vanidad Raurell— cae en las garras de doña Urraca, que, con postizo orgullo maternal, lo llama José, «el infante».

65

(De nuevo brilla, como un chispazo, la atención de Guevara.)

En realidad, no debía abusar de su paciencia. Le hablaba al principio, y con los términos acuñados por Canet, «de esa curva de la carretera desde la que el pueblo estrecha aún más el ceño bermellón de los tejados y el color de las casas se convierte en tinte moreno de la tierra». Raurell empezaba a divagar y añorar, porque cuando la mente no se ocupa en cifras y cálculos lo más fácil es que se extravíe. Pero no podía librarse de aquel punto de referencia del lugar que había creído borroso en el recuerdo y que súbitamente lo iluminaba.

Allí se dirigió —necesitaba estar solo, huir de la espesa exuberancia de exclamaciones y charlas— el día en que les entregaron los diplomas del colegio, con la rúbrica del padre Francisco y los títulos oficiales de bachilleres. La ceremonia había sido meticulosa y la monotonía agravaba la solemnidad que pretendían alcanzara. No cabían en la sala de actos los alumnos y sus parentelas, y al fondo se apretujaban, de pie, los curiosos y el negro cinturón ordenador de las sotanas. En el centro, rígida, Nuria Valterra semejaba el final de la línea recta que partiendo del altar, reducido a la imagen —blanco yeso, corona dorada, manto rojo de pesados pliegues— del Sagrado Corazón de Jesús, se extinguía en la nave de sombras del zaguán.

Era como si en aquella ola humana, que se enmarejaba contra los muros, sólo hubiera dos signos de identificación: Nuria Valterra y el Sagrado Corazón de Jesús. Y Raurell llegó a estimar que ella, tan segura e inmóvil, capaz incluso de reprimir un asomo de parpadeo, creía más en sí misma, en la palpable reciedumbre de su presente que en la imagen, por naturaleza ficticia y subordinada, ante la cual se prosternaría minutos después. Todos, sin declararlo, la espiaban temerosos, atentos a un posible gesto de ira o de aprobación, que Nuria escatimaba de tal suerte que, al producirse, adquiría el valor de un hecho decisivo e inescrutable.

Pronunciaron su nombre y dos apellidos y Raurell avanzó titubeante. Había esperado con ilusión devoradora y sorda, con ansia cernida en el ser, ese momento. «Yo he sido, siempre, el eje del universo.» ¿No le engañaban sus oídos, en los que se multiplicaban los aplausos formularios de la concurrencia festival? Y no obstante, escuchaba, exclusivo e imperioso, el silbido nasal de Nuria Valterra, que había forjado, con un solo acto de voluntad y poder, su éxito.

Fue una sensación deprimente y fugaz, que había de opacarse ante las felicitaciones rituales de maestros y conocidos, además de los lagrimones inoportunos —¡qué bochorno!— del padre. Y, sobre todo, la mirada que sorprendió en Jaime Trías. Era un reflejo puntiagudo, que no sólo taladraba sus intenciones secretas, sino que poseía la facultad mágica de lanzarlo fuera de aquel momento, y de la jornada que compartían, que lo insertaba misteriosamente en el futuro, para él una densa, mullida niebla. Claridad cegadora en el otro.

(«Algo irremisible», bisbiseó, al cabalgar de su evocación, Guevara.)

Estaba a merced de la irresolución. No sabía aún si permanecería en el pueblo o probaría fortuna en un comercio de Manresa, donde el tío primogénito, de la rama materna, le había ofrecido plaza de escribiente.

A su alrededor, exactamente como un gato, ronroneaba el campo: apacible somnolencia, hebras de sol a través de las ramas del árbol en cuyo tronco se recostó, polvorientos remolinos de los caballos yunteros, rutinario ladrar de perros domésticos por las doradas líneas de las lomas.

Se adormecía. El azul detenido y pleno del cielo de junio vertía su impecable esplendor y desembocaba en su frente, como un recio y excepcional hálito de la ceremonia.

(*Guevara*: las confesiones se producen en cadena. ¿Son éstas, fielmente, las palabras de Raurell? Él cita, si acaso, con su parca manera mercantil, un sentimiento confuso y una situación idealizada. Tú los amplías con anchos acordes de violoncelo, a base de silencios, asombros e hipótesis. Lo transmitirás luego a Ricardo Estella, que, puesto en el disparadero, se encargará de sumar otros ingredientes. Atribuís a Raurell vuestros estados de ánimo, ¿pero no se limitaba el suyo a una inquietud física, a un remordimiento de la íntima soberbia insatisfecha?)

6

Irrumpió, sin cadencias ni premoniciones, el sueño:

Los hermanos, con guiño dispar, cuajados en tiesura monumental, emergieron de la nube opalina, como títeres cosidos a sus asientos, que oculta plataforma elevara a la superficie. Y la tiniebla se desvaneció en tránsito de pausas asfixiantes, pavorosos rumores de madera podrida que se cuartea.

Hallábanse tan próximos que su tufo de tabaco y sudores extintos destilaba en el cerebro gotas de cera derretida. Ocupaban tres ángulos de la mesa labriega, enana y desnuda, pespunteada de manchas e incisiones tabernarias. La cuarta esquina, de oscuridad torvamente densa, acusaba su vacío intimidador. Sin embargo, dentro de su parálisis, los seis párpados, de tono plomizo, convergían hacia ella, de frente o a hurtadillas. Casi un bizqueo rítmico, de aletargados fantasmas. Únicamente suspendían su pantomima para servirse, de la botella mediada, también en lapsos exactos, copitas de vino rancio, aquel líquido que parecía miel clara.

El hermano mayor —«el Agustí», ilustraba desde un cercano escondrijo la voz flatulenta de Raurell— tampoco despegaba los labios, pero su hieratismo hosco y solemne los presidía. Una red de arrugas arrancaba de las mismas raíces de los cabellos crespos, arremolinados en ostentoso tupé. Advertíase la tensión con que escuchaba el girar del tiempo que le había subyugado, mientras que en un rememorar simultáneo las figuras y sucesos de su ayer poblaban los pasadizos y estancias del cerebro, surcado por la obsesión de Jaime Trías. Su queja, replegada al acento infantil, roía los zapatos negros —féretros de unos pies grandes y huesudos— de Nuria Valterra, un cuerpo segado por la cintura, sin busto ni rostro, sin posible vaivén de brazos que lo acunaran.

«Madre, ¿por qué lo preferiste siempre? No, si yo no he dudado de tu honradez. Él no es hijo de tu vientre, no ha dormido como nosotros en los secretos caudales de tus venas. Y no lo has alimentado en el horno de tu sangre detenida. Y cuando alguien —era yo hombre hecho y derecho, acababa de ganar las oposiciones— se permitió una insinuación maliciosa, lo derribé a puñetazos. Pero a tu lado nunca me sentí con todo el privilegio del heredero y sabía que nunca me deseaste. Te besaba las mejillas, en las ocasiones memorables —sonaban las campanas del Año Nuevo, al cabo de una larga ausencia— y notaba fría tu piel, con fija aspereza de pergamino. Y en ningún momento se detuvo en mí, amorosamente, tu mirada. Resbalaba mi figura por tus ojos vaciados, y yo me replegaba, maltrecho, procuraba no molestarte sólo con ser. No recuerdo que me hablases de mi padre, y si lo mencionabas era con gesto tan ausente que uno hasta se avergonzaba de su primer apellido. En cambio, seguías con dulce y blando anhelo los pasos de Jaime Trías. Tú misma le abrochabas el gabán de invierno y le ceñías al cuello, como una honda caricia clandestina, la bufanda. O de noche le embetunabas los zapatos, para el colegio. Y si los maestros ponderaban su juicio y talento se te derretía la boca torcida. En tanto, mis calificaciones —sobresaliente, matrícula de honor— pasaban desapercibidas. ¡Desearía que esta lengua no me perteneciera, ni produjese sonidos, para no blasfemar! Tú, Nuria Valterra, mi madre, tiras a la calle, a un arrimado, el cariño que nos corresponde. Eres una adúltera, en los pliegues siniestros de tu corazón agrietado. Pero tu Dios se venga. Te recogieron las aguas azules del pozo y junto a tu cabellera de crines se cimbran las cuerdas ásperas que bajan del brocal, cual los resortes de un reloj que ha señalado el galope de los meses y las horas, únicas y tensas, de la incertidumbre. Y ahora, ese Jaime Trías tiene que decidir, está en nuestras manos. Figura entre los "enemigos" y una revelación nuestra, bien amañada, manejando con acierto únicamente aquello que nos lo implica, lo aniquilaría. Y si accede a nuestra amenaza —encarnamos el pasado, el nido de arrumacos y rencores que tú le tejiste— también estaría perdido, aunque ganásemos... Será el criado tránsfuga, que más tarde nos obedeció y que se esclaviza en su ruindad. No le disculparía el que se haya alzado, al final, contra esas pandillas de resentidos y advenedizos, locos de soberbia y de ilusión, que nos han despojado de las tierras, de las máquinas, de los títulos y de las rentas, que destruyen todo lo que nos justifica —la absolución del cura, los testimonios y el papel sellado del notario, la sombra maciza de la Guardia Civil— sino que aspiro a que vuelva a su condición de siervo, él, tu criatura predilecta. ¡Qué redobles de cansancio, qué piel de tambor golpeando mi cabeza! Interminables semanas llevamos escondidos, en esta buhardilla del portero, esquina de la Ronda de San Antonio. Pendientes de los rumores de la calle, sin que parezcan apagarse nunca esas canciones de lucha en que ellos nos llaman "burgueses crueles". Adivinamos —por los gritos, que se unen al resollar de los motores— que se encaminan al frente de combate. Suenan en las aceras las botas de campaña, con amplio eco inacabable. Y los locutores de radio y los altavoces propagan esa fiebre sudorosa, de muerte y de vida, de odio repugnante, de ambición fiera. Cuando explota una bomba pienso que callarán para siempre algunas de esas gargantas venenosas. Y me río de los diez mandamientos de la ley de Dios: ingenuidades de niño. "Defendemos los principios cristianos, todos iguales los españoles." ¡Ni ante Dios! Es la argumentación del demonio, que intenta debilitarnos. Y al anochecer, el miedo, lentamente, nos ahoga. Nos mantenemos en vela, vestidos y calzados bajo las colchas sucias. Tapa la pistola, en el velador, un periódico de estrepitosos titulares a dos tintas para las falsas noticias de una victoria en tal o cual cota perdida. Sacudidos por el sobresalto, nos incorporamos si gime un peldaño de la escalera o si el viento batió la puerta de la terraza. La rotura de un cristal —apenas un herido tintineo— es campana de alarma y su pequeña resonancia nos agobia. "No te asustes, no es nada ni nadie." Y a lo mejor, el que sube es Jaime Trías. ¿Qué habrá resuelto?»

Miguel no habla y menos aún medita. «Es un militar retirado, de los que se acostumbraron a trabajar con expedientes y legajos» (según me explicó Raurell, puntualiza el agazapado Guevara). «Le agradaba la avicultura, pero Nuria Valterra lo enderezó. La insólita oposición a la madre de que hay noticia fue el asunto de su casorio. Se apasionó de una prima rubia, el prototipo provenzal, de anchas curvas que le prometían satisfacer su deliquio de hijos y que tuvo la torpe ocurrencia de no resistir un sobreparto, porque se le frustró la criatura. Obedece mansamente al Agustí y considera la aventura de la guerra una pesadilla inexplicable, máxime porque dura demasiado y no se divisa el desenlace. La viudez le ha prestado un tono alelado y estático, que a veces contagia a los hermanos y les imprime aire de cocheros cincuentones, inmóviles y aburridos en los pescantes.»

«Si despuntara un día —rumía— en que retornase la época feliz de las tertulias y cenas de hombres solos, donde la digestión oronda se junta con el amanecer vidrioso y el espectáculo de los rostros turbios, que expelen las pupilas lacias de los borrachos.»

72

Y ahí tenéis, por último —vocea, tras una chupada glotona de su habano inseparable, Raurell, glosador y prologuista de los personajes— al menor, Sebastián. Le apodábamos «el pardalet», el gorrioncillo en castellano.

Aunque la tos lo tronchase, no se alteraba la alegría de sus ojos asombrados, con suaves rastros de luces y de fuegos. De niño, jugueteaban sin parar sus dedos sobre las rodillas. Le caía un fleco travieso por la sien izquierda. Era difícil sujetarlo. Se escapaba —al mundo, a la tolvanera de los festejos, hacia el rumor peligroso del atardecer—, al menor descuido. Y cuando lo rescataban se convertía en un ser golpeado.

¿Pero habla usted o me toca a mí el turno? —interrumpe, ya irritado, Guevara—. Yo estoy pintando el cuadro de la familia, gracias a mi fantasía y me baso exclusivamente en algunas groseras y elementales indicaciones suyas, Raurell, para proporcionar a Ricardo Estella, ese que simula dormir, los guiones que necesita, no sé de cierto con qué propósito. Se trata de complacerle —caprichos de los jóvenes, que nos arrastran sin razón— y de que sepa algo de las gentes que se relacionaron con Jaime Trías. Tomemos, de nuevo, el hilo de la madeja. Una ayuda para lograr todas las fórmulas. ¿Riesgo de equivocación, en este ejercicio de conjeturas? Poco importa, conocemos el desenlace y diversos caminos pueden conducirnos al tercer acto. Entonces, consumado el drama, el empresario busca el sombrero, empuña el bastón y se dirige al corredor de salida, sumido pordioseramente en la oscuridad. Pero tercié en esta irregular e irreal visión porque a usted, Raurell sanchopancesco, le falta sutileza para el caso de Sebastián, «el pardalet». Puede entender, más o menos, al ingeniero de caminos o al militar de simple escalafón, ¡quién sabe! Pero un pianista, por malogrado que sea, sin verdadero oficio ni positivo beneficio, ni ganapán ni genio, significa un fenómeno extramercantil. Lo descalifico. Mírelo, al lado de sus hermanos, como si la vibración del teclado de su pensamiento le exaltase, a pesar de su física quietud. Su tendencia es de mi jurisdicción. ¿No oye usted el desbocado gozo de las bengalas al ascender y volar en los altos cielos de la plaza, el día de la Virgen de Montserrat? ¿Por qué le atrae y ensimisma el trémulo fluir del agua libre, el embate viril del viento desnudo, las risas entrelazadas de las doncellas campesinas que se despliegan en las cuencas de los valles, amasados de siglos y de cariciosas lontananzas?

Difícil tarea la del retratista: que el «pardalet» no se moviera en aquel instante, para tomarle la instantánea de los once años, plantado en el escabel de la sala, chaquetilla corta y pantalones ajustados hasta media pierna. Una chalina tornavuelta, le cubría el cuello de joven dios griego. De esa estampa, color chocolate, parte la imagen —colocada en marco de ampliación, solitaria en el testero— que usted no olvida.

Lo que nadie pudo trasegar fue la calma con que Nuria Valterra aceptó la pretensión de su benjamín y cómo toleró que, casi de zagal, se saliera con la suya, aprendiese rudimentos de solfeo con Mosén Albirol y marchara a Barcelona, al Conservatorio, a estudiar la carrera de piano, a organizar orfeones y cuartetos, aparte de sus escapatorias pecaminosas a Perpiñán y de sus compadrazgos con bohemios nacionalistas y flamencos —murcianos— de las Ramblas.

Una flaqueza de Nuria Valterra, evidentemente. Y hasta dijo, en cierta ocasión: «Ya tengo un hijo que construye carreteras y otro que pertenece al Ejército. Si el pequeño se inclina por una rareza, quizá no debo contrariarlo. ¿Quién me niega una inconsecuencia? Oponerse exigiría un esfuerzo que debo dedicar a mantener en orden a los descamisados». ¿Y no se da cuenta cómo discute ahora, apaisado tono rebelde, con sus hermanos? Y obliga al Agustí a que aporree la mesa, a que recurra a su clásico gesto de capataz. Y el «pardalet» enmudece. Ha bastado una alusión que sólo ambos entienden y que el fruncimiento de labios del heredero derive en violácea sonrisa sardónica.

Tan veloz el girar hondo de las actitudes alámbricas de los títeres que no dejó a la intemperie las conciencias. Apuntaron veladamente la dura sintonía de sus máscaras y de sus pensamientos en acecho. Por un instante, la piel gris, de yeso mortuorio, del «pardalet» se tiñó de sonrojos. Agustí le hacía sentirse culpable y humillado. ¡Si no lo hubiera sorprendido aquella tarde!

Dormían la siesta los hermanos en una división de la pieza interior, convertida en alcoba. La larga serie de vigilias, bajo la angustia de que su albergue fuera descubierto, los había extenuado. Pero el «pardalet» se despertó, azogue el cuerpo por el rehogo del calor estival. Le movía una sed quemante —así atrae el vértigo del vuelo en la cima de las montañas—, un afán torturador de salir a la calle, de mezclarse con los transeúntes en las aceras estrechas, de reintegrarse —igual que los demás, sin ser de los apestados— a la respiración de la muchedumbre, de los números sueltos que la componen y que sorben la sopa con las puertas de par en par, o tras las ventanas de cortinas descorridas, si lo desean, capaces de descubrir —sólo de paso— que las hojas de los árboles acaban de apropiarse una nueva y sazonada piel, que forman colas ante las taquillas de los cines y pueden —sin temor— saludar a gritos al amigo entrevisto en la plataforma de un tranvía que dobla por la esquina. Los que atisban, en esos haces de mujeres que la ciudad lanza, aquí y allá, el perfil súbita y fugazmente íntimo que se les antoja predestinado.

Meses atrás —meditaba el «pardalet»—, cuando la guerra era apenas un vaticinio incómodo, esos aspectos circulantes y normales de la vasta vida común ni siquiera se hacían notar. Nos rodeaban, estaban y alentaban con milagrosa fluencia, en todas partes; los dábamos por supuestos y se consideraban de general disfrute.

«Hoy, sin embargo, no existen para mí. Y el día de mañana, si la fortuna da un vuelco, si Agustí y los suyos, los escondidos, triunfan, algunos de esos felices o infelices ocuparán nuestro lugar, aprisionados por el miedo y seremos nosotros los que recorramos, despreocupados, las calles. ¿Por qué, *ese después, este ahora*? Es monstruoso, de tan simple.»

Salió, descalzo, evitando el rechinar de las suelas carcomidas, entre el ropero cubierto por una gasa —para que las moscas no negrearan del todo la doble luna— y la mesita de noche donde destacaba una taza rota, atestada de colillas. Con el mismo sigilo se encaminó al vestíbulo en miniatura, inundado de sol, y bebió de la jarra que Francisco colocaba siempre en el veladorcito que semejaba una hinchazón del bajo tragaluz lateral. Tenía el agua un sabor turbio y caldoso, que le provocó un amago de náusea, una vehemente necesidad de aire libre.

Todavía, el tufo de Francisco —gruesos calcetines labriegos de lana tejida toscamente, que se adhieren a la carne y absorben la mugre; la pana vieja de sus pantalones; la emanación fétida de los dientes cariados, hasta los bigotes entrecanos que recogen el acre humo del tabaco de pipa— saturaban, insoportablemente, aquella clausurada porción de atmósfera. Pero ninguno se atrevía a insinuarlo, a quejarse o corregirlo. Incluso en su ausencia toleraban, pusilánimes, esas manifestaciones animales de su naturaleza primitiva y leal. Y la repugnancia física que les inspiraba, había que acallarla, también en la reflexión que no sobrenada. Podía constituir una ofensa y, de cualquier manera, revelaría una ingratitud.

Porque Francisco, el antiguo arrendatario del peor viñedo de Nuria Valterra (en México, con Guevara, Raurell se burlaba de él, a lo nuevo rico), los acogió en la desgracia, pero reglamentó despóticamente su existencia. «No hagáis ruido.» «Fumáis demasiado, redeu.» «La vecina del primero me mira de un modo, creo que sospecha algo.» «Me la estoy jugando, tanto o más que vosotros.» Ya se atrevía a tutearlos, de vez en cuando... Comparecía, renqueantes los andares, paquete bajo el brazo, al anochecer. «El jornal no alcanza para más.» «Si se enteran y os agarran, iremos juntos.» «En la fábrica —acento de jactancia— me preguntaron si me sobra alguna manta, para los del Pirineo. Dije que no, pues como para el invierno seguiréis aquí...»

Conservaba las mañas y sornas del labriego, aunque hacía años que trabajaba de portero en una industria vidriera del Poble Nou. ¿Qué motivos le movían a desafiar este riesgo? Quizá —juicio del «pardalet»— era la suya una forma cazurra de revancha. Permanecía fiel a la clase de los amos y, al propio tiempo, se sentía superior y más fuerte en aquella circunstancia. Le permitía protegerlos, gozar el espectáculo de su diluido pánico diario, de su rencor impotente.

El poder lo disfrutaba él, Francisco. ¡Si Nuria Valterra, que nunca se dignó reparar en el color de sus ojos, que le hablaba con monosílabos, resucitara!

—¡Nuria Valterra, mi madre! Yo fui, de los tres cachorros, su favorito. «Ellos la han matado y no consigo odiarlos, como Agustí y Miquel. ¿Soy un pedazo de corcho? ¿Quién desenreda esta madeja? Probablemente el orgullo y el odio la perdieron. ¿Qué pretendía conmigo?» «A este artista lo he parido, lo alimenté, le he pagado ociosidad y fantasía. Es mío, míos los aplausos de escándalo o compromiso que le rendís, en el pregonado concierto de Barcelona, al que asisten, para adularme, los personajillos del pueblo. Les pasé revista, a ver quién era el valiente que faltaba.» Yo recibía la limosna, lo mismo que Jaime Trías. ¡Desgraciado, en qué aprieto lo ha puesto el Agustí! Francisco cuenta uno por uno sus mendrugos y nos los arroja. Reventará de satisfacción. ¡Gracias a él llenan las tripas y se salvan de la prisión, o de que los acribillen a balazos, los ricos en desgracia! Nuestro mundo al revés.

De nuevo, asfixiante, el tufo de Francisco. Cumplirá los sesenta en septiembre. «Lo ha anunciado. Desea que lo felicitemos. Lo inflará de vanidad. Dependemos hoy de él. Se impone.»

Humilla, vaga y tenazmente, esa convivencia obligada, porque no responde a un vínculo espontáneo de afecto, a una lealtad consciente, recíproca, que borre las hondas diferencias de educación y de carácter. Ello debe engendrar nuestra reacción mezquina —se disculpa y reprocha el «pardalet»—. ¿No sería más piadoso, más humano, que nos denunciara, o que nos despidiese, que nos abandonase a la suerte, en vez de ampararnos con afectación, para que la vergüenza nos envenene poco o mucho? Y ante sí no es hipócrita, se recrea en que le debamos la cama y el aire sucios.

Las migajas de olor vivo y hedor cuajado de Francisco: vuestra única y prestada fortuna. ¡No lo aguantes más! Deslízate, adelanta el visillo para que nadie del exterior lo note, empuja los paños de la puerta. Retrocede unos pasos y aspira, con bocanadas de brisa, la ondulación azul que destila el cielo terso y te orea los poros.

Desde ese pisito de azotea, ahora tu mirador clandestino, divisas, tú, el «pardalet», un edificio de dos plantas, tapizados los barrotes del balcón central de pancartas con leyendas alusivas a la guerra y a la revolución y una estridente bandera rojinegra y el lienzo blanco que pregona, para remachar el clavo, las iniciales anarcosindicalistas. «Estar tan cerca de ellos es nuestra mejor defensa. A nadie se le ocurriría suponer que dormís junto a la boca del lobo» —les repite con parsimonia consoladora, Francisco.

Alicaídos los brazos, espía Sebastián el local del Sindicato, dominado por trémula fascinación. Se le figura —la atención cabrillea del movimiento de autos y las manchas de los grupos al himno que un disco

reproduce a todo volumen— que él no es un actor
en ese desafío evocado por las voces rotundas, rituales del coro:

> *A las barricadas,*
> *sin miedo a la muerte,*
> *¡por el triunfo de la Confederación!*

y que un azar benévolo le permite contemplar, en tesitura de espectador divertido, que se desprendió de un
lejano planeta fabuloso, lo que sucede a su alrededor,
en abanicado, frente a frente. (Excepcional para los recluidos, un hábito dentro de las nuevas rutinas.) Aquel
salón espacioso, con carteles en ringlera sobre los
muros, el que exactamente se sitúa en el vértice de su
mirada, es el punto de concentración de la actividad
de los «locos furiosos» (el Agustí no sería tan exculpatorio al denominarlos). Allí desfilan, diferenciados por
breves intervalos, parejas y tríos de obreros y con
mayor intermitencia, más firme y aplomado el paso,
los cabecillas que le ha descrito Francisco: hombres
avellanados que, con ton o sin son, apoyan la mano
derecha en la culata de la pistola. Y los de postura aún
más resuelta jactanciosa que balancean al hombro los
fusiles. Casi es una sucesión de conjuntos de zarzuela
—rezonga— entran y salen, charlan animadamente entre
sí, con vivacidad de parentela reunida en un festejado
aniversario. Gesticulan, contraídas las facciones —troncos sarmentosos, piedras seculares— por un entusiasmo común que se entrevera de bromas y risotadas.
¿Por qué se le habrá ocurrido ese paralelismo teatral,
que reduce toda la situación a un esparcimiento sin
trascendencia en su realidad y que, no obstante, lo
aproxima a «los enemigos»? Como si él no estuviera
expuesto al peligro irremediable y esas personas, carentes de nombres y rasgos habituales en su conoci-

miento, no fuesen capaces, en un tris, sin que ello les truncara la digestión, de apresarlo y ejecutarlo. Le abrumó pensar que, de otro modo terrible, era su esclavo, al igual que de Francisco y de los muchos seres, distantes, inimaginables, a lo largo y convulso de la ciudad enorme, convertida en extenso y gigantesco anillo que lo ahogaría, llegado el caso. Sus únicos escudos eran la oscuridad, la quietud y el silencio: dos teclas amarillentas y una de ébano polarizan el acorde sonámbulo que una pulsación imprevista puede revelar, como en un piano. A despecho de estos míseros efugios, conceptuábase prisionero, desprovisto del más ligero don de independencia, pues los otros le cercaban en una elemental y abrumadora relación que las épocas anteriores no habían estatuido.

Acudían y marchaban los visitantes y en aquella pantomima terminaban por alinearse en fila, hacia la mesa del fondo, donde una mujer se inclinaba sobre la máquina de escribir y les entregaba papeles de media hoja, previamente redactados. Repetía ademanes de sellar y firmar. «Los famosos certificados y vales de que se burla Francisco.»

Empezó a disminuir la afluencia y al fin la joven se recostó en la silla y reclinó en el vacío, fatigada, la cabeza. No había ya ni un alma en su círculo. Al cabo de unos minutos buscó algo en el cajón del escritorio y se encaminó al balcón desierto.

Avanzaba calmosamente hacia la claridad. Adquiría, de manera gradual, contorno y matices. Sebastián advirtió que el propio aliento le quemaba, que esa visión iba a ser eje y semilla de recuerdos.

La mujer se peinaba el moreno pelo esparcido, con perezoso giro de los brazos en arco. Destacaban entonces —cobró el sol un lánguido crepitar, nuncio de su inminente fuga a través de los montes tostados— su pecho mozo, de dulces cuspideces, las fuertes caderas de maternal holgura y las robustas piernas de escultórico trazo mediterráneo.

El tiempo, la ocasión y sus pobladores se suspenden en un grácil bordoneo. Databa de meses el que Sebastián estuviese privado de una total impresión de armonía como aquella. Vuela, de rama en rama, libre, «el pardalet».

«¡Si yo me encontrase, apoyada la espalda en el pino solitario, la nuca en las arrugas de la corteza, en una de las tranquilas caletas que nuestro viejo mar ha labrado en el curso de su infinita palpitación, mis pies llagados empotrándose en la arena! Y por el horizonte de la costa (nacida de la curva raya de las olas que se desmenuzan, cual migas de pan para los pájaros que se ocultan en nuestro cerebro) asciende la silueta femenina. Verdad y belleza, presencia y olvido. No es preciso más. *Puedo contemplarla mejor porque la desconozco.* O correr luego a su lado y atrapar su grito de sorpresa. Tan pronto lo escuche y se me escape, regresaré por la carretera, cuando la noche empieza a parpadear y a envolver la garganta. Y ella adivinará que no insistiré, el primer mandamiento de las carreteras.»

En la nuca de Sebastián se hinca el soplo violento del hermano mayor. Largo rato ha debido permanecer allí, bajo mohosas espuelas de ira y de envidia, tras el gozo malsano de especular con su corto y absurdo éxtasis. «El pardalet» se estremece, un escalofrío de metálicos garfios lo estruja. Nunca había padecido ese bochorno destructor.

—¡La historia de la sirena y el perseguido!

Con tremenda fatiga se aparta de la ventana, mientras el Agustí tose a fuerza de reír espasmódicamente.

«Es la guerra. Nuestra condenada sangre.»

Despierta, Ricardo Estella. ¿En qué grado este sueño completo, surcado de relieves, cicatrices y simas, ha sido un producto de tu obsesión o lo provocaron las palabras de Raurell y los ecos de Guevara?

7

Todos se han ido. Sobras y ribetes de salsa en los platos festoneados de la cena con que festejaron la feliz llegada. Oye Ricardo, como un cloqueo que agitara el estanque laxo de la noche, por la estera maltrecha del corredor, la última señal de la presencia bronca: tía Asunción se traslada, en babuchas de borla, de su nuevo dormitorio al cuarto de los trastos desportillados, otra revisión de su equipaje... Seguramente, y a pesar del cansancio, cumple la amenazadora promesa de «acomodarse».

Ya no se trata de proyectos. Recién desembarcada, tía Asunción se dedica a estos ajetreos caseros, implanta su reinado. Probablemente en unos días más acometerá la anunciada tarea de ordenar el departamento, donde los dos hombres, prácticamente solos, los Estella, padre e hijo, han vivido años que de pronto semejan haber cristalizado. No tardará en modificar sus hábitos de autonomía. (La madre, de una parte por ese quebranto del corazón que a raíz de instalarse en México la redujo a inmovilidad y reposo casi constantes, y de otra, al extremarse su carácter retraído, nada propicio a efusiones, ha sido una existencia marginal y desesperanzada. Para Ricardo, desguangada encarnación de la autoridad femenina; urna de consejos que únicamente destapa a veces para denunciar los peligros del mundo.)

Basta recordar el gesto voluntarioso con que tía Asunción inspeccionó —severa mirada circular que descubría la menor huella de polvo en parajes adjetivos y replegados— y los fulminantes monosílabos que presagiaban sus planes de reforma. (En el fondo, sentíase misionera y justificada: cuadros torcidos que enderezar —se impone el barnizado de la cómoda—, en la despensa guardará bajo llave las provisiones —piensa forrar con una tela gris los sillones de la sala—, pantallas para las lámparas, cambio de persianas —para estos herejes un crucifijo cerca del testero del comedor.) («Naturalmente si la pobre Paulina está de acuerdo. Me las arreglaré para que no haya fricciones. La consultaré en cada caso. Una comprende que a merced de criadas holgazanas y sin muchas energías... y que además te faltan cuando más las necesitas... como el día en que aterrizo. Demasiado hace con cuidarse.»)

Ricardo Estella siente que allí ya no será dueño de su porción de doméstico albedrío. Y se sonroja de que sus libros yazgan todavía por los rincones. En lo sucesivo, sábanas enérgicamente estiradas, descansará la cabeza en una almohada que ella mullirá con tal brío que exigirá un nuevo y penoso aprendizaje para el sueño.

Y en esos ímpetus nada ni nadie influiría. Ni siquiera el que una vez que marcharon las amistades, pregonara su voz, amurallada en la cocina, con secas impostaciones de indignación y estupor:

—¿Pero qué es esto, Dios santo?

En tres saltos Ricardo acudió a su lado. La halló con los brazos en jarras, clavados los ojos de aceituna verdinegra en una bandeja que indudablemente debió colocar Lucha en lugar prominente del lavadero.

—No puede haber sido sino el espantajo, ese fantasma que nunca te mira de frente. ¿Qué truquito se trae?

Lucha había roto, con ostensible rabia, un platón, en menudos trozos. Dispuso los restos con hábil paciencia sañuda, de manera que remedase la cruz de la muerte: los granos de café eran adornos siniestramente alusivos. Reflejaba aquella composición, de artística simetría, sobre la brillante redondez de la plata labrada en la «charola» postinera, una empeñosa y fatal predicción, se expresaba su implacable hostilidad. ¿No era el dibujo la gráfica firma de un encono súbito y ciego?

—Explícamelo, hombre. Como broma... ¿Qué significa? ¡Esa bruja! ¡Vaya manera de recibirla a una!

Ricardo mintió, relativamente:

—A lo mejor es un augurio de su propio porvenir. Les quedan el atavismo y las supersticiones de su religión antigua, y con esos elementos inventan símbolos, de lo que vaticinan, de lo que desean. Hace tiempo que esa infeliz anda algo trastornada. Ten la seguridad de que no pretendió ofenderte. Es muy discreta y respetuosa. Quizá nuestra alegría le ahincó la misteriosa tristeza que lleva dentro.

Pero rápidamente, como quien se quema —¿conseguiría invalidar el conjuro?, pensó, entre burlón y contristado—, arrojó los pequeños fragmentos y los oscuros botones al bote de la basura.

—Fíjate qué sencillo. Acabó el episodio.

—Será difícil que lo olvide. La tierra y las personas son aquí enrevesadas...

—Me resultas más papista que el Papa. Tómatelo con humor.

El incidente iluminaba, para él, la reciente actitud de Lucha, aún más reservada que de ordinario. Se eslabonaban las casualidades —¿no le ocurriría lo mismo en el caso, ronda que te ronda, de Jaime Trías?—. Días antes, y por su conducto, Guevara y el padre trabaron conocimiento, y al anunciarse el viaje de tía Asunción, el músico ofreció, con el propósito de serles grato, de arrimarse a calor verdadero de familia, los servicios de Lucha, para la reunión de bienvenida que, naturalmente, había que dedicarle. «¡Doña Paulina no puede con su alma! Aparte de que se siente algo desconcertada, lo comprendo.»

—A mí, si no lo consideran oficioso, me alegraría acompañarles al aeropuerto. Y les propongo que inviten a un par de amigos. El avión puede retrasarse y así será más liviana la espera. Por la mañana les enviaré a Lucha que, bajo las órdenes de la señora, les arreglará de mil amores la cueva y preparará un menú hispano-mexicano. Corre de mi cuenta. Ustedes despreocúpense.

Manifestaba con su estilo inocente y entusiasta, que no admitía réplica, la propensión a saborear la dicha ajena. Se encargó de los detalles nimios y de los efectos de sorpresa —auténtico aceite de oliva para la ensalada, consiguió un tocadiscos, eligió personalmente un surtido de dulces de Celaya y fue al mercado de San Juan a comprar las frutas más típicas del país—. «Ella tenía que probarlas.»

—¿Le gustará el mamey? En España, la piña es un lujo. Capítulo especial, los mangos de Manila. De la guayaba no tendrá ni idea. A las primeras de cambio rechazará la papaya, por insípida, pero no tardará en apreciarla. He avisado al suplente de la orquesta para que me sustituya en el programa. Caracoles, un acontecimiento así... Sin presumir, a ustedes, los Estella, les tengo querencia.

Al comparecer Guevara en el aeropuerto, enarbolando un voluminoso ramo de gladiolos, Quintanar, el ex comisario, y Rivera, el parásito en activo, no disimularon cierta contrariedad, que derivaría, suavizada, a comentarios irónicos.

—Usted nos acompleja.

—La verdad es que «se mandó».

—Con un mariachi, cuadro completo.

Doña Paulina, que los acompañó a costa de un esfuerzo extraordinario y se quejaba de asfixia, sonrió agriamente y nuevas arrugas acribillaron su frente blanquísima. ¡Y pensar que había sido un puro y noble óvalo el rostro, y que brillaron, con cálidos tonos pardos, los ojos ahora inmóviles, sin ningún revuelo, convertidos en pura y excluyente desolación!

Guevara ocultaba los bigotes crespos y la nariz de trombón tras el parapeto de las flores. Le pedía al cielo —salvedad en un laico— que transcurriera velozmente su plazo de tortura y que el ajetreo de las nutridas patrullas de gringos, con su dotación de máquinas fotográficas y cestos multicolores que tamborileaban sobre grupas y costillares, los distrajese.

La turbación de Guevara subió de punto y compás al ofrendar su obsequio. Tras una breve presentación —frescos los trámites, abrazos y lágrimas— se liberó de su carga, permaneció un interminable momento aturdido, sin aquel floral escudo, a cuerpo enjuto, frente a Asunción, y entonces sí hubiera anhelado que una invasión de pasajeros y de órdenes microfónicas —en todos los idiomas posibles— lo protegieran del sofoco.

Porque Asunción lo examinaba asombrada e indecisa, como si él fuera una nota más pintoresca que la pareja de tehuanas que componían el bajorrelieve de un sofá verde, aquella amariposada mancha de cálidos tonos. El corro que la rodeaba —sonrisa nostálgica, casi infantil, de Lorenzo Estella; rictus meditativo y enervado de Ricardo; displicencia cortés de Paulina; relamida amabilidad de Rivera; impaciente gesto ordenancista de Quintanar— remedaba el séquito de una reina destronada, cuando se trataba de la afirmación modesta de su primacía ocasional, únicamente.

—De nada, de nada, ¿qué menos iba yo a...? —balbuceó Guevara.

Y luego agregó, aliviado al hallar una excusa:

—Bueno, nosotros estorbamos ahora. Ustedes necesitan expansionarse y los intrusos ahuecamos. Al anochecer iremos a saludarla, con calma.

En el trayecto hacia el centro, tía Asunción preguntó:

—¿Quién es? Sí, el don Quintín el amargao del ramo.

Os lleva en palmitas: ¿adora al santo por la peana? Muy atontolinado y bobalicón, creo; también un poco estrafalario. ¿Dónde lo pescasteis?

—Es íntimo amigo de Ricardo —informaron Paulina y Lorenzo.

—Y no estaba obligado.

—¡No seáis tan susceptibles! Retiro lo dicho. Si hasta me resultará un diamante en bruto...

Ya en su paz, libres de maletas y recibimientos, como un balanceo la quietud del piso de la calle de López, mientras se desliza por el contorno el sigiloso quehacer de Lucha, Asunción y Lorenzo conversan de la parentela, de venturas y desgracias. (La madre se ha retirado al dormitorio. «Me estalla la cabeza. Tendré que acostarme y temo que no os pueda acompañar. La fiesta se celebrará sin este lastre. Por amor de Dios, me ofenderé si la suspendéis.»)

En ocasiones, tía Asunción se toma un respiro para explicar a Ricardo, que fuma y escucha (él mezcla en la charla sus angustiosas ideaciones mudas sobre la escurridiza existencia de Jaime Trías), los sucesos y lugares que mencionan, poseídos de crujiente pasión, los antecedentes que el joven desconoce.

Surge entre los tres, al combinarse las palabras de los hermanos y el ensimismamiento obstinado de Ricardo, una escala de oposiciones. Suele referirse al padre, en una grave tensión de la memoria, no pocas veces descoyuntada, a los seres que ambos trataron y los adscribe a un emplazamiento fijo, estatuario casi, del ayer. Para él no subsisten sino en la gradación de momentos que determinaron su experiencia directa, y el indagar acerca de la evolución que después sufrieran lo hace como quien se adentra en el curso remoto, y sólo imaginable a través de datos parciales, de problemáticos vislumbres, de esas vidas que, a raíz de su época y de ausencia, ya no le pertenecen por la común relación concreta. En cambio, Asunción habla de ellos con la fuerza que presta la única realidad inmediata, el desarrollo y vicisitudes compartidos, y así lo comunica al desterrado. Cierra tal círculo el desinterés, que apenas disimula una atención superficial y distraída, de Ricardo. Oye sus referencias y apostillas cual si reprodujeran inverosímiles corporeidades, que para él no clavan ancla alguna en la arena tierna del recuerdo propio. Y piensa que ese desnivel de las percepciones, que los signos —una frase irreversible, un juicio rotundo, una actitud categórica— no alcanzan nunca a resolver, nutre de sutil modo, y con terrible eficacia, una de las desigualdades de que los hombres se constituyen.

El ejemplo puede ofrecerlo la imagen del párroco Arribas, que Lorenzo y Asunción citan frecuentemente y que se convierte en uno de los ejes de su fragmentario y zigzagueante reconocimiento. Para el emigrado se perpetúa en un ademán, el último que le lanzara, y a que su rencor se aferra. «¿Te acuerdas? Cuando se me ocurrió volver a la ciudad, después de los sucesos de octubre, a pagar las contribuciones, me lo tropecé en la plaza, a la hora del paseo. Todos se alejaron, hasta dejarnos cara a cara. Ese energúmeno alzó los brazos al cielo y me insultó a gritos: *¡Me avergüenzo de ti, si pudieras también me asesinarías!* Noté alrededor una curiosidad que me condenaba. Me mordí los labios, hasta que sangraron, y seguí mi camino, hecho una guiñapo.»

—Tú fuiste siempre un exagerado y te metiste a redentor, a buscabullas. No, es preferible que no discutamos. Conmigo, por el contrario, tuvo las mayores consideraciones. «Ese pobre hermano tuyo hizo bien en huir. La pasión lo ofuscaba y, de lejos o de cerca, su pecado es mortal.» Se expresaba al principio de ese modo, cuando os derrotaron. Con los años amainó y si le veía charlábamos de otros asuntos. Encorvado, del pelo a la barbilla un mapa de arrugas gruesas, como cordeles. Se le fue haciendo la piel de cordobán y se le hundieron los ojos; una ruina. «La tarde de mi entierro, muchos se alegrarán tras el disfraz de ovejas. ¡Qué balance para un sacerdote!» No lo juzgues tan a la ligera. Al fin y al cabo, también su apellido es el nuestro, aunque sea en tercer grado.

—¡Valiente razón!

Las dos estampas —o actitudes— del párroco Arribas tampoco le permiten continuidad o comunidad. Podrían proyectarse, indistintamente, desde el punto de vista de Lorenzo, en violentas síntesis de persecución. En su hermana representan impresiones nítidas de las etapas de terror, de vengativo empeño, del hambre que se lidia con expedientes corruptores, de la general inercia de sobrevivir a costa de engañar y trampear.

—¿Ha cambiado mucho el Callejón de los Fantasmas?

—¡Pero si ya no hay ni rastro! Lo derribaron para edificar un mercado. Raro nos pareció en los primeros meses. Entonces, a la ciudad le faltaba algo muy suyo, casi la fe de bautismo. Sin embargo, nos acostumbramos.

Como si a Lorenzo le hubieran arrebatado el vestigio de su secreto, la clave entrañable del misterio, el rincón de trémulas nervaduras donde los niños aprenden a codearse con «los espíritus» y les permite fantasear de aventuras tremendas. Y presumir.

—Me llevaste allí cuando yo era todavía una mocosa, sin que los padres lo supieran. Tenía un miedo atroz. ¡Corrían tantos infundios! Pero, protegida por ti, no me asustaba del todo. Habías cumplido los trece y te afeitabas a escondidas. Nos reíamos de tu flequillo. Murmuraban que la Mercedes, la hija del jefe de la estación, era tu novia. Me puse el chal apolillado de mamá. Si se presentaba un fantasma de veras se lo arrojaría a la cara o a la máscara, para que por un instante se aturdiese y pudiéramos huir.

—Pero no hubo necesidad. No se movió ni la rama de un árbol. Regresamos.

—Desencantados.

Resucita, en Ricardo, el aire alicaído de los hermanos al desandar la ruta, empedrada de consejas. Sería, aproximadamente, por la época en que se perpetró «el grupo de familia», una foto de gastado tono cobrizo, con sillón en el centro, donde reposó su humanidad de tronco centenario, el bisabuelo, no sin arreglar —póstuma coquetería— los faldones de la levita sobre las rodillas de mucha osamenta pero reumáticas. A su derecha, erguido, Cayetano Estella —militar retirado, liberal y con fama satánica de logias y excomuniones: las manos oprimían la testa de lebrel en el decorado, cual si condujeran las bridas del caballo en que cabalgó, a regañadientes, en la jornada del abrazo de Vergara, y que, según su dictamen, fue un semillero de infortunios. «Pues, ¡córcholis!, de esa reconciliación, más falsa que Judas, se valieron los absolutistas para quebrarnos el espinazo.» Lo flanqueaba la esposa, que apenas le rozaba la barbilla, soportando el monumental peinado. Ella se esponjaba en la blusa de encajes minuciosos, en los plisados y mangas de globo que la solemne comparecencia exigía. Forzaba la sonrisa para disimular los temores que la tronante prevención del confesor le insuflara. («Sólo te absolveré, desventurada hija mía, si me ayudas a que ese réprobo de Cayetano abjure y sea ejemplo y escarmiento de extraviados.» ¿Por qué heroísmo inédito se atreverá a tal empresa doña Lucía, que tiembla como cascabel de jaca moza cuando «el señor» tose y carraspea ante sus insinuaciones medrosas?

Y a la izquierda del bisabuelo, ceñida la chaquetilla de ribetes negros, el pantalón hasta las corvas, gallea Lorenzo —besó a Mercedes, esa mañana, por la tronera de una tapia de su huerto—. Le concedieron el lugar más destacado, por ser el único descendiente varón, el que continuaría la estirpe.

A los pies del ochentón colmado —don Juan José, propietario de predios y trigales, que las tarascadas de la pícara suerte redujeron a pequeñas, separadas parcelas— se acurruca, en un mar de volantes y lazos, en un ruedo de superpuestas enaguas almidonadas, la incipiente Asunción.

El «grupo de familia», siempre apuntalador, en dorada madera de volutas, cosechó más bandazos que botella de náufrago en mar embravecida. Después de mudanzas rutinarias lo levantó en vilo la turbonada de la guerra, cruzó la frontera francesa en el repliegue de un maletín, en cama de castos corpiños. Lo rescató Lorenzo al despedirse de su mujer —como música el «allez, allez» de los senegaleses— y lo guardó, durante la envilecedora peripecia del campo de concentración, en una cartera que conservaba documentos acreditativos de la honradez y fidelidad de su gestión. (Papeles que él, lógicamente, habría de mostrar a la Comisión que la Generalidad y el Gobierno central designaran, cuando se restableciera en España el régimen de derecho, para dictaminar acerca del manejo de los fondos públicos en las fábricas de municiones de Cataluña.)

Y de esa cándida manera, el «grupo de familia» fue parte preciosa del equipaje en la travesía hacia México, se desempacó y desempolvó al ocupar el piso de la calle de López. Y para colocarlo, a discreta altura y en el paño más notable de la pared, a guisa de torreón que domina el sofá de las visitas de cumplido y el par de sillones adyacentes, se requirió una cejijunta deliberación matrimonial.

Testimonia, en este humilde avatar, el encuentro de los hermanos, que se desprendieron de su estrecho marco y han crecido y granado, tornándose movimiento, verbo y diferencia. Su lejanía es de doble dimensión para los Estella, separados hasta hoy por una zanja cenagosa de tiempo y de espacio, que la unísona remembranza momentánea no logra superar por entero.

¿No tiene, igualmente, en la acepción de Ricardo, empañados destellos ese mítico Callejón de los Fantasmas, que le ensalzan? Dominado su padre por una hueca melancolía, se le figura que tamaña desaparición equivale para él a la de un miembro amputado. Ya no podría volver a verlo, el Callejón de los Fantasmas, la casa frontal de don Carlos María, el especulador en granos; la historia de las tres doncellas violadas en un inclemente amanecer invernal, que se suicidaron con glotones tragos de lejía para que sus gritos hendieran las inmediaciones, como estribillo agudo del toque de maitines del convento; el patio siniestro del cazador que, asimismo en un alba nevada de noviembre, enterró, palpitante aún la sorda respiración, tras embriagarlo, a un primo carnal, para que nadie le disputara herencia de pastizales y olivares que, desde entonces, se juraba, daban un aceite agrio que los cristianos rehusaron comprar, «porque envenenaba la comida». O Laureano, el rapaz que se colgó de la viga de un desván, al rato sólo de que un cónclave de comadres le avisara que un forastero usurparía, junto a su madre, viuda lozana y desparpajada, el colchón de plumas del caballero que lo engendró, por precepto de Dios y de la sociedad... ¿No le arrastraba la misma corriente bárbara que había transformado su existencia en una realidad acartonada?

Silueta dominante, Asunción desvanece el hechizo. Suelta las parrafadas y a la postre consigue excitar la inquietud de Ricardo.

—Construyeron un mercado de mucho rumbo, el más moderno de la provincia. Con bóvedas de azulejos que son una preciosidad. ¿Y sabes a quién nombraron administrador? ¿No lo adivinas? Al calavera de Arturo. Ya no me remuerde mentarlo, después del escarnio. Se presentó en plan de personaje de la situación. Decían en cuchicheo, los «tuyos», los que acertaron a capear el temporal, que había denunciado a varios republicanos y que se ganó la influencia con esos méritos.

—Y tú —protestó Lorenzo— te refieres a él con esa naturalidad, a pesar de que deba el sacrificio de muchos infelices y de que te hiciera perder tantos años de juventud.

—Las circunstancias obligan. No es fácil que lo comprendas a miles de leguas, Lorenzo.

Asunción enarcó los labios y cerró, como unas tenazas que detuvieran el remoto plañir juvenil de la garganta, los dientes poderosos. Ahora su sentido práctico, tangible y físico, anulaba los efluvios del «grupo de familia», la reminiscencia del Callejón de los Fantasmas. Los transportaba a un mundo de relaciones despiadadas, de rebrotado primitivismo.

—Arturo mandaba y yo podía necesitarlo. ¿Para qué los viejos escrúpulos? Ya no estaba enamorada y la herida se curó. Había el peligro de que me quitaran la huerta grande. Un perro de presa el tal Lemus, movía las aguas, siempre te aborreció, y decidí visitarlo. Vi, en su azoro, que todavía le gustaba. Yo me conservaba pasable, él había desmejorado. Más flaco que una espátula, amarillo de la bilis, porque sospechaba y venteaba el desprecio de todos. Le di la oportunidad de ayudarme, de ser generoso, de adivinar que lo había perdonado. Y me invitó a su casa. Su esposa —una rubiales sosa, de tres al cuarto— me sirvió la comida.

Añadió, triunfante:

—Lo mantuve en su sitio, cuidado. Y me buscó comprador.

—Sola te las arreglaste.

—¡Qué remedio! Por aquel entonces vendí también el ajuar que había preparado y guardado, años y años, para la boda con Arturo. ¡Cosas de la vida!

—Estabas muy segura de ti misma —Lorenzo subraya la nueva dureza que tanto le desconcierta.

Y Asunción, ufana, exhibe las varias anécdotas en que los hombres la requebraron, a pesar de su edad. «Más que a las niñas tontainas recién salidas del cascarón, que se consumían de envidia.» Pero ella no fue débil con ninguno —casados y varones sin compromiso en la lista— y, sobre todo, no se ilusionó. «Si me convenía, para salir de algún apuro, me dejaba cortejar, hasta cierto punto. Y les sacaba provecho: recomendación, gestiones oficiales.»

Exhibía, con un cinismo natural, aquellos manejos que acreditaban precisa astucia y, además, afirmaba a despecho de la lugareña virginidad preservada, su condición de hembra capaz de encender sangres y voluntades.

—La guerra civil te «descubrió» —observó Lorenzo, en ascuas por el silencio, evidentemente receloso y escandalizado, de su hijo.

Es necesario encender las luces: el anochecer se ha coronado de terciopelos que un «espíritu» extiende sobre los aires y ecos. Al amainar el humo de los cigarrillos se muestran los rostros en sus colores antagónicos. Abermellonado el de Asunción; cubierta de una capa gris la barba lijosa de Lorenzo; azules casi, por la contracción, los pómulos de Ricardo. En el comedor Lucha —ángel exánime y analfabeto— coloca el mantel, desliza las copas del brindis inicial.

—Están al llegar.

—Mucho me festejáis.

—La alegría de que esta casa se haya completado. Poblamos el hueco más importante, por los achaques de Paulina.

—Procuraré que no os pesen las riendas —admite, en fugaz abandono, Asunción.

Y de pronto, extemporáneamente, se destroza en risas. Temblequean los pechos, ya de configuración matronil, y los recios brazos mollares.

—¡Pero no os he contado lo más gracioso! Tuve también un episodio romántico. Y si él insiste quizá hoy no estaríamos juntos. Afortunadamente reflexionó antes de que fuera tarde. Creo que no hubiéramos congeniado.

Ricardo desea impacientemente que aparezcan Quintanar, Rivera y Guevara. Las confidencias de tía Asunción desazonan e irritan a cualquiera, él las soporta a duras penas. Es vulgar de índole, chillona en los alardes, ordinaria —sin remisión— tras los dengues señoritiles.

—Nos cayó, en la feria, una compañía de varietés. Imagínate —se dirigió a Lorenzo— el revuelo que se armaría. De noche y de día la gente les rastreaba los pasos. Es un pueblo, claro. Y en las funciones y cuando salía a pasear a solas, el que más llamó la atención fue el pianista. Se burlaban de su cerrado acento catalán, de que prefiriese el campo al hormiguear de los soportales.

(¿No concluirá nunca, Dios mío?)

—Todas le hacían la rosca. Y es que tenía tipo.

(¡Si pudiera irme!)

—Pero, sin que yo le diera pie, se fijó en mí. Y en el baile de la Patrona me pidió una pieza.

«¿Usted no esperaba que me declararía de comienzo, sin preámbulos? ¿Está dispuesta a compartir mis andanzas? Somos de la misma edad y sospecho, por lo que me dijeron, que de igual incompatibilidad ante esta marea innoble. Ya me han dicho que su hermano... Al encontrarla es como si regresara a un eslabón imborrable de mi vida. ¿No le asustaría el ir de acá para allá? Conmigo no le faltará lo indispensable, salvé una renta mediana y soy hombre serio. Debe conocer mi nombre por los programas, pero se lo repetiré: el maestro concertista, Sebastián Valterra. ¿Se niega?»

(Casualidades, simplemente. ¿O es que hay una secreta voluntad que, nudo a nudo, recrudece en ti. Ricardo, una especie de lazo umbilical con Jaime Trías, que te zarandea como piloto de inquietudes y sueños?)

—Más adelante, pues son niñerías, os enseñaré la carta que me mandó, con un amigo. La debió escribir en la fonda de la estación. Es un acertijo, de lo más divertido. No le faltan lamparones, en la fecha.

Por la entrada truena el vozarrón de Quintanar.

—¡Ah de los castellanos y de sus dueñas! En la retaguardia, porque se les agotó el aliento para el último tramo de escalera, me siguen el ilustre sablista Rivera y Guevara, músico titular del Limbo.

Tras un efusivo preliminar, Asunción se instala en la presidencia.

«Si alguien la describiera, en términos de años y rasgos, ¿cómo se las ingeniaría, independientemente del don parlanchín y de la recóndita vibración sensual de su acento torneado?»

Quintanar (paraliza el tenedor en los aledaños del mentón, para que la tajada de bacalao escurra en el plato espesas gotas encarnadas) le calcula treinta y nueve opulentos años. «Es de mucho aplomo la "importada". Pero bien trasluce la garra añeja del miedo. Se altera y atisba la puerta, temiendo que un soplón de aquel régimen escuche, cuando le pregunto algo de lo que allí ocurre, y ni a informar del precio de los zapatos se atreve todavía. Le pasa igual que a todos los recién desembarcados. A quemarropa no sacaré nada en limpio.»

—¡Ni que fuera usted de la policía! ¡A menudo interrogatorio me somete!

Rivera, exuberante, porque no le atormentan los residuos de pudor que estorban sus pedigüeñerías, engulle con rítmico apresuramiento. Cree que, en la emoción general, no lo observan. «Debo aprovecharme. Ojalá me invitaran a repetir las torrijas o los chongos. ¿Qué papel me han reservado en el banquete? Lorenzo me incluyó en la partida para que aliviara el estómago, se me nota la privación crónica.»

Morena harina cocida es el cutis de Asunción, sólido y de musculares redondeces el cuerpo. La nariz, aletada y en respingo. Esa verruga en el haz de una mano parece un insecto presto a clavar el aguijón. Los ojos vivaces y agresivos —¿impide su salto un resorte invisible, una tuerca del empecinado querer?—. Aturde la constante rotación nerviosa de su cuello, «para no perder ripio».

«El alma terne de Guevara está más mortecina que

nunca. Ni un sorbito se bebió de la dosis de aguardiente. Flota en una especie de embeleso.»

Si habla Asunción, Guevara se desmigaja hasta el tuétano. Es una sensación avasalladora. Desearía abatir las pupilas, que no se apartan de ella, imantadas a su presencia por puros y resguardados suspiros, para que esa voz (pues la mera ondulación plena de las palabras fabrica diminutas señales borrosas) le penetre y requeme, con amplias dulzuras, sólo a él destinadas.

«Esa voz» —al emitirse, en la espera de que se produzca, en la cuerda volante de las pausas que la anuncian— se ha posesionado de él y esparce en todas sus fibras una total congoja amorosa.

Anhela retener íntegro su muelle resonancia, exacto su tono, exclusivo su dejo ocultamente arrebatado.

Ricardo sorprende su orgánico fulgor, la emanación lozana de este arrobo imprevisto. Y la eléctrica fijeza con que, a su vez, desde el pliegue más decorativo del cortinaje, en que se apoya, lo atisba y padece Lucha.

De ahí parte la posterior versión plausible del platón roto y de los restos aderezados en forma de cruz, y de los granos de café que componen el maleficio.

«En la primera oportunidad le pediré que me muestre la carta de Sebastián Valterra. Lo haré de manera que no recele. Asunción no podría entenderme.»

—¡Felicidades!

—¡Enhorabuena!

—¡Bienvenida, para siempre!

En la creciente oquedad de la noche alta, las pisadas —babuchas de borlas— de tía Asunción resuenan por el pasillo, incansables y obsesivas, cual si tuvieran movimiento autónomo, de péndulo eterno.

8

Después, unas semanas de opaco y monocorde transcurrir. Diríase que Jaime Trías ha desaparecido del horizonte, así como antes se sucedieron sus referencias, sus menciones, el telón encantado donde podía reconstruir sus huellas. La tarea había sido en vano y sufrió un corte brusco. Ricardo empezó a desesperarse y todos sus intentos se le antojaban un inútil y agotador esfuerzo, ya que no era posible reanudar aquella búsqueda en el vacío, absolutamente sometida al azar.

Esta sensación infunde a los hombres —tal angustia suele ser de índole viril— un creciente desasosiego, que por la época y alteraciones de Ricardo le perturbaban agudamente.

Aunque imbuida de otras cuitas, nada domésticas ya, tía Asunción no dejaba de advertirle y prodigaba los aspavientos.

—¡Chico! A los demás les pica una mosca y en ese momento no hay quien los aguante, pero a ti juraría que te banderillea, en sordina, un enjambre de abejas locas, hasta en sueños. ¿Te figuras que no lo noto, a pesar de que eres tan correcto y comedido? No levantas nunca el diapasón y estás siempre como visita en funeral. ¿Qué se te habrá perdido por ahí?

Había contemplado, en múltiples ocasiones, fotografías y dibujos de la guerra civil, escenas del éxodo en tierras francesas, de la peregrinación a los países americanos. Advertía ahora que esos grupos también tenían un «aire de familia», que no acertaba a definir, y que en los rostros aislados —la cámara o el lápiz del artista pretendieron, en vano, individualizarlos, de modo rotundo— privaba la marca inconfundible de un parentesco que no podía atribuirse a la sangre. Era independiente de su común linaje nacional, y aunque entre ellos se hubiesen odiado o desconocido, el acusado rasgo hondo, entonces cotidiano, de exaltación, los tipificaba con poderosa impronta, superior a las historias particulares y al humor individual, amalgamaba en una especie de unidad distinta y puntuada las personales quimeras. Y, sobre todo, les prestaba ruda grandeza, un signo de entrañable frenesí, de fácil percepción incluso en los dispersos testimonios gráficos de su vida diaria, en aquella época desventurada.

Esa tónica decrecía inexorablemente. Un conjunto de factores la había convertido en una suerte de eco nervioso. Era inercia pautada de actitudes pretéritas, sudario, caliente aún, de una violencia y de un amor indelebles. Entonces, a Ricardo, siempre tras la huella esquiva de Jaime Trías, le dio por frecuentar los lugares donde «ellos» solían reunirse. O enfrentarse. Y logró comprobar la intuición que tanto le había impresionado.

Se presentaban —simulaba naturalidad, atracción y tedio— en los cafés que invaden con sus gritos y humos, adheridos, con talante de propietarios, de tertulianos inmemoriales, a un mismo sitio. Fijaba Ricardo la mirada de mesa en mesa, como si alguien le hubiera citado allí. (Ignoraban que acudía al llamamiento espectral de Jaime Trías.) No faltaba, por lo común, quien se levantara a saludarlo y le invitara a sumarse al corro de castiza gesticulación o de reconcentrados monosílabos o de pulmonares interjecciones.

«Perdone, ¿usted es el hijo de Lorenzo Estella? —¡Si lo decía yo, uno del Vives! —Me equivoqué, creí que trabajaba en el Laboratorio de Arteaga y hasta aseguraría que estuvimos de cháchara hace tiempo.»

Ricardo se instalaba al primer ruego y nunca le resultó forzado que se familiarizaran con él. Procuraba no pecar de entrometido, descubrir las manías y preferencias que los animaban o conmovían vagamente, y evitar discusiones.

—Estos muchachos son «criollos», no reaccionan como nosotros.

—Bastante hacen si medio les interesa oírnos, de higos a peras.

Estella extremaba la paciencia. ¿No le esperaría, al cabo de tantos exabruptos y peroratas, para él de nulo sentido, alguna indicación precisa, reveladora, sobre Jaime Trías? Aguardaba, terne que terne, a que los improvisados parlamentos o los juicios canónicos —seguían sin escucharse, cada uno aprisionado en su tema y tono— derivasen, abiertamente, o de refilón, a la historia que le importaba reconstruir, al esquema que le urgía completar.

Alma en pena la de Ricardo. Del Do Brasil al Campoamor, del Tupinamba al París, del Madrid al Latino, de la Nueva Parroquia a Las Chufas, entre otras excursiones. Pequeñas aldeas españolas, oscilantes y apelmazadas, cotarros de mercaderes noveles, de ex-militares sombríos o arrogantemente melancólicos, de fenecidas lumbreras políticas que se mustian sin sol de aplausos, sin el vinagre de los manifiestos y las arengas, periodistas viejos de pulcritud crepuscular.

Mundillo de fortunas improvisadas, de nostalgia amarga y correosa, de tosca camaradería, de ásperas piedades, con frecuentes ramalazos de vanagloria y envidia.

Sólo rara vez, si los recuerdos coinciden y caldean, recobran, por ráfagas y reflejos, la fisonomía que tuvieron, ese espíritu que los identifica temblorosamente —y los reintegra—, el de la generación que fue briosa y sentenciada: carreteras del destierro, caminos de los campos de batalla, calles desiertas y de luminosos ampos bajo la luna y los nocturnos cielos, que transitan pespuntes de heladas estrellas, de reflectores y bombarderos.

Reunidos, apegan las ateridas desnudeces del ánimo, imposibles de cubrir por propia cuenta y riesgo. De ahí el que se afanen por un arrimo, y de suceder tal ausencia o cual muerte acercan más los sillones, aploman el acento y aplazan por unos minutos la despedida con visos testamentarios.

Mientras, la ciudad persiste heterogénea y circundante, moluscular. Germina de rumores y afila sus distancias, prende las jaulas de las viviendas.

Es el pausado y largo trance en que las civiles patrullas ibéricas se disuelven. Y adviene el desfile, gota a gota, de los solitarios solterones socráticos.

Ricardo Estella —ni el menor rastro aún de Jaime Trías— prosigue el infructuoso asedio de sus recorridos, y en ocasiones prolonga la permanencia en los cafés, atraído por esas figuras que parecen desprenderse de la realidad para ocupar un hueco insular y alquilado.

Aquél... Acaba de presentarse, al filo de las nueve y media, como de costumbre. Pide —campanar gesto imperioso— chocolate y pan dulce. Cabeza de picador, velludas manos de diácono, chaleco ceñido y abotonado a la usanza pretérita. Y copiosas cejas erizadas. Extrae de un portafolio cuartillas y estilográfica y se dispone a escribir. ¡Ah, su letra debe ser, infaliblemente, por el contoneo mímico del trazo, redonda y clara, en líneas rectas, con holgados márgenes para las correcciones!

Ultima un par de páginas, a base de impulsos, que propician los períodos tribunicios de ancho aliento, apenas con ligeros respiros y miradas al techo crema. La calma es perfecta, adormecido el ambiente y una mesera inicia el bostezo que rubrica y aderoza la estampa.

Ya ni los parias rezagados pregonan «la extra».

—¡Maldita sea!

Un gato del establecimiento, asustado, salta la barrera del mostrador y reincide en su silencio, en tanto que la pluma vacía se hinca estérilmente en el papel.

—¿Se le acabó la tinta? Si la mía puede servirle...

—Hombre, aceptado. De veras que se le agradece. Estaba en el último párrafo y, usted comprende, no le gusta a uno perder el hilo.

Se desentiende de él y termina el artículo.

—Ahí lo tiene, joven. Carlos Urdieta, servidor de los ideales democráticos y de usted. Por si no lo sabe, dirijo la revista «Reconquista Republicana Renovadora», o sea, como dicen para desfogar su inquina y remordimiento los chuscos que ya lo olvidaron todo, «las tres erres». ¿Usted es de los nuestros, verdad?

—Un descendiente de la gran familia.

—¿Criado en México?

Urdieta recitó su profesión de fe y conducta. Desde que desembarcó, aparte de ser cajero de una fábrica, redacta los editoriales de «R. R. R.» y agencia todo el material de noticias, entrevistas y gacetillas. Cifra su máximo orgullo periodístico en que no hay cifra memorable que se le escape. «Él es ciudadano de convicciones arraigadas y debe mantener el fuego de la buena doctrina. Cuando regresemos...» La frase, de rúbrica, semeja rocío de escamas, en una salmodia obstinada. Con sólo rozar las paredes, públicas o privadas, que los emigrados frecuentan, engendra regueros de polvo batallador.

Hubiese continuado, en éstos o derivados términos, a no ser por la entrada alarmante —tal su desencaje— de Guevara.

—Horas llevo de buscarla inútilmente, por todas partes. Creo que ya no tiene remedio. Y me decidí a venir a charlar contigo, Ricardo. No sé por qué, pero al menos uno se desahoga. La verdad, me siento culpable.

Piden permiso, de ritual, al interrumpido Urdieta,

y allá se encamina, Bucareli arriba, hacia Cuauhtémoc y Álvaro Obregón, el músico y Estella.

—Déjame tomar el aire sin pedalear a lo loco y te lo contaré.

Es noche de viento filoso, en que las puertas cerradas sorben las rápidas siluetas transeúntes y las anulan, con un apetito voraz. Y en cada quicio acecha una suelta mandíbula invisible del arcano tiempo, que rueda y exprime.

Ricardo intuye que ajenas voluntades lo conducen ahora, que se inicia un paréntesis en su sueño. Y esta jornada deberá henchirse de encuentros y sorpresas.

Guevara, al fin, principia su confidencia.

—Sinceramente, tanto así no me lo esperaba. La notaba muy rara y me figuré lo más cómodo, que era una de esas crisis que, a cierta edad, atraviesan las mujeres. Hace tres días, el gran susto. No acertaba a explicármelo, pero, pensándolo bien, fue por el dichoso programa de radio. Yo, naturalmente, no me perdía un episodio.

—Por los clavos de Cristo, Guevara, ignoraba esa debilidad suya. ¡A estas alturas, aficionarse usted a las comedias sentimentales! ¿No le zumban en los oídos las protestas de Bach y de Haendel, de Beethoven y de Vivaldi?

—¡Tú, ríete! El caso es que al terminar la transmisión me quedé un largo rato, fuma que te fuma. Después la llamo varias veces. Y no contesta ni oí su disculpa, de lejos.

—Y usted, entonces, caritativamente, va al cuarto de Lucha, a consolarla.

—Sí, eso quería. No como tú imaginas. Y conste que no me las doy de virtuoso. Yo te juro que en esa ocasión iba sólo para convencerla de que sus celos eran infundados, de que yo, pues de veras, para los adentros sí... Sin embargo, no la abandonaría. Lo mío es, digamos, contemplativo. No iba a cambiar nuestras relaciones. Y cuando enciendo la luz la veo retorciéndose, casi en la agonía. Resulta que se había envenenado con no sé cuántos barbitúricos, un disparate. Pude salvarla. Y la paz se terminó.

(Noticia arrumbada en la página sensacionalista de los periódicos. En la sala de suicidas de una Cruz —rostros yacentes y afilados, entre el manso tufo de las líneas de sangre que se cuajaron en los labios inertes y que pintan en las fosas nasales un nimbo de colores cenicientos— el infeliz Guevara, tribulación integral, aguarda el desenlace y ni siquiera oye la rutinaria y presurosa cantilena de una enfermera que se conduele de su angustia. «Usted, ¿no es familiar de la señorita?» ¡Bah, la sirvienta! Bueno, de cualquier manera, si no tiene a nadie, es lógico).

A partir de aquella desesperación no sosegaba el cuitado Guevara y cada vez que salía de casa imaginaba encontrar a su regreso un cuadro trágico. Era imposible vivir con esa inquietud y, por otra parte, reconocía que le faltaban ánimos para despedirla y no continuar esclavizado a sus mudas fermentaciones temperamentales, que no acertaba a prevenir. Ciertos motivos sí podía sospecharlos, tan evidentes eran, y ya procuraba, por ejemplo, no encender la radio, y simular indiferencia a «la hora de la comedia».

—¡Vuelta y dale! ¿Quiere usted explicarme qué tienen de común esas vulgares historias de amor lagrimeante y las sordas reacciones histéricas de Lucha? No la suponía tan vulnerable al «arte dramático».

—El caso es —Guevara, apremiado, debatíase entre tartamudeos y rubores— que Lucha cree que estoy enamorado. Y como en esa serie participa Asunción y yo, que la presenté al «productor», sigo con interés sus progresos...

¡Se le había escapado! A pesar de la palabra que comprometió de no revelar tal flaqueza a los Estella. Él mismo —parecía un juego, una travesura— la presentó al galán de la obra, y éste al «productor». Fue muy fácil. Una sola prueba y admitida. «Su voz se presta mucho. Los ha impresionado. Ella satisface aquí su vocación y, además, tiene la idea de que ayuda a los gastos, de que no les resulta gravosa. Creo que una amiga, esa bala disparada de la Rosario Miralles, se lo sugirió.»

(A Ricardo Estella se le reprodujeron sus ufanías, a raíz de llegar, cuando les describió, muy en detalle, su participación en funciones de aficionados.)

Más vale callar, aún, y no desfogarse. Porque es grotesco, completa y abrumadoramente grotesco. Su padre intercambiaba recuerdos de la guerra civil —las fichas de su dominó— en la tertulia. Y él perseguía la quimera de Jaime Trías. En tanto, a sus espaldas, tía Asunción frecuentaba a una refugiada de fama dudosa y arrastrada por un medio pródigo en sensiblería y mercantilismo pulsaba frases cursis ante el micrófono, en el templo de los anuncios del dentífrico obsesionante. ¿Y sus ínfulas de recato y aquellos principios austeros? Se rendían al primer embate de fácil vanidad. Los había engañado sin que se alterase ni un rasgo de su aspecto y modo. Probablemente, por los corredores, se burlarían de ella los compañeros flamantes. ¿Y qué papel interpretaba Lucha en esa zarabanda de nuevos elementos, en la estupenda explosión de chabacanerías y desatinos?

En el reparto oficial, para el público, tía Asunción se ampara en un nombre de guerra: «Aída Olmos». No había motivo para esa indignación. Le rogaba, sobre todo, que no se diera por enterado. «Con una mirada, de las suyas, me fulminaría» —balbuceó—. De momento —apelaba a su generosidad— el peligro inmediato e imprevisible consistía en la exagerada reacción de Lucha. Si no lo arreglaba o evitaba, ¡qué terrible cargo de conciencia! A Ricardo lo respetaba, «igual que a un brujo... de los buenos», y si él quisiera lograría persuadirla de que sus recelos eran pueriles. «Insístele —finge saludar al pasajero distraído de un autobús, para que Ricardo no repare más en su azorada angustia—. Únicamente me guía la amistad, el limpio deseo de que ella triunfe. Movido de ese afán resolvió buscarlo. Él esperaría en un banco de la plaza de Río de Janeiro.»

Quizá para huir de su asombro, atónito por los brotes de corrientes pasiones entremezcladas a su alrededor, Ricardo no supo negarse. De pronto, la talla reseca y el pétreo silencio de Lucha le inspiraron una indefinible solidaridad, neta conmiseración fraternal. Le importaba más, en el grave momento, que la desazón y el vergonzante amor tardío de Guevara, que el torpe engreimiento de tía Asunción, que la ira de su padre cuando alguien, tarde o temprano, le informara.

Subió apresuradamente la escalera y repiqueteó en la puerta, entornada por cierto, con sus dos golpes convenidos, de peculiar intensidad, de justo intervalo, identificables. Esperó unos segundos y después, ya sin riendas de prudencia, se precipitó a la habitación de la criada.

Estaba vacía, agónica la lámpara de aceite a los pies del cromo guadalupano, hecha la cama y tirante, sin una arruga, la colcha de seda chillona, de moradas guardas. Ofrecía una sombría impresión de orden, de preparativos cuidadosos para la marcha definitiva, como si hubiera pretendido grabar un signo de aseo y compostura. Las baldosas, relucientes, olían aún a zacate y a jabón.

Inspeccionó, pieza por pieza, el departamento. El mismo tono, de exagerada y retadora normalidad, parejo esmero en los detalles expresivos. No revelaba un espíritu de odio o despecho, sino paciente ajuste póstumo de necesidades y comodidades, el afán de que su proyección en las cosas y objetos rodease a Guevara y que éste no pudiese olvidar nunca, a través de aquellas labores minuciosas, su adiós destemplado. Cada delicadeza era un alfiler que hincaba, simbólicamente, en el corazón de Guevara: vengaba así su desvío.

Se extremaba el acerbo designio en la alcoba del

músico, hasta adquirir una perfección mortuoria. Sin
una brizna de polvo la liviana mesa de lectura, recién
lavado y planchado su pañito central, con girasoles en
los cuatro picos; fresca el agua de la jarra transparente; un cenicero de plata pulida, exactamente accesible
a la mano; sobre la alfombra, cercanas, las sandalias
hogareñas. En el sillón de sus siestas, el pijama exhibía, doméstico y hueco, las aspas de los brazos y las
tuberías de las piernas. Y al lado de una partitura, la
de turno, otro barroco italiano, había emplazado, con
su castaño destello de líneas metálicas, la cajita de
pastillas para la tos.

«No me apreciabas. Te arrepentirás.»

Ricardo desanduvo sus pasos y de un discreto golpe —nada debía alterarse allí— cerró la puerta.

Al par que aumentaba en él un concreto temor por
la suerte de Lucha, por su resolución tajante, le inspiraba un respeto admirativo. Pensó que su astuto alarde
de pormenores, aquel cuidado exacto de las intimida-
des, la situaba en una estremecida y clara dimensión,
en la zona de la voluntad libre y firme que habría de
servirle, algún día, de norma.

Tranquilizó a Guevara:

—No la encontré. Salió posiblemente a comprar.
Volveré mañana, mucho más temprano. Y a usted le
conviene distraerse. Vea la película que dan en el Bal-
mori: es de Chaplin, una de las viejas. El vagabundo
incorregible y sus lágrimas le aguardan. Yo tengo una
cita, por Juárez.

Le había hablado con acento imperativo, algo frívolo. Se alejó de él sin paliar una cierta brusquedad. Más
tarde lo lamentó, temía haberle ofendido.

Marchaba a zancadas hacia la Cruz Roja y el ulular
de la sirena de una ambulancia parecía acompañarlo.
Inspeccionó el cuerpo que semejaba haber caído, por
mera casualidad, en la camilla, y suspiró, aliviado. Era
el rostro de un pordiosero anciano, de asiática traza,
ralo el bigote amarillento. Su queja —lo atropelló un

tranvía, en Guerrero— desnudaba, en la pronunciación oriental, en las ahogadas palabras, que resucitaban el quejido infantil, un carácter confusamente patético.

Siguió a los enfermeros, escoltaba los ayes por momentos más aniñados. A la entrada de la sala de operaciones lo atajó el médico de guardia.

—¿A poco es usted chino? ¿Qué le importa ese despojo?

—Usted perdone. Yo vine a preguntar por Lucha.

—¿Lucha, qué? —y empezó a calzarse los guantes de hule.

Como no le contestaba, gritó a medias, concentrada la violencia:

—¡No estorbe!

Ricardo escuchó aún, al atravesar entre nuevos estertores anónimos el vestíbulo, su remate del exabrupto.

—¡Anda zafado ese jijo de gachupín! ¿A quién buscará?

Una ayudante, de laxo cuerpo, materna y deforme, le sonrió en el último impulso al carrito del instrumental quirúrgico. Confió, esperanza que chisporrotea y se extingue, en que ella sí le atendería. No era tan difícil describir a Lucha, citar algunos detalles típicos de su apariencia, que permitieran localizarla. Pero comprendió que lo que podía transmitir correspondía a miles de mujeres de molde similar. Y tendría que explicarle la historia y, lo que resultaba todavía más penoso, los motivos de su inquietud. Al ensayarlo, mentalmente, advirtió cuán poco sabía de Lucha. Sólo un nombre, ni atisbo del apellido, una vaga mención del pueblo donde nació y cuyas letras finales, de curva fonética tarasca, se mezclaban con otros muchos de la comarca. Apenas la positiva e inútil referencia de su existir casi enclaustrado al cobijo de Guevara, el desplante selvático con que recibió a tía Asunción.

Admitió que estaba derrotado, interiormente. Cuando salió a la calle, era un ser disonante al trasluz de los ojos de pesadilla que iba dejando atrás. Y sin embargo, se agitaba en él, de modo simultáneo, la aguda conciencia de una inmediata comunidad humana, la razón personal del anhelo irresistible que a través de múltiples seres le ligaba en esa hora, a una criatura errante en la noche, de cemento y de neón, del valle que nadie abarca, y de la que se juzgaba responsable. Únicamente porque adivinó su fiebre empozoñada y le atraía su desvalimiento, aunque nada pudiera impedir.

Por las esquinas de Insurgentes se apeaban, de los camiones atestados, grupos de entusiastas del fútbol, que comentaban las hazañas y pifias sobresalientes del partido. Elogiaban o denostaban a los temporales ídolos, invariablemente reconocidos por apodos femeninos o de zoológica nomenclatura. Procuraba que no alterase su concentración ese moscardoneo incoherente, chillón, de pasiva pleitesía por los movimientos deportivos, que se suceden como centellas y no es fácil reproducir. Porque al borde de un abismo ignorado se hallaba Lucha y él no alcanzaría a detenerla.

Se internó en las calles letárgicas. De algún balcón entreabierto rezumaba una rasposa música bailable, de disco rayado, y a cierta distancia repetíanse una tos y un andar cansino que le provocaban creciente irritación.

Se acercaba ya a la Colonia de los Doctores y el aire fresco contribuía a calmarlo. «Lo de Lucha es un capítulo cerrado. Habrá que acostumbrarse. Igual que se te presenta en el momento más imprevisible, le da por no aparecer nunca más. ¿Quién me mandaría meterme en esta averiguación?»

Lo mismo que en las zonas de sol pleno la cuadrada pesantez de un edificio trunca, en un breve trecho anexo, la general y abrumadora claridad, así en el cordal silencio nocturno, una conversación aguda, más perceptible por los visajes que por el tono, se erige en centro de tensión presta a reventar. En torno a un árbol fingen jugar dos mozalbetes con disfraz de overol,

110

lampiñas las caras. Diríase que musitan el santo y seña de una vieja ronda infantil, en tanto que, para redoblar el espejismo, enlazan los brazos. Crujen con levedad las manos unidas, que despiden metálicos reflejos. Y súbitamente, el de larga garganta y cráneo amelonado se enrosca al tronco y después, tras una corta serie de contorsiones matizadas de rigidez, se derrumba. Su compañero lo observa, inmóvil, sereno, y se aleja. Allá, por los pisos altos golpean estruendosamente —en el cierre— las persianas y cesan las luces exteriores. La luna hace brillar, en el cuello del caído, una serpentina de sangre.

Ricardo intenta acudir en su auxilio. La escena adquiere, en un relámpago, para él, su verdadera e irreversible significación. Pero una presión resuelta, en el hombro, le detiene.

—¡No sea imprudente! ¡Bien que la va a enredar! Por lo menos, le ocasionarán mil molestias, sin ningún provecho. Sígame, rápido. Ya ni se retuerce, fíjese. ¿De qué le valdría a usted?

El desconocido recoge, apresurado, mientras desgrana maldiciones, el paquete de periódicos, revistas y folletos que inoportunamente se le desparramaron, con sordo rezongo pueril de papeles y tapas, sobre la yerba municipal. Dedos corvos e hinchados, de pulso temblón.

—Pero...

—No discuta. Soy el veterano.

Y sin más explicaciones lo conduce a una avenida y silba al primer «libre» que divisa.

—Lo llevaré a su casa. Basta de replicar. Es en la cuadra de López y Victoria. Lo he visto salir un montón de tardes, desde mi cuartel general del Latino. Si algo se le ocurre, y no estoy allí, le deja recado a cualquier mesera, para Llinás.

Jadea este hombre de rostro campesino que el clima de las ciudades desbastara sin que haya eliminado la reciedumbre de surcos y raíces que lo originó. Compuesto de abiertos trazos de arado, y escasas arrugas

rotundas, que flanquean, cual mojones, las mejillas te-
rrosas y la boca ancha de colgante labio inferior.

—No resisto estos trotes, ahora. ¡Y pensar que de
joven corría más que los caballos de la Guardia Civil!
Me toca cumplir sesenta, en noviembre, el día de Todos los Santos, ja, ja... No me mire con ese asombro.
Me tomo estas confianzas porque tengo motivo. Usted
es el hijo de Lorenzo Estella —no lo puede negar— y
no iba yo a consentir que le pesara una ingenuidad.
«Ellos» se rigen por su justicia, en diferentes grados.
Y por sus leyes, hablo de las reales, no de las oficiales.
Se las arreglan. Se trata de una filosofía, tan respetable
quizá como la nuestra. ¡Ya reincidí! Con razón dice
uno de mis antiguos discípulos de Barcelona que soy
un socialista hoy prehistórico: mediterráneo y bohemio.
Le encantan los adjetivos.

El mutismo de Ricardo le cohíbe momentáneamente
y le obliga a justificarse, del rojo al verde del semáforo.

—Me dediqué a seguirlo, cuando lo vi salir como un
sonámbulo de la Cruz Roja. Es que tiene usted la misma estatura de Germinal; si lo pusiera en una báscula
pesaría también 65 kilos. Y un aire muy semejante al
suyo. Todavía recuerdo cuando me lo presentaron. Fue
al acabar una discusión acalorada en el Ateneo Enci-
clopédico Popular, sobre «La decadencia de Occiden-
te», de Spengler. Usted no lo habrá leído. Más le vale.
Pasó de moda. Germinal se quedó en Francia y esta
tarde recibí, por correo ordinario, su última carta, casi
su testamento. Me la reexpiden al cabo de los años mil.
La escribió un día antes de que... Lo de Germinal me
ha trastornado y temo que no se equivoquen los que
creen en una «eliminación política». Hasta nosotros
llegaremos a emplear el término como si se tratara de
un acto, simple y normal, de profilaxis, de asepsia. Tuve
que salir fuera de mi guarida, el pasear tranquiliza.
Por fortuna, no soy esclavo de nadie, ni siquiera del
tiempo. No se fabricaron para mí los relojes checa-
dores.

(El departamento de la calle de López. Tumba y trampolín, archivo de recuerdos nimios, vasija de olores empotrados en las paredes y que vuelven a cuajar en la atmósfera. Entra Ricardo cautelosamente, en rumia de las sensaciones que se eslabonaron en la fecha que está a punto de concluir. Avanza de puntillas, para no despertarlos. Pero del cuarto de tía Asunción se filtra un exaltado parlamento: «¡Ay, miserable, te he sacrificado ciegamente posición y fama, te dediqué un corazón puro, que nadie, sino tú, ha conmovido. Y me rechazas para casarte por cálculo, por cobardía.» Ligera pausa en la que se supone tercia un glisado de arpa. «Cuando te entreguen estas líneas, ya no existiré, pero el ejemplo y el remordimiento de mi amor serán eternos.» Tía Asunción ensaya con audible delirio su papel en la comedia radiofónica que patrocina, de lunes a viernes, el famoso jabón. Sin embargo, a él lo ha citado Germinal. ¿Resurgirá Jaime Trías? Y lo curioso es que ignoro el apellido de Lucha. «¡Qué gol a veinte metros!» Una serpentina de sangre, y todo era con ritmo de juego.)

9

¿Escaparate o pecera?

Recostado en la columna —de un dorado broncíneo, que armoniza con el glorioso estilo ramplón de la archipopular emisora—, Guevara, un mar de cavilaciones, no aparta la atención de la hermética ventana del estudio. Allí, en la matriz infatigable del sonido, nada trasciende de lo que declaman los actores, en coro alrededor del micrófono, que se yergue en el centro cual un extraviado abejorro muerto. Casi pontificales los gestos, esgrimen las cuartillas del *script*, y de vez en cuando giran las cabezas, en solicitud parvular de aprobación, hacia el hombre que mueve los brazos con lapsos discontinuos. Junto al operador —un muchacho de pecho hundido y pálido semblante indígena— el autoritario pelele endereza su corbata de lazo. Ocupan una segunda y prominente caja de cristal, caricatura del gran marco que exhibe al grupo en la vitrina del pasillo.

Asunción —«Aída Olmos», pseudónimo de cartelera, un nuevo convencionalismo que la distancia irremediablemente de él— trabaja de perfil completo, muy próxima al galán del reparto, Alfredo Requena, el mismo que interpreta, adornado de tremebundo bigote postizo, los chinacos de primer plano, en la comparsería de las películas que evocan la época juarista y en que no cesan de surcar (paisaje y escenario) las faldas de opíparo vuelo de la emperatriz demente.

Nota la ausencia de Marcela, la actriz más ensalzada y cotizada, para esas series sentimentales, y como en su lugar gesticula Asunción, que arrastrada por la exaltación histórica ya no lee, sino raramente, en el cuadernillo del texto cursi. Se oprime las sienes, golpea con enojo el inmaculado pecho opulento y enjuga las lágrimas que la emoción cosecha. En tanto, los colegas cuchichean no sin guiños burlones, que se esfuman al iniciar Requena, el chinaco de guardarropía, un aplauso inaudible para Guevara, que el grupo corea. Y todos abrazan, por riguroso turno de categorías, a Asunción.

¿Pésame o condena?

Se le subirán los humos y nadie puede predecir las consecuencias. Antes de que salgan en moroso desfile, Guevara emprende el mutis. Imagina que Lucha debe reír ahogadamente por el cumplimiento de su plan visionario. Ahora la empinarán —¡oh, Aída Olmos!— en rueda de alabanzas. «Comienza una carrera triunfal, a cuyo final se divisa la ruina.»

—¡Aída chula, te la metiste en la bolsa!

—Lo merece. Además, Marcela se había vuelto insoportable.

—Requena ha descubierto una auténtica estrella.

—Ustedes dos, de protagonistas, harían un programa fantástico.

—Se entenderán bien.

—Y no es malicia...

Sobre las espaldas de Guevara granizan las frases alborozadas y equívocas, de bisutería, como todo este mundillo que repudiaría el padre Bach. Ahora comprende los prolegómenos ominosos de la que será, para Asunción, inolvidable oportunidad.

—Guevara, no se le olvide que el ensayo es a las cuatro y media; sólo las cuerdas.

Había entrado, trotero el taconeo, tras despedirse

en los teléfonos de Rosario Miralles y ni reparó en Guevara, que hablaba con el trompetista cubano, delegado del Sindicato.

—Estupendas nalgas para la rumba, camarada.

—¡Es amiga mía!

—Disculpe, no me avisó.

La llamaron de lejos. Guevara acababa de comprar la extra, que le irritó por una columna insidiosa contra los músicos extranjeros. Requena, el chinaco, recibió a Asunción con un abrazo. Los observó charlar con animación inusitada, y sufrió, no sabía por qué, especialmente cuando el admirado héroe —firma autógrafos a las mecanógrafas, habla alto en la calle, para que identifiquen ese timbre pastoso de voz que embrea los entresijos de las aburridas amas de casa: de ahí su firme valor comercial— condujo a «Aída». Su escurridiza mano caliente reposaba en la cintura prendida.

La había convencido sin mayor dificultad.

—Sustituyó a Marcela.

—Ella lo notificó sólo momentos antes de la operación.

—¡Apendicitis, apendicitis! Cargó la dosis. Los embarazos afean y estorban. Un par de semanas para descansar, a la puritita fuerza.

Asunción ascenderá velozmente. Marcha, todavía arrebolada, las ansias en salsa de arrope, con tentaciones de volar. Los muros grises de los edificios resplandecen tapizados de flores metálicas, que se cimbran por el eco de los aplausos, de los húmedos suspiros que sus actuaciones cosechan de Peralvillo a Narvarte, en los regazos pringosos de las misceláneas y en las recámaras de los maridos ausentes, a merced de la evasión alcohólica. La campanilla del tranvía la previene bruscamente del peligro. El peladito —la pierna izquierda en ángulo, apoya la planta del pie sobre el muro barnizado de orines— silba el salivazo y comenta:

—¡Vieja desgraciada, ya mero la planchan!

Sin oírlo, Aída Olmos dobla la esquina y se reúne

con Rosario Miralles. Festejarán, con unas copitas, la victoria.

«Perniciosa compañía, Rosario Miralles (Guevara empieza a detestarla). Repasemos el adagio, antes de maldecir: una, dos, tres. Con razón la critican ferozmente y esquivan su trato las refugiadas puritanas. Divorciada, apenas hacía tres meses del desembarco, engatusó a un militar de la Revolución —general, por lo menos— y vivía casi de tapadillo, entre dos sociedades que, de diferentes modos, la rechazaban. ¿En virtud de qué extraños motivos, por qué afinidad inexplicable había conquistado la amistad de Asunción?»

En la sala, de butacas desiertas, cobra una sorda irrealidad el toque de atención de la batuta sobre el atril del maestro. «Por la noche, traje negro. Es usted tan distraído.» Asunción, cualquiera la contiene. La foto en la revista ha debido costarle el sueldo de una semana. La recortará para el álbum. Y es posible que mande algún número, entero, a su ciudad, feliz al soñar que la envidiarán y que, en la localidad, irá de boca en boca, revestida de doradas aureolas americanas.

Y él había anhelado, con el tiempo, en que reposaría a su lado, al despertar. Y quizá en un atardecer, de pie, pegado el rostro al balcón, había de confesarle que, si bien aún no estaba segura, confiaba en el nacimiento de un hijo.

Visión cercenada, palpable absurdo.

Se estremeció. En la embocadura del telón verde se proyectaba, pajiza y con sinuosidades violáceas, la cabeza de Lucha. Inerte y funeraria.

La sábana se ciñe al vientre y resalta, en senda de triángulo, los muslos cansados. Y un pecho se despeña en la colcha, de tinte guayaba. Oscila todavía, con grotesca independencia, movida por un impulso en atenuación, la mecedora en que al principio se acoplaron.

Emma se despereza y denguea: cariñoso empalago de mamey.

—¡Eres refuerte!

La violenta respiración de Lorenzo Estella tórnase en benévola sonrisa adormecida. La percibe cercana y sumisa, hasta el punto de no reclamar, como en las citas iniciales, por los riesgos de su relación clandestina. En ocasiones, que se han espaciado progresivamente, exclama, con mojado soplo sensual, que le roza el áspero vello del pecho:

—Nadie me separará de ti.

A su edad, Emma lo reafirma a través de sutiles y mudos acatamientos, doblegada de antemano en la física pugna. De ella brota, ahora, la noción de su vigor, el sentido de su importancia. ¿Para qué persistir en estas simulaciones? Vale la pena arrostrar las zumbas de los cofrades, la segura cólera de Asunción y, lo más impenetrable, el cortante asombro de Ricardo. ¿Qué haría Paulina? Más vale alternar y que no repare...

—Hoy estás muy callado.

—Me ronda el sueño y tenemos que marchar.

Proyectan los jefes —él lo insinuó, como dispuesto a un verdadero sacrificio— trasladarlo a una ciudad norteña. Lo más probable es que Paulina no quiera abandonar ni simbólicamente al hijo. Y Ricardo, por el empleo, tampoco le seguirá, aparte de que no concibe la vida fuera de la capital. Será el momento de crear una situación de hecho, llevarse a Emma, instalarla muy cerca...

—Voy a prepararme. Necesito más tiempo que tú, papacito.

La admira dócilmente —ráfagas de madura desnudez, aterronados resplandores que telegrafía la combinación de chillona blancura—. Después, Emma canturrea y el grifo del lavabo vierte su agua hiposa.

«La madre de Ricardo: apenas en algún momento de soledad, el rastro de su palpitación, el gimiente mutismo y la activa solicitud con que te aprisiona, ya tan enferma. Únicamente subsiste, allá por los rincones del mirar que fuera, la medalla rajada de su imagen. Hojas de puñal sus mejillas, tinieblas gélidas las sienes, paños de Verónica los campos de la frente meditativa. Y, en retorno inoportuno, su leve mohín si él la solicita. Sólo cuando... En los últimos tiempos, levantábase a continuación sin explicar nada, y se trasladaba a la habitación próxima, donde permanecía inmóvil, con períodos de largos rezos, cuyo ahogado sonsonete oía como un manar de lluvia ardida. Era una de las manifestaciones de su afán crepuscular de purificación que lo humillaba difusamente y contra el que no cabía recurso.»

¿De qué modo reaccionará Ricardo? Día a día más ajeno a su forma de ser, al cambio de intereses y preocupaciones del padre. Lo que temía de él era que se distanciase más, con un ademán de indiferencia que ocultaría una veta de ácido desprecio.

Emma acude porque intuye su inquietud. Se sienta a la jineta en un sillón, de tan pronunciada manera que sus turgencias revestidas —sol que declina también, como el de Paulina, pero sin ayes ni plegarias— encandilan a Lorenzo.

—¡Creo que tu hijo no se va a sorprender. El de aquí, sin mujer de verdad, no es tu mundo. Y lo tomarán con naturalidad. Por lo que me dijiste, estoy segura de que será más sencillo de lo que te figuras. Ya procuraré yo...

Traslucen sus palabras una táctica archisabida y, sin embargo, consoladora. Le había demostrado sinceridad. No le ocultó nunca su historia, que tenía el sabor de las comidas rancias, su premisa de infidelidad pueril y temprana, su salmodia de castigos y expiaciones. Tampoco omitió la vía doble de las esporádicas reincidencias y de los empleos precarios. «Lo había hecho a ciegas, sin mirarlos, sin comprometerse. Cuando una se ahoga... Salvo en cierta ocasión, entonces se ilusionó con la maternidad, pero un accidente tonto lo impidió.»

Todo encajaba dentro del clima de las comedias radiofónicas. Con su voz, Asunción interpretaría estupendamente una confesión de ese tipo. ¡Qué absurdos se le ocurrían! ¿O era Ricardo el que le apuntaba una posibilidad tan inverosímil? Contempló a Emma, enternecido: el círculo de arrugas de los párpados, el pliegue abatido de los labios, la piel entera presta a mustiarse en un plazo amenazador, pero ligado al suyo. Advertirlo constituía un nuevo vínculo, más entrañable.

—No es justo que espere más —resolvió.

—No se arrepentirá de esta prueba de confianza, señor Llinás.

—¿Exagera?

—Usted le quería mucho, más que si fuera un hijo. Me hubiera gustado conocerlo, ser su amigo.

Llinás paseó, salvando obstáculos —ropa sucia, taburetes rotos, estatuillas de hipotético origen prehispánico—, por la habitación angosta, remendada de penumbras.

—Es difícil que Germinal hubiera podido adaptarse a las costumbres americanas, a esta forma de vida. Era demasiado mediterráneo. No hizo gestión alguna para salir con las expediciones que se organizaron en 1939. Quiso quedarse en Francia, y en las inmediaciones de los Pirineos. Fuera de Barcelona, igual que un pez que la marea lanza tierra adentro.

—«Los suyos» quizá fueron piadosos al sentenciarlo.

—¡No se lo proponían! —y Llinás perdió la compostura, agotó el repertorio de las imprecaciones.

Después, apaciguado, se encaró con Ricardo Estella.

La verdad es que no sabía aún por qué razones le había permitido leer las cartas de Germinal, que ocultara incluso a los propios camaradas de la vieja guardia y a pesar de que pudieran representar una acusación de interés político.

—Algo en usted me desarma. Aunque pertenece a la generación de criollos aguados. No me explico su pasión por lo que sucedió en nuestra guerra. Es joven y evita hablar de sí mismo. ¡Síntoma alarmante! En cambio, escucha con una atención tremenda todo lo que a nosotros se refiere. Además (prosiguió, con sus cortes de incoherencia), no he dejado que nadie entre aquí. ¿Qué demonio les importa cómo me las compongo? Sepa usted que en estas cuatro paredes no me dedico más que a roncar. El Llinás que se codea con la gente es un bohemio, a su modo, un orador callejero del primer cuadro, del Zócalo hasta un poco más allá de San Juan de Letrán. Un tipo extravagante que los desconcierta con su optimismo, que en ciertas temporadas se alimenta de milagro. Trata igual a nativos y extranjeros, a gringos y a siriolibaneses. Sin prejuicios racistas de superioridad mal disimulada. Me simpatiza de verdad la Revolución mexicana y me documento, aprecio sus realizaciones y las defiendo. Aunque muy catalán, soy una calamidad para los negocios. Ni sirvo ni me apasionan. Tampoco me zarandea la envidia si los antiguos compañeros se enriquecen... y olvidan. Y lo que me escribió Germinal sólo puede moverles como pretexto de escándalo. Fíjese: no poseo más que una cama coja, montones de periódicos, marcados para estudios y artículos que se posponen de un año al siguiente, unas docenas de libros, ídolos baratos y de autenticidad más que dudosa. Abra el ropero: queso roído por las ratas —son pacíficas—, calzado que no tiro por pereza, un abrigo desteñido. ¡No es necesario que dicte mi testamento! Si llego a enfermar y barrunto que no me escapo, pues le llamo a usted y le encargo la correspondencia de Germinal. Mientras, de charla en charla, me cae, llovida del cielo o agenciada por algún alma misericordiosa, una comisión. Compro y vendo, en representación de fulano y de mengano, sin que el dinero me queme las manos. Y tan contento. Y me parece que no me equivoqué. Le observaba cuando leía. Emocionan, ¿verdad? No deben publicarse.

Eran las de Germinal —meditaba Ricardo, al vaivén

122

de su discurso— reflexiones descarnadamente personales, una manera de diálogo supremo y de cierta calidad intemporal. En los párrafos del adiós centraba, como un paréntesis, la mención de la controversia que sostuviera Llinás en un pueblo de la costa, reducto de los anarquistas. También cierto pormenor de su ingreso en el socialismo. Transcribía minuciosamente los reniegos de un gendarme, a lomos de cabalgadura, en tanto vigilaba el campo de concentración y comenzaba al amanecer de cierzo.

Insistía en el tema que le obsesionaba: «No me desvela ya el que los demás se enteren. Es a ti, Llinás, buen diablo, pastor malogrado, a quien he de hablar, de esta manera y en este momento. Determinadas opiniones no pueden pregonarse ahora, en la plaza, para el público. Deben ir de hombre a hombre. Estoy curado de odios —también hay milagros para los laicos—. No obstante, la excomunión y ejecución que han dictado. ¿Me equivoqué contigo? ¡Sería inconcebible! Es posible que necesites paciencia, y que los años te labren la mente. No aventures ningún juicio todavía. Más tarde me comprenderás. No ceso de charlar con Jaime Trías, en aquella noche completamente suya, la última.»

10

Tratábase de un acto de unidad. En el salón del Ateneo se congregaban los militantes de solera, los jefes de las organizaciones sindicales, los caudillos y segundones de los partidos, que por aquella vez, y en excepcional tributo a la fecha que se conmemoraba, deponían, por unas horas, sus añejas querellas de emigrados.

Otro 19 de julio y los rencores se habían pospuesto. Tenían todos un signo de comunidad —rural, de barrio— e incluso, salvo ligeros detalles de fortuna y gusto, la misma tendencia en el vestir. Se columpiaban, en invisibles cuerdas parejas de añoranza, las conversaciones. Y los pasos por la escalera golpeaban con idéntico tic-tac remolón.

Se saludaban —los más— como al cabo de una larga ausencia y los contertulios a base de «holas», cual parientes que no pueden evitar, por ley de apellido, tales tropiezos. Salían a relucir, al acomodarse, las defunciones del año y los sinsabores que agencian los hijos pródigos, la bonanza de los nuevos ricos y los apuros —de honra o bolsillo— que se cebaban en algún desventurado. Cuando no se bajaba la voz, para murmurar, eso sí, incidental y roncamente.

Volvían a cobrar puntillosa vigencia los cargos y representaciones fenecidos. El callar ceñudo y el entusiasmo fibroso pautaban la evocación de la jornada.

Entre ellos, Ricardo se sentía discordante y, a pesar de la campechana cortesía que le dispensaban, excluido. Componían un mural de figuras vocingleras y agudas, secos, por los vientos de arena y trópico, la piel y el decir. De fiesta los trajes, prendidos al gesto que a su condición, azares e ideas correspondían.

Llegará un instante en que la mayoría, al borbotear la cansada pirotecnia de los discursos, no oirá, sino en la cáscara, los conceptos de rigor. Porque en cada mirar rebrilla la historia distinta, el vuelco que esas horas únicas imprimió al destino (hasta entonces fruto de rutinas y normalidades), un paisaje pertinaz y doméstico, la evocación del episodio heroico o mísero, dramático o burlesco. Lo que nadie logra extirpar.

Quintanar, que lo ha inducido a venir, otea la concurrencia.

—Al que no veo es a tu padre. Y siempre acude a los mítines de confraternización, en esta fecha solemne. ¡Si me resultara enamorado a estas alturas! Perdona.

A Ricardo, una angustia arbitraria le retuerce el estómago, tan sólo fugazmente. Después, se domina y contesta, en demasía serio y objetivo:

—A lo mejor acierta usted. No había reparado, pero los indicios no fallan. Y quizá sea natural.

—Yo lo decía en broma, muchacho.

Hay que abrir paso a un venerable, buscarle sitio para que el bastón de negra caña y empuñadura dorada no le enrede en las piernas reumáticas. O resistir el perfume antañón que esparce, en su tránsito hacia las filas delanteras, la esposa del ex-subsecretario. Generales y coroneles, alguno que capitaneó barco, graves capitostes administrativos, ilustres catedráticos, los que fueron diputados y magistrados, amén de los personajes de menor cuantía, de los comisarios y secretarios. Quintanar se dedica a enumerar sus antecedentes y rangos, para que el joven Estella se aclimate.

—Compadre: ¡ni que te hubieran nombrado maestro

de ceremonias en este sarao! Te voy a regalar una vara con borlas, los anunciarás con más propiedad.

—Ibáñez tenía que ser... ¿Ya se conocen?

—Si Quintanar avala al párvulo, acepto los cinco.

—Y a ti, lengua indina, ¿quién te garantiza?

—Un manojo de cicatrices, y desde niño en el Sindicato. Yo me he batido el cobre en la calle, con los de verde.

—García Lorca...

—Y con los de paño azul, la Guardia de Asalto, que no hubo poeta que la pusiese en solfa. Tú, más teórico...

Quintanar se sulfura.

—Me la jugué, toda la guerra. Y tú lo sabes bien.

—Hombre, no quise ofenderte. Juntos estuvimos y te tomé el pulso.

Los obligaron a callar, en diluvio de siseos. Un fogonazo recogió la actitud grave de los ocupantes de la mesa presidencial y el primer orador lanzó su andanada en un párrafo sin puntos ni comas, que le forzó a beber dos vasos de limonada.

«Democracias occidentales: ¿merecéis llamaros así todavía si habéis renegado de los principios que decís encarnar, si continuáis traicionándolos, y hasta?...»

Ibáñez ha replegado su corta estatura, hinca el mentón en las rodillas y entorna los ojos de búho.

Al oído de Estella, Quintanar:

—Ahí donde lo ves, no hay guapo que resista lo que él. Es capaz de pasar varias noches en vela, a la intemperie, de caminar leguas por las montañas, de alimentarse con unas sardinas de lata. Y en el palique no le ganan. Es un pozo de cuentos y memorias.

Ibáñez pesca al vuelo las últimas palabras y sacude el talante de gatito bravo.

—Ya me cargaste fama de loro. Y es que uno recordaba sucesos ajenos para que no os aburrierais. No soy de los que les gusta presumir de lo que hizo y deshizo. Y te pongo de testigo. A pesar de que en la guerra,

127

y antes de que nos uncieran a la misma carreta, me tocaron muchas peripecias.

—Sí, esa etapa tuya ni mencionarla —admite Quintanar.

Como han cesado los aplausos que permitieron este retazo de charla, torna a escuchar. Hasta que el final de la arenga y la ovación de precepto les brinda otro respiro.

—Me alegro de que no se acordaran de mí los capitostes de la organización. ¡Para esta jarana! Hubiera empezado cantando las verdades del barquero. ¡Menudo escándalo se arma! He aprendido mucho en estos tiempos y las frases finchadas me suenan a música celestial. Nadie es capaz de aceptar, aquí, los disparates que todos cometimos. Bueno —rectifico— aquello fue extraordinario, y lo cierto es que debutamos sin aprendernos el papel que alguien nos distribuyó en el reparto.

A modo de estribillo, el proceso se repite. Dura quince minutos, aproximadamente, la intervención de tanda. Igual comparecencia en el proscenio —el pañuelo planchado, de largos picos, se ventila en la ventana del bolsillo superior de la chaqueta—, vueltas al tema con ligeras variantes, murmullos de aprobación en determinadas frases y la sintonía del palmotear estruendoso con el rebullir de las butacas y la descarga de las toses contenidas. Sístole, diástole. Al par que simulan abrocharse los zapatos o los chalecos, ciertos impacientes consultan de tapadillo los relojes, que no avanzan con la celeridad deseada.

Se enderezan las filas hacia la salida y runrunean los comentarios.

—Lo mismo que el año pasado.

—¡Qué chusco! Si lo nuestro no te importa ya, a quedarse en casa, cuenta los pesos, pégate a las faldas.

—No te dispares. Yo soy hombre de acción y lo volvería a demostrar.

—Ha llovido mucho.

128

Nota de color la de un abanico del novecientos —una romería, trazada con tonos horrísonos— que tañe su varillaje en despliegue ostentoso. Con su tonada, cruje el broche de un bolso y el collar de cuentas de vidrio lanza siniestramente sobre el cuello empañado de fósiles lunares.

—¡Qué vergüenza la de Rosario Miralles! Dirán que todas somos unas...

—Me aseguraron que la ha plantado su «general». Acabará «ejerciendo» por las esquinas.

—Pero le sirve de dama de compañía a Asunción Estella.

—Rectifica, «Aída Olmos», la María Guerrero de pacotilla.

—La marearán. ¡Cómo la jalean por esas simplezas de la radio!

—Punto en boca, mujer: se acerca el sobrino.

En un sofá de hundidos muelles bajo el cuadro que representa la brumosa carretera, única y múltiple, del éxodo, aguarda a que termine la aglomeración —¡Señor, a menos bultos más claridad!— el que fuera, en crítica etapa, custodio de confidenciales mensajes, depositario de sumas crecidas y chambelán de negociaciones en que se ventilaron secretos de Estado, que guarda escrupulosamente. No registrará su nombre la Historia y ni siquiera lo mencionan los libros y panfletos polémicos que abundan, en el vacío exasperado de la derrota, para justificar gestiones o propugnar inocencias. Pero él considera que no debe faltar a ninguna ceremonia oficial, a los actos públicos en que se reivindican las instituciones y prohombres escarnecidos. Y cree que esa misión ha de cumplirla hasta que le llegue, pasivamente, el fin terreno. Está seguro de que en la agonía, apenas rodeado de unos amigos de fraterno trazo melancólico, mantendrá, intacto, su neto acento castellano, espejo de campiñas ocres y pueblos umbríos, de refranes cordilleranos, donde se albergan los jirones de enjutas coplas pastoriles. Presiente que, al igual que la nación de los muertos —solados y civiles de pan llevar—, sus dos apellidos castizos serán arrojados a la fosa común. ¡Bah!

Ibáñez quiere desquitarse. Calle acogedora...

—El candado en la boca no es para mí. ¿Tomamos unas cervezas?

De pie los tres, los codos en el mostrador, la fecha —lejos del bullicio— parece un conjuro.

—«Ellos» cumplieron. Año tras año ofician en el altar del 19 de julio. «Yo te absuelvo, yo te condeno.» Y leen de corrido, sin mayor entusiasmo, sus latines. Sin embargo, para mí esa fecha significó el comienzo brusco y penoso de una sociedad nueva. Lo que yo sufrí, y cómo me ardían a fuego lento las entrañas. La maravilla de que se rompa, en llamas, la monotonía. Te empujaba la sensación de que lo conseguirías todo, de que ibas a reconquistar tu propia tierra, de que algo extraordinario había cambiado el ser roñoso de la gente. El hecho cegador de que nuestros sueños y quimeras —que nos empujaron a la cárcel, que nos habían expuesto a los golpes, a los insultos y al hambre, y a no parar en ningún sitio— se realizaban. Bastaba con proponérselo, ¿quién iba a impedirlo? Estábamos solos, en el ruedo. Éramos libres, «ejemplo» en el mundo. ¡Niño, agarra la luna! Lo que había escrito en nuestros periódicos —el gran frenesí de la justicia, la utopía de la hermandad— se verificaban, como por un golpe de magia que nuestras voluntades determinaban.

La emoción de Ibáñez, además de transfigurarlo, irradiaba. Quintanar y Ricardo Estella —un guiño de complicidad cuando desvió la mirada— estaban subyugados.

—¿Sabías, Comisario, que soy ingeniero mecánico de profesión y título? Extremeño de nacimiento, catalán adoptivo. Apenas con pelo de barba, me dieron el carnet de la CNT. Y dejé plantada a la novia, para danzar por los tejados, a tiro limpio con los guardianes del orden burgués. Un intelectual es ave rara, debe arrumbar remilgos, procurar que le perdonen, los suyos... Total, que la policía y los patronos me ficharon, que no encontraba trabajo estable. Acabé en periodista ocasional de «la organización», recorrí media España. Moradas las pasé. Hasta que los compañeros tuvieron que admitir: «Es de los nuestros.» Cuesta muy caro. ¿No bebéis más?

Ni advertía su exaltación.

—Y, de pronto, el tumbo. Días antes del 19 de julio me mandaron a prevenir a los grupos más seguros, de más redaños, en la zona textil. Viajé en camiones de carga y en autos alquilados, sin pegar los ojos. Dormí un par de noches en los andenes de las estaciones, sobre los bancos. Y regresé a punto para batirme en Atarazanas. No me impresionaron los cadáveres, salvo aquel de bigote y perilla, tendido como una rama rota en la acera de Capitanía. La metralla le reventó el pecho. Lo conocía vagamente, habíamos coincidido alguna vez. Cantaba, con un vozarrón de mayoral, en las tabernas del Distrito Quinto, coplas de marineros borrachos, en varios idiomas. ¡Cómo nos divertía!

Prosiguió, incansable.

—Tipo curioso. Por sus ideas, capaz de todo. Le encargaban la tarea más difícil, y sin pedir medios ni honores la llevaba a cabo. Y nunca se jactaba de sus sacrificios ni esfuerzos. Estaba sin empleo y podías confiarle las perlas de la Virgen. Sin embargo —nadie lo ignoraba— vivía a costillas de la hija, una puta ambulante de la Rambla. Lo más raro del caso es que ella lo trataba con enorme respeto, con sumisa ternura. «No lo comprendéis. Sólo me acepta lo indispensable. Incluso me devuelve unas pesetas, si calcula que le van a sobrar. No ha consentido jamás ocupar el cuarto vacío que tengo junto a mi habitación. Ni he conseguido que me diga dónde diablos duerme. ¿Por qué no tratan de convencerlo? Es un prensista estupendo, pero no tolera el pensamiento de esclavizarse en ninguna tarea fija, pues entonces no estaría disponible para lo que ordenen los señores del Comité.»

La organización, el Comité, palabras fascinantes, de grandeza inaprehensible, términos taumatúrgicos que penetran en la médula.

—Le tapé el pecho, aquella caja destripada, con un trozo de bandera y le cerré los ojos legañosos. A continuar camino. Rugía por la ciudad, a bordo de los camiones, en los brincos de júbilo, en las unidas sirenas de los barcos y de las fábricas, la locura del triunfo. No me gusta el espectáculo, el alarde. Me encontraba desconcertado y cuando me abrí paso entre la muchedumbre, que inundaba nuestro local, me catalogué como un forastero. Caras nuevas, gestos inesperados. Surgieron de la nada las mesas y los burócratas, la peste de las revoluciones.

(¿No se expresaba así, meses antes, por otra circunstancia, Germinal, en una de sus cartas a Llinás?)

—A petición mía (suspiraron de alivio) se determinó que me incorporase, por unas semanas, a la Comarcal de Vich. Y de esa manera fui a parar, casi al oscurecer, dueño de una moto, al pueblo de Nuria Valterra.

—¿Dónde cae?

—No es un lugar de veraneo, joven. ¿Qué le importa? Aquellas casas y aquellas almas pertenecían a Nuria Valterra. Juraría que aún eran más serviles, en el fondo de sus reacciones, los que la odiaban, resignados, que aquellos del cerco a la mañana siguiente... Pero empiezo a colocarme en la actitud del narrador presumido. ¡Estella con una mosca en la nariz y no se inmuta!

—Con permiso.

El disco del teléfono público. Seis números. Para que no lo interrumpan calla Ibáñez, visiblemente contrariado.

—Ya te previne que no te movieras... Sí, hablé con el médico. Te patina... Sería una imprudencia que me presentara. Lo relacionarían, sobre todo ella. ¿No sospecha nada? Desde aquí la divisé, por eso te llamo. No hay peligro.

Un alto enervante. Por el cable, que es como una larga vena, oculta y negra, donde las frases deshilachadas se convierten en insectos, en fósforos que brillan y perecen, se trasladan a estas mejillas ralas, de pátina cenicienta, descargas de inquietud, un germinar de cóleras.

—A poco no lo adivinabas, antes. El chamaco, el chamaco. Apenas unas semanas dentro, ni llorar lo oíste. ¿Te acordabas, cuando...? Me comprometí. (La suavidad confidencial de la voz adquiere un tono ríspido.) Mejor lo dejamos pendiente. El Distrito Federal es como una selva. No me conviene botarla y divorciarse cuesta tiempo y dinero. No me provoques... La del estribo, chula...

(Han transcurrido tres minutos. Una moneda de veinte. Uno ignora quién sufre y suplica al otro lado del cordón, balancín de las frases, ni qué párpados se fijan sobre el panorama de tinacos y se clavan aún más, alelados, en un anuncio de ron. Sólo la marcha presurosa de un tipo de los que en cada esquina aguardan su tranvía, y el batir violento de la puerta, de muelles sin aceitar.)

—«La abandonada». ¡Ay, que me pidan un mariachi! «Lleva anillo de casado, me vinieron a decir.» ¡Otra botella! (y el hombre con oscilación de jinete, sombrero a la norteña y colmillos de oro, palpa su cintura). Me cae mal esa canción. Los señores de la Madre Patria, ¿no opinan? (Pretende entablar diálogo en remedo, mitad cordial, mitad despectivo, del ceceo español.)

Ibáñez sonríe, lo invita a fumar, intercambia tres o cuatro formas de cortesía y lo induce a retirarse.
—«Un ratito al aire, por la Alameda, y se me distrae»—. Reanuda el aparte con Quintanar y Ricardo Estella.

Resulta penoso, ahora, enhebrar el relato. Recuesta

la silla contra el muro y sume los ojos abolsados. De pronto, el pueblo de Nuria Valterra se embosca tras un abismo lejano e inverosímil. Tan distante como el momento en que él lo avistó, molidos los huesos por el traqueteo de la moto y los repetidos baches del polvoriento camino vecinal. Le embriagaba la velocidad y dentro, en ascuas y brasas, los anhelos de redención. «Hay que colectivizar la tierra. No te mandaron de turista, para recrearte con la marcha del sol por los linderos malva del cielo y los paños multicolores del valle. Los campesinos han esperado durante siglos esta revancha. Les falta la decisión, todavía dudan de que el portento sea un hecho y es necesario que nosotros, los obreros y los idealistas de las capitales, les traigamos el mensaje que los impulsa, los convenzamos de que están bien despiertos.»

En la plaza, junto a una estatua deteriorada del miliciano del Bruch, el de la guerra de Independencia, contra los invasores franceses —restó, mentalmente, más de ciento veinte años—, un jovencillo, calada la gorra, escopeta de perdigones al brazo, escarapela rojinegra en el ojal del chaleco semidesabrochado, tarareaba una tonadilla de moda. En el contorno, sólo recias puertas cerradas. Uno se imaginaba que todos los habitantes habían huido.

—¿Dónde están los del Comité?

—A unas tres calles de aquí, siempre derecho, a mano izquierda. Tuerces por la esquina de la farmacia, camarada. ¿De Barcelona? Pregunta por Canet.

Y después de una pausa rumiante agregó, a manera de disculpa por la aguda densidad del silencio que los suspendía:

—Yo no soy de aquí, sino de Tarrasa. Pidieron ayuda. Andan con un pánico de gallinas asustadas. No les entra en las cabezas que la Valterra ya no puede explotarlos. Tuvieron que liquidarla esta mañana. Era peor que una fiera, según cuentan. Se defendió, en la masía, hasta acabar las municiones. ¡Temerán que resucite!

Por los flancos de la empinada curva, el rótulo del veterinario, letrero de la peluquería, hondos zaguanes desiertos. Sobre una pared desnuda y orinada, restos de carteles de la campaña electoral del 16 de febrero. Para no rasgar aquella capa de congelado estupor que sobre él gravitaba, Ibáñez prefirió desmontar y empujó por el manillar la moto.

Cerca de la escuela —un edificio de fachada lisa, con la notable excepción de un balcón de doble cuerpo en que ondeaba, colgada del asta institucional, la catalana bandera de rayas bicolores— rebullía un corro de hombres armados, que se trenzaba en exclamaciones. Chaquetas de pana marrón de cortas mangas; camisas zurcidas por los cuellos, zapatos que perdieron su lustre y tinte en el desgaste de los senderos. Tímida la actitud, formaban círculo en torno a un varón bajo y ventrudo, de pelo entrecano, pipa colgante y chalina ampulosa. Sus pómulos, dos manzanas agrias.

—Pero escuche, señor Canet, ¿no traerá consecuencias graves?

—O te acostumbras a llamarme camarada o te quiebro una pata.

—¿Y qué haremos con el cadáver?

Canet se congestiona, de perplejidad.

—Como a las nueve, lo enterramos, allí.

—¿Y quién?

—Iré con vosotros. Necesito cuatro voluntarios. ¿Nadie se atreve, después de lo ocurrido? Pues yo escogeré. Tú, Ramonet. Y tu cuñado, naturalmente. El Víctor. Falta uno. El «Correcuita». No vale protestar.

Súbitamente, en la visera de los bancos del jardín que se destaca en el horizonte angosto de la calleja, comienza a mecerse, a los lomos de hipos y suspiros, la estrofa obsesiva de una melodía acunadora.

La Mare de Déu
Quan era xiqueta...

—¡Es la loca!

—Irá desnuda y si refresca...

—Agarrará una pulmonía.

—Avísale a tu mujer. Ella es la única que la entiende. Y la acostará, como una criatura.

—Que no se le olvide la taza de tila caliente.

—Suerte que no se entera de nada. ¿Gritará desde el patio, mientras les echa de comer a los pavos?

—«Nuria Valterra, ¡pronto la pagarás!»

—¡Y acertó!

—¡Ja, ja!

—No te rías así, que uno está nervioso.

Pero han reparado en el forastero y enmudecen. Canet, aligerada la preocupación, avanza hacia él.

... Marchan en vanguardia Ramonet y el cuñado —Jordi, por bautismo, «el Capellá» de apodo—. A su zaga, Víctor y el «Correcuita». Cuatro pares de zancas, que pisan seguras y riegan un vaho de sudor ferroso que la brisa ahíla. A la cola del ensimismado cortejo charlan los dos jefes.

Canet cita, como un responso, ejemplos de la tiranía que ejerciera, solapadamente de ordinario, Nuria Valterra, y disculpa la lógica justicia colectiva que sobre ella descargó. Ibáñez intenta atraer su atención hacia los nuevos problemas: «Hay que sentar, en los pueblos más insignificantes, las bases reales de la revolución. Los campesinos pobres y los jornaleros deben cultivar juntos las propiedades de los fascistas. ¡Nada de repartirlas! Además, convocaremos a los que poseen algunas tierras y los convenceremos de que también es preciso que acepten la colectivización, pues de lo contrario subsistirán, más peligrosos, el sistema y el espíritu de la burguesía».

Rezonga el Víctor:

—¡Yo, rico! Mi huerto cabe en un pañuelo.

El Jordi encuentra la objeción salvadora:

—¿Y quién escogerá a los que han de explotar los campos de Nuria Valterra? Para que los nombren, todos se quejarán de que no les alcanza... Querrán lo suyo y lo de ella.

Ramonet y su cuñado coinciden, evasivos:

—Lo más prudente es que resuelva la Asamblea. Se formaría una Comisión de confianza, para que estudie las peticiones, con calma, y proponga luego lo que debe hacerse. El compañero de Barcelona examinaría las reclamaciones y dentro de unos meses el problema quedará arreglado sin que nadie tenga derecho a protestar.

El que se indigna es Ibáñez:

—Y contrataremos un par de abogados, y mientras los milicianos dan su sangre en el frente, aquí me ahogaréis con un montón de pleitos y chismes. ¡Muy bonito! ¿Sois o no partidarios de nuestras ideas, pertenecéis o no a la organización? Pues a demostrarlo y menos camelo.

Canet interviene conciliador:

—Mañana, sin arrebatos, se examinará la cuestión en el Comité. ¿O preferís que Nuria Valterra se frote las manos, desde los infiernos, al oír que ya discutimos y que hasta llegaríamos a pelear?

La hipótesis los desconcierta y prorrumpen, a coro:

—¡Que el Canet decida! ¡Voto de confianza!

Ibáñez se nota excluido otra vez y admite, en su fuero interno, que no es capaz de captar sus verdaderos móviles. Intuye que su tarea tropezará con taimadas demoras y sinuosos obstáculos. Lo único que percibe claramente es la intención apaciguadora y dilatoria del Canet.

—Está la fábrica arruinada, donde trabajó Jaime el pequeño. Pienso que hoy quizá no fuera tan difícil ponerla en marcha. Allí ocuparíamos a los más pobres y lo otro no sería demasiado urgente.

—¡También era de ella!

Vuelve a gruñir el Víctor:

—Yo le pagaba el arriendo del molino. Casi cada mes. Y cuando no podía, le firmaba unos papeles.

—Ya sabíamos sus mañas... Guardaba los recibos y no nos atrevíamos a desobedecerla.

—Acostumbraba a no usarlos, ¿pero quién los iba a olvidar? Y ella venía a saludarnos, con cualquier pretexto, para que lo recordásemos.

—A ti, Ramonet, las letras con vencimientos en blanco, por la operación del hígado, de tu mujer. Al «Capellá» lo compró por dos mil pesetas, y así dispuso de semillas para sembrar y de 'arado.

—Al «Correcuita» le prestó para la boda de la hija.

—Nunca regaló nada, nunca cobró nada, de golpe... Pero el más infeliz se daba cuenta de que le vendía su libertad.

Y de este modo, el pueblo entero, el pueblo «de» Nuria Valterra. Lo dominaba todavía.

—Sólo con Jaime el pequeño fue generosa. Permitió, a pesar de que le debía educación y empleo, que una buena noche liara sus ropas y tomase el tren de Barcelona.

—Y entonces se acabó su sonrisa de coneja.

—Parecía que lo hubiera parido.

—¡Qué suerte la de Jaime Trías!

(Estella reprime las preguntas en sarta.)

Al difundir la radio que la sublevación había fracasado en Cataluña, los hombres salieron de sus hogares. Hacia la plaza, uno tras otro al principio; en alborotados grupos después. Corrió el rumor de que Nuria Valterra se había refugiado en su masía de verano. Alguien aseguró que se hallaba sola, que los más íntimos habían desaparecido, que sus polluelos —el Agustí los capitaneaba— volaron, días antes, del nido de cuervos, para incorporarse a las fuerzas rebeldes. Canet se encaramó a la reja del Ayuntamiento y los arengó. «Se derrumbaba la opresión feudal. Las gentes sencillas, las que crean la riqueza, recuperaban el señorío de su existencia. Se desvanecía la sombra feroz que los estrangulaba lentamente. Nuria Valterra había dejado de mandar en ellos.»

Imposible concretar qué grito los enardeció y lanzó, en haces donde predominaban las escopetas de caza y los cuchillos de carnicero. Sí, probablemente figuraban los de la nocturna comitiva y muchos más. Invadieron el llano, bajo la resolana del mediodía y al avistar la casa se arrastraron por los bancales. El más jovenzuelo levantó demasiado la cabeza y un disparo de Nuria Valterra, que bordó de humo la azotea en que se parapetaba, lo derribó para siempre.

Retrocedieron, aturdidos y rabiosos.

—¡Cobardes!

—Es mejor que la obliguemos, por hambre, a que se rinda.

—Vale más que la suya nuestra piel.

—Nos mantendremos a distancia.

—Algún tiro que otro, para que se le rompan esos nervios de acero y se le hunda la maldita soberbia.

—Aunque es terca, reconocerá que no tiene salida.

La opinión se impuso (—«¿Hemos triunfado, no nos engañarán? ¿Es cierto que no valdrá como ley su deseo? — Una rata perseguida— ¡Tú y yo la podemos desollar!»—) y se apostaron en la barranca norte de la masía, en el bosquecillo de olivos enfermos que la sesgaba por el oeste.

Ardía, de sol recio y vertical, la rasa campiña. Al amparo de diversos escondites, para eludir su puntería certera, los labriegos charlaban remolonamente y bebían en los porrones largos tragos de vino tinto, masticaban sin prisa los panes untados de aceite, que los familiares se apresuraron a proveer para el asedio. Entre pausas y condenaciones, los gruesos labios cortados por los relentes, maldecían la opresión que sufrieron, que semejaba haber concluido, pendientes sólo de aquella presencia que aún los desafiaba. A intervalos rompía la espera algún fogonazo y sus flecos se prendían a los vellones de una plácida nube errante y resonaban en la dulce vastedad del valle.

Canet, entre ellos, meditaba en la concentrada ira, en la animal obstinación de la mujer que tanto lo humillara. Valía la pena —le restallaba en gozo el humor contenido— haberlo soportado y ser testigo de este giro inaudito de la suerte.

...Se expandieron —eco nítido y soberano— las cinco campanadas parroquiales en la tarde que nadie olvidaría. Y a todos se les antojó providencial y sobrecogedor estar juntos allí, emancipados de la diaria faena. Era algo extraordinario, de arcano sentido, como lo fue la aparición, por el desierto camino vecinal, bajo la luz plena, de la figura desvalida de Luisa. Dirigíase recta hacia la masía, con pasos firmes y regulares. Desembocaba su demencia en afán vengativo, también. Sobre el ánimo embotado batían su resaca los acontecimientos y los insólitos júbilos. No oía las advertencias de los sitiadores y ninguno se atrevió a salir de su reducto. Los agarrotaba la sorpresa.

—¡Vuelve!

—¡Rápidamente, agáchate!

—¡La Valterra tiene todavía menos juicio que tú!

Indiferente a sus ruegos temblorosos Luisa recorría su ciega ruta. Las prevenciones, a pulmón lleno, apagaban la melopea de las súplicas e hincaban garfios de miedo y cuñas de espanto en las gargantas de rugosas cuerdas.

—¡Escúchame ahora, delante de todos, Nuria Valterra, mala madre! Hasta la raíz de los cabellos te arrancaré. Me calumniaste y soy más honrada que tú. Ni un dedo de hombre me tocó. Me conservaba virgen para tu pequeño, y conseguiste que me despreciara. ¡Qué habilidad la tuya para matar! Porque no heredaría ni una oveja y me ganaba el jornal en casa. No te resignabas a que muriera tu orgullo, pero sí tu hijo.

Y luego, ¿qué me pasó? Los diablos me clavaron alfileres envenenados en la cabeza todas las noches. Y me cosieron con una tela azul el corazón y apenas puedo respirar. Y pregonabas, para herirme más hondo, tu lástima.

Un esguince luminoso rieló en el cañón del rifle. Lo había apoyado cuidadosamente, en un reborde angular y protegido de la terraza, Nuria Valterra.

El Miquelet —herrero de oficio, veintisiete años cumplidos por mayo, alto y escuálido, cicatriz de quemadura niña en el antebrazo, el más piropeador en las fiestas mayores— dio un salto de corzo y cubrió a Luisa con su carne y con su aliento. Se sostuvo erguido un instante tremendo, amplio y fugaz, y luego dobló las rodillas, intentó asirse a las finas ramas del vacío y se tronchó gradualmente, empapada de sangre raudal la camiseta pajiza.

No lograría el Canet borrarlo de la imaginación. Lo mismo que el simultáneo impulso que se apoderó de todos, débiles y vigorosos, y los lanzó contra la masía. Se arrastraron, en un escupir frenético de disparos y blasfemias, por los pegujales. Diluviaron las balas en el lugar donde aún humeaba la boca del rifle.

Trepaban como gatos por ventanas y balcones y los más ágiles se encaramaron al barandal, con temeridad para ellos mismos incomprensible.

Hallaron acribillada a Nuria Valterra. Quedaban, en un pañuelo, los mendrugos de torta salada y los huesos de aceituna con que debió alimentarse. Una lona le sirvió de mortaja y se desencadenó la pesquisa en la masía. Al Pere Urdiales, que intentó robar unas sortijas del tocador, lo fusilaron, la espalda contra el espejo, en un santiamén y por ejecutiva unanimidad. Alguien capturó, en una cajita de laca con verdes dibujos de dragones chinos, los recibos de los préstamos que los sojuzgaron. En tanto ardían —diminuta hoguera que entibiaba un par de baldosas—

cantaron estribillos pueriles, bailaron —de odio el anillo de sardana— alrededor.

«Enterraremos a Nuria Valterra. Al remate de tantísima referencia, ¡en qué circunstancia me toca conocerla! Y no puede responder. No se atrevieron a cerrarle las pupilas amoratadas. Talmente como las de un pez podrido. Ya no inspiran ni compasión ni ira. Apenas se concibe que llegaran a mirar con cariño a los tres cachorros cuando los trajo al mundo. O quizá se enternecieron, a hurtadillas, con ese Jaime el pequeño, su favorito. Atisbaría con aversión contenida al Canet o a cualquiera de sus siervos. Pecho plano, piernas corvas, labios fruncidos y cejas en pico. ¡Acabemos! Yo la agarraré por los brazos, el Víctor de los pies. ¡Cavad la zanja, pronto! Al Ramonet se le ha ocurrido poner el gramófono en la alcoba, para demostrar que no le impresiona la ceremonia. Es un fox antiguo, yo lo bailé en Sans con aquella camarada —¿la Carme? ¿también del textil?— que deportaron a Villa Cisneros. Y el «Correcuita» arroja su cigarrillo encendido en la fosa.»

Ibáñez interrumpió su deshilvanado rememorar. Había apuntado —como signos taquigráficos particulares, sólo para él inteligibles en su total sentido, capaces de alcanzar, gracias a su percepción, inesperadas y turbadoras resonancias— los hechos que ocurrieron o le habían transmitido, que a su propio entender resurgían ahora, con una vibración nueva, al cabo de largos años, quizá a causa de las grietas que el diario olvido gestara. Comprobaba que su experiencia en el feudo de Nuria Valterra fue algo más que un episodio, que ocupaba un lugar distintivo e inconmovible en su ánimo, aunque hasta entonces —confesión en la cervecería, Quintanar y Ricardo Estella de interlocutores— ignorase su dimensión exacta e íntima. ¿No les sucedería lo mismo a todas las personas que con él participaron del suceso y del ambiente? Lo descubría en México, después de la agobiante serie de peripecias que la guerra sumó y el torpor inicial del emigrado, y su vivir a contrapelo, o por inercia, en la corriente de las costumbres distintas.

Temió que su evocación —tan parca de frase, pues el reconstruir verdadero, amplio y sonoro, efectuábase en las vetas aún parcialmente mudas de la memoria— hubiera resultado inatractiva para sus oyentes, una de las muchas glosas que escucharan. Le pareció que Quintanar se distraía, disimulaba la impaciencia e iba a desviarlo del tema. Pero la actitud concentrada de Ricardo Estella —«ni quien se lo barruntara, un criollito»—, el rescoldo de compañerismo que creyó palpitaba tras su actitud inmóvil, su anhelante curiosidad, lo indujo a continuar.

Al día siguiente llegó a un acuerdo táctico con Canet. «Si planteamos bruscamente la colectivización de la tierra, la mayoría no despegará los labios, pero se convertirán en enemigos pasivos. Quieren disfrutar en paz su felicidad de hoy, les basta que hayan cortado la soga que los ahorcaba. En cambio, los más adictos y otros que se recluten por las cercanías pueden poner en marcha la fábrica de Nuria Valterra. Producía antes telas sencillas y mantas. Es fácil que con la ayuda de un encargado medianamente ducho y pequeños reajustes de la maquinaria, sirva para que enviemos cartuchos de fusilería al frente, que buena falta hacen.»

A kilómetro y medio del pueblo, reclinado en el empeine de una loma —con cierta traza de casita de juguete— temblaba bajo las cales grises el edificio de dos plantas. Ya de lejos el techo de tejas rajadas y musgosas adelantaba un descuido añejo. ¿Cuánto tiempo hacía ya que Nuria Valterra lo desahució, a merced de las lluvias, de los ladrones y vagabundos, de la inactividad, de las telarañas y de las ratas?

Sólo contrató un guardián —«El Moro» le llamaban, por su azulenca barba rizada, que le envidiaban para las zarzuelas de aficionados o que hubiera correspondido a uno de esos cuadros de la Reconquista, a la manera de Rosales—. Le había sido gruñonamente fiel y debió huir al divulgarse la derrota de los militares.

«El Moro» se limitaba a holgazanear en el despacho casi triangular del ingeniero, donde aún persistía, con la colchoneta de borra y el cobertor de franjas pardas, el olor de su cuerpo, conservado en paulatinas mugres, dentro de una atmósfera en rara ocasión ventilada.

Desde el dormitorio dominábase la nave de las máquinas, enervantemente paralizadas, con moho de meses infecundos, que hubieron de soportar, a través de los cristales rotos a trechos, vientos y tempestades. Penetraron en el almacén y los andamiajes vacíos y rotulados, el piso que se cuarteaba y los muros de anchas líneas heridas y negros boquetes completaron la sensación desolada. Ni el Canet se atrevía a un comentario alentador, temeroso de que sus erres bravuconas se agigantaran con pavorosos ecos malignos en aquel ámbito ruinoso, que apenas se sostenía por la ficción de una esquelética pervivencia. Sospechaba, incluso, que la simple mención de Nuria Valterra, podía precipitar el desmoronamiento y sepultarlos, a golpe de vigas hendidas por la humedad y de yesos cuarteados.

En el escritorio, extendía sus amplios folios apaisados, con la letra minuciosa de los últimos asientos el Libro Mayor. El Canet lo hojeó y al retroceder a los encabezados de la primera página recobró su entereza —como quien encuentra a un amigo de la infancia— ante una caligrafía diferente, más inclinada y aguda.

—Es la letra de Jaime Trías, el pequeño. Al marcharse, ya la Valterra se desentendió de la fábrica. ¿En quién podía confiar? Si la había fundado y construido, a pesar de que económicamente era un disparate establecerla aquí, para que «él» tuviera un sitio de mando y un empleo decente, sin que los hijos pro-

144

testaran. Siempre lo distinguió y Jaime empezaba a sacar a flote el negocio. No sólo producir... Porque en esta tumba hubo movimiento y prosperidad, un hombre que dirigía y organizaba. Pero de repente, como su padre, tras el viaje a Barcelona en que topó con la aragonesa, plantó a Nuria Valterra y se fue, después de una discusión con ella, muy respetuoso de palabra pero violento en el fondo. Ni esperó a que buscara un posible sustituto. Los dos Trías tomaron el mismo camino, tenían un carácter parecido. «La» aguantaron una temporada y al final, porque temían que acabase de tejerles la red, decidieron separarse.

La fábrica volvió a funcionar, para la guerra, por Ibáñez. ¿Cómo se las arregló? Cerró los oídos a los augurios escépticos del Canet y de su guardia, consiguió mecánicos que reparasen las máquinas, convenció a los campesinos pobres, los de jornal, de que les convenía ser obreros, bajo la tutela de operarios expertos de Manresa que por unas semanas se dedicaron a instruirlos. Y en vez de telas y paños, nacían municiones de aquellas poleas, tornillos y rodajes.

¡Qué hermosa fiebre la de Ibáñez! Era tarea de la profesión que había relegado, hallábase en su elemento, con todas las dificultades estimulantes. El sí que anulaba el dominio aún perceptible y el subterráneo imperio de Nuria Valterra. Desde el frente de Zaragoza le telegrafió, con una lacónica felicitación, el camarada Durruti. «No lo guardaba. ¡Qué pena!» Pero tal frenesí le costó la salud y le ordenaron que fuera a restablecerse a la montaña, al Pirineo leridano. Ya no supo más de Nuria Valterra y de su pueblo, del amado proyecto de reeducar a los labriegos conservadores y monosilábicos, con el acicate de su ejemplo, para que superasen el egoísmo de siglos y de temperamento.

Porque, curado a medias, la proximidad de la línea de batalla le incitaba y resolvió incorporarse a la lucha armada. Allá lo recibió con ceño y adustez, que rápidamente cederían ante su integridad, Quintanar.

—Tú eres de mi hornada, compañero. Nos toleraremos.

¿Es la cerveza la que baila en los vericuetos del cerebro o son los escupitajos del mismo tipo del teléfono, que suplicó untuosamente, con mucho mimo y diminutivos, a otra mujer para concertar una cita en el cine de estreno? ¿O es la interrogación que no se atreve a formular Ricardo Estella y que Ibáñez ignora, porque le intimida que lo reintegre, con impulso todavía más perturbador, al pasado, que renace, remueve y estruja la conciencia?

Seguro. «La mujer de Ibáñez —Estella imagina que le mangonea— aguarda, descansando un hombro en la columna del porche. Se le acarbonarán aún más los guijarros pulidos de los ojos, que nunca renuncian a la sospecha de que él sienta de nuevo el aguijón de esos azares que no acertaba a idear y que marcaba entre ellos una diferencia insalvable, de mayor calado aún que las menudas distinciones de nacionalidad originaria y los afectos de una existencia siempre sobre carriles, atenida a pautas materiales y a lenguaje previstos. Cantos rodados, viajan las palabras de uno a otro como monedas de valor firme. Y en Elena se contenía una agotadora reacción de celos indefinibles. ¿No era menos peligroso que él se distrajese con algún amorío eventual? Pero esta desconocida y escurridiza sugestión la formulaba en espíritu, de forma inesperada; imposible contrarrestarla.»

Ibáñez disimulará, pues le duele ofenderla. Por la tarde, sentado junto al hijo, le ayudará en la tarea escolar, que suele aplazar para los domingos. «¿Por qué hacen las divisiones al revés? —El chamaco lo escucha con un guiño displicente, divertido por la irritación sorda que esta variante le provoca.»

—Y a usted, joven Estella, ¿no se le figura muy le-

146

jano y extraño aquel mundo nuestro de la guerra? Ni le va ni le viene.

Estella reflexiona.

—¿Y si me importara, de otro modo, más que a usted?

—¡Caramba, qué acertijo!

11

Apenas empieza a oscurecer encienden el enorme rótulo de neón que sobre el eminente pretil de un tejado, corona de cinco pisos, domina la perspectiva de autos y peatones, en la confluencia de dos avenidas. Cada treinta segundos parpadean, desde el tapiz del tablero, como fatal descarga de su dorado fondo, en rojos y azules, las breves letras que hincan, entre ceja y ceja, en la vulnerable celdilla predestinada de la memoria, la marca y su adjetivo, el nombre que ha de taladrar la voluntad, y después la calificación seductora. Hombres cansados y vacíos ya, mujeres de ánimo lacio o cuya energía no encuentra disparadero, absorben el primer mensaje que ratificará luego la copia de la misma incitación, plantada en parejas letras de molde, que pregonan los locutores tras el rodaje de la música preliminar. Y que se refrenda al bajar la mirada, porque en la esquina, al centro del aparador-pecera, en tamaño aminorado y que semeja personal, se interpone con brillo tuerto un hijuelo del monstruo. De no ser hoy, mañana o pronto, regarán de artificial ilusión, de árido éxtasis, su anhelo empobrecido o los estremecerá un optimismo pueril o se verían sacudidos —en nervios y tripas, sexo y músculo— por chispas de violencia. O habrán de experimentar una solitaria tristeza humillante. Cuando despierten, al otro amanecer, se sentirán espesamente culpables de su

149

flaqueza, y sin embargo no perderán el cansino or-
gullo de la poderosa civilización que de tan indeleble
manera los conforma.

Son los anuncios del coñac, de la cerveza, del te-
quila, del aperitivo, del whisky. A lomos de un caballo
de metálicas tiras a éste lo aúpan al cielo cinco de-
partamentos superpuestos, baña con sus líquidos re-
flejos las dormidas copas de los árboles, reina en los
misterios, venturas, congojas y frenesíes de la noche.
Esta comarca en que las avenidas se cruzan, según las
estadísticas representa al año un público indefenso de
medio millón de seres. Establezcamos el porcentaje
de rendimiento y nadie dudará de que la inversión es
magnífica.

La última carta de Germinal era, en verdad, desordenada. No podía recordarla con exactitud y su catalán entre típico y letrado se le dificultaba a veces, aunque la charla de algunos condiscípulos lo había habituado. Mezclaba asuntos y opiniones diversos, disímiles épocas, tal reflexión y aquel detalle, consejos burlones al amigo y un recatado fluir de la viril tristeza.
Resultaba evidente, sin embargo, que la escribió en una
sola jornada, sin ninguna interrupción temperamen-
tal. Trasuntaba un estado de ánimo entero y preciso,
una misma actitud de excepcional lucidez, incluso al
quedar suelta de riendas en ciertos pasajes. No lograba Ricardo retener sus giros, la trabazón de los
párrafos, lo que fuera su estilo en esas horas tan
próximas a la muerte prevista. Quizá en tiempos normales debió expresarse con mayor vivacidad y coherencia, también sin la cruda emoción que lo estreme-
ciera ásperamente y que los fundía para siempre.

Al comienzo se refería a la convocatoria del Comité. Le alarmó, aunque la esperaba. Querían discutir
con él su actividad fraccional, las llamadas desviaciones ideológicas o tácticas, su rebeldía e indisciplina.
Sí, allí le aguardaban, tras la mesa decorada con manifiestos y folletos, los camaradas que tú, Llinás, no

has soportado nunca: Armenteros, Bonfill y Turó. Lo saludaron hoscamente y como si hubieran ensayado la función, Armenteros leyó el pliego de cargos, Turó tomaba notas y, en su momento, Bonfill lo invitó a que se retractara de sus errores en una declaración pública, que le presentó redactada, a máquina, con original y varias copias.

Germinal la leyó parsimonioso, quizá socarrón, de principio a fin. No quiso firmar y rehusó cualquier disculpa. Únicamente estuvo a punto de explicar su posición, de exponer con citas que creía irrefutables su conducta de revolucionario cuando Turó, en un comentario sinuosamente incidental, aludió a Jaime Trías, como siniestra advertencia de la campaña que podían desatar, basada en «la relación personal que mantuvieron hasta que se descubrió al agente del enemigo».

Aquella finta le dio la clave. Lo habían oleado y sacramentado. Y no se trataba de una sanción cualquiera. Armenteros había dejado de fumar su pipa corta y limpiaba meticulosamente la boquilla embreada, mientras que Turó explanaba consideraciones acerca del camino inexorable que todos los «renegados» emprenden, sin ninguna salvedad. Más inquieto, Bonfill se levantó y empezó a pasear a sus espaldas. Adivinaba en el pasillo, estratégicamente apostada, la sombra maciza del guardián. Creía oír, en la misma nuca, su respiración catarrosa de albañil viejo. Ramos, un mallorquín leal. ¿Quién no conocía sus aficiones, tenaces e infantiles, de filatélico?

Pensó Germinal que la escena —cambio de actores, de circunstancias, de lugar, simplemente— había de repetirse, como el tictac de un reloj, en los años venideros, en su definitiva ausencia. Monótona historia, consabido proceso: los jueces se convertirían en acusados. Armenteros ocuparía su silla. Y después, Bonfill. Y más tarde, Turó. El abrumador fanatismo continuaba —y proseguía—, alimentándose de los frágiles ensueños humanos, pues ambos parecen inagotables y fraternos.

No sabía de qué modo terminar la espinosa entrevista, qué palabra o gesto debía rematarla. Le molestaban los desplantes teatrales. Evitó, igualmente, que un fácil sarcasmo —le bullía a flor de labio— los vejase. Y mostrar preocupación o un rebrinco de temor, hubiera sido indigno. Sonrió, displicente el aire, mientras se acomodaba y sesgaba la boina y encendía un cigarrillo.

—Es necesario que nos despidamos. Tenéis mucha faena. ¡Salud!

En la puerta, Ramos simuló no verle.

También, el tipo de sonrojados mofletes. Su boca acartonada, envuelta en planos perfiles, expele el humo de un pitillo. Lo destaca el anuncio de neón cuya meritoria singularidad consiste en el aspecto tremendamente imbécil del protagonista. Falso tabaco rubio, para los «prietos» auténticos. Figura a ras de horizonte y que se os atraviesa.

¡Qué curiosas las recomendaciones póstumas de Germinal a Llinás! Como si él fuera su hermano mayor, y el viejo amigo distante una criatura cándida y crédula, que atraería las tarascadas dizque humanas, las más de las veces inconscientemente feroces. Actitud no exenta de justificación, ya que las respectivas edades, en punto a ingenuidad, implicaban un notorio contrasentido. Pero —pregunta de Ricardo— tal eclosión protectora, ese último trance de masculina ternura, ¿no era, además de natural brote de afecto, en el instante grave y sobrecogedor del adiós, afán recóndito de mitigar el seco golpe brutal que le produjera la reunión con el Comité? Y ello le inclinó a extremar el tono jovial de la reprimenda. «No tienes remedio, Llinás. Nunca meditas seriamente en ti mismo. Seguro estoy de que sigues sin arreglar tu situación económica. Vives al día, esperanzado en que jamás te faltarán las fuerzas ni las oportunidades providenciales, con el pie en el estribo. O cuando se es un corcho en el mar, o en la ciudad. Igual da. Y sin embargo, cada vez te pesarán más los años y la soledad. Se trata de hechos acumulativos. ¡Recuerda al padre Marx! ¿No habrás hecho un culto idolátrico de tu excesiva libertad, de una exagerada independencia?»

Después, se permitía un corte brusco, más suave el acento, con suma cautela para no ofenderlo. Se asomaba delicadamente a su jurisdicción privada. Y le habló, en breves líneas, de que su hijo no tardaría en recibir su título de ingeniero y que, como es normal, habría de hallar más calor y eco en la madre, «de la que te divorciaste casi al desembarcar, lo que no me extraña nada. Vuestra incompatibilidad era bien perceptible, por lo que ya noté en Barcelona, al apreciar tan distintos valores en aquellos días de pruebas. Y sobre todo al fijar reglas de conducta. De otra parte, y sin la presencia de ella, acepta la suposición, el muchacho se moverá en un círculo de relaciones y en una esfera de ideales diferentes a los tuyos. Añade que su generación, y ello ha ocurrido desde que el mundo es mundo, juzga anquilosada, pueril y estática a la precedente. Más aún al trasplantarse, muy débil esa parvada. Y nosotros, esclavos de los usos y costumbres en que nos moldearon. No quisiera que una mañana de sol blanquease a destiempo tus huesos maduros, de apóstol fracasado».

Sonaba a letanía, debió sonrojarle el rictus de sermón de las frases que no logró suprimir. Y que tampoco se atrevió a mitigar. Se aprestaba a tacharlas, pero se contuvo. ¿Quién, falto de porvenir, en la verdadera despedida, suprime una manifestación de tal espontaneidad? Arrostremos el error venial y salgamos por la petenera de recomendar a Llinás que cuide sus bronquios averiados, que no deje de usar camiseta de lana y que evite las comidas grasosas, de aliños opulentos, por las que muestra irreflexiva afición y que son veneno para su reumatismo.

153

Todo como puente para evocar comunes andanzas. Paso franco al «¿te acuerdas?» Coincidían los domingos, muy temprano, en la Plaza de Cataluña. «Había palomas, con el plumaje que el polvo y la suciedad enturbiaban y los pulmones pequeñitos infectados por las emanaciones de gasolina. Conocíamos, de cruzarnos con ellos habitualmente, a los grupos de excursionistas, a las mujeres presurosas que se dirigían a misa temprana, a los camareros del primer turno en el café que hace esquina con la calle Pelayo, al vendedor, blasfemador, de periódicos, al barrendero de bigotes lacios y quemados. Y allá nos íbamos, tú y yo, a la playa próxima, a Prat del Llobregat. Nos desnudábamos en el bosquecillo de pinos, y a nadar. La luz nos enjugaba, gota a gota. Leías, sin variante, páginas acotadas del libro nuevo, que era indispensable "examinar". Trataba —la duda sobra— de los problemas y estrategias de la revolución social. Lo cierto es que oía sin interrumpirte, salvo alguna exclamación o glosa satírica de actualidad. ¡La actualidad la formaban, entonces, los acontecimientos de países lejanos y que sólo conocíamos a través de la referencia condicionada de sus luchas! Tú suspirabas, como se desea a una mujer, por el régimen redentor en que el hombre, emancipado de su esclavitud económica, desarrollara todas sus capacidades, las inmensas fuerzas de creación y contemplación que durante siglos ha debido reprimir o le han negado o disminuido.

Te levantabas —mientras las olas batían sus espumas y se escuchaba el ritmo sedante de la brisa, a compás del moscardoneo de una hélice lejana— y el entusiasmo hacía temblar tus manos extendidas. Y en esos momentos era bien fácil no reparar en tu miserable cuerpo feo, de vientre caído, de hombros desiguales; las piernas, flacos garabatos. Describías el Paraíso y sólo como un trámite, fruncido el ceño, igual que el niño condenado a tomar su aceite de ricino, te referías a lo indispensable que era la «dictadura provisio-

nal» para lograr esos bienes supremos y extirpar los
intereses ilegítimos y monstruosos. No se nos ocurría,
en aquella época, que el Poder provoca, biológicamen-
te, eternamente, una cadena corruptora y que las coac-
ciones se instituyen. No sabíamos a ciencia cierta que
nuestra filosofía era de omniesencia racional pero mu-
tiladora. Se nos figuraba que esos diálogos nos preparaban para servir mejor a la «causa», tan necesitada
de dirigentes capaces y firmes. Nosotros mismos nos
elegíamos y, en el fondo, nos considerábamos diferentes y superiores. Al regreso, mezclados en el tren con
los menestrales, empleadillos y obreros de las fábricas, imaginábamos, sin decírnoslo, que gracias a nuestra dedicación les facilitaríamos una existencia plena,
nítidamente personal y solidaria.

*¿Quién habrá instalado ese letrero puntiagudo de
neón —focos blancos y violetas— donde se ofrecen los
millones del sorteo extraordinario?*
*En tanto que ajustaba los tubos de luz alterna, que
unas veces son misterioso fondo oscuro, y en un parpadeo más lineal se convierten en brillante bandeja que
compendia la cifra fabulosa, signo de prosperidad y
ancho goce en este mundo de cantidades y velocidades,
de multiplicadas sensaciones y romas perezas, Raúl
tenía que cerrar los ojos, de atávica parsimonia cam-
pesina, y evitar el vértigo que le cosquilleaba, por el
mero ombligo. A sus plantas, de piel curtida y terrosa,
la carrera de autos, «parecían» de juguete; las móviles
manchas humanas... Y, sobre todo, el zumbar filoso
de la altura vacía en torno, que silbaba en unas hondas y desconocidas malezas de los nervios. Quizá el
peligro —volar bruscamente sin tronco de árbol a que
sujetarse, únicamente flaca yerba de prado o paño de
asfalto como petate mortal que acogiera su revuelo
súbito y grotesco de fantoche— no le asediaría más.
Pues al descender, ileso, había de comprar un billete
para la fecha que comenzaba en la raya de su frente.*

¡Sería maravilloso que él, y la mujer, mansamente tro-
tona, que le acompañaba a cuatro pasos exactos de
distancia y sumisión, y el hijo que iba ya en Se-
cundaria, se transformaran en potentados! Sus nom-
bres y la foto, grupo de familia, aparecerían en los
periódicos. Y cuando lo interrogasen ¡hasta en el pro-
grama de televisión! contaría que Raúl Sepúlveda, ori-
ginario de Tamazunchale, había trabajado en la colo-
cación del anuncio y que allí, trepado a lo chango, una
voz secreta le reveló los cinco números de la fortuna.

¿Semejantes desatinos te inspira un simple rótulo
de neón, por gigantesco que sea, Ricardo? ¿De dónde su-
piste tú que se trata de un Raúl Sepúlveda, y que na-
ciera en Tamazunchale? ¿Y para qué le atribuyes más
casualidades al propio azar, en constante, ajustadora
y benéfica función? ¿O eres ya otra víctima psicoló-
gica del anuncio? Fue un respiro necesario, una excursión de sonámbulo de esta realidad que te asfixia
y te impedía reanudar el curso de la carta de Germinal, el momento en que él volvía al resquemor pro-
ducido por la amenaza de que lo complicaran en la
versión oficial, que hundía más y más en la tierra fan-
gosa a Jaime Trías, que ya estigmatizaba su nombre.
«Te juro, Llinás, que mi delito sólo fue frecuentar-
lo, y que nada sabía de sus antecedentes y menos aún
de sus manejos, si los hubo. Y conste que todavía no
tengo información bastante para afirmar su inocencia
o sumarme a los que le consideraban culpable. Ignoro
por qué mañas o razones Jaime Trías, recientemente
ingresado en nuestras filas, disfrutaba de un crédito
amplísimo entre nuestros jefes y se movía por las ofi-
cinas del Central como si las hubiera fundado. Posiblemente el hombre se había impuesto a fuerza de
laboriosidad y de un sentido práctico que contrastaba
con nuestra propensión a exagerarlo todo, a olvidar las
exigencias concretas y menudas de cada situación.
Ellos, los sumos sacerdotes, me trataron siempre con

recelo. Les irritaba mi espíritu crítico y les hacían maldita gracia, aunque recurriesen a sonrisas de conejo, los juicios espontáneos y crudos. Era renuente el aplauso y al elogio de los dirigentes en el candelero, mal acostumbrado, desde niño, a no ocultar nunca lo que estimaba una verdad. Fue una desgracia que mi defecto de la vista (estas gafas gruesas de cristal y de montura, como neumáticos... muy pronto, bueno, ya no habrá esa posibilidad; estaba semiciego) me impidieran ir al frente. Me empleaban en misiones de propaganda por los barrios, con instrucciones categóricas, después de dorar la píldora, de que los discursos se refiriesen exclusivamente, con una que otra modificación de estilo, al esfuerzo y al sacrificio colectivo que la guerra reclamaba. Nadie, según ellos, era tan hábil como yo en pulsar las cuerdas sentimentales, las emociones, y mi colaboración resultaba muy útil. Era una suerte, llegaron a decir, que los ojos me fallasen, pues de esa forma disponían en Barcelona de un elemento insustituible, que en la lucha de primera línea se hubiera desperdiciado. Y no le daban gracias a Dios por puro milagro. Después de las alabanzas, de la coba fina, me acompañaba siempre el tal Arnau, el fogonero cara de palo. Su trabajo consistía en escoltarme, tomar asiento a mi derecha en la tribuna del mitin o en la presidencia de la reunión, y cuando hablaba apuntar cuidadosamente en un bloc de notas, con tapas marrón para más detalle, los puntos y las comas del informe, que luego entregaría, dictado a una mecanógrafa, a un teórico experto, en transcripción maquinal y minuciosa de mis manifestaciones más destacadas, subrayando, naturalmente, las que a su receloso entendimiento se le antojaban heréticas. Intenté protestar del espionaje, pero fue tan larga, convincente y articulada la explicación que con terrible paciencia me proporcionaron, en intervención de relevos, los cinco sabios en doctrina y táctica comisionados para ello, que opté por resignarme. Figúrate que uno se remontó a Espartaco, otro expuso los principios del empiriocriticismo, el siguiente citó y analizó las resoluciones de no sé cuántos congresos y el de más allá se sintió viajero y citó múltiples ejemplos que podían aplicárseme, ocurridos en fantásticos países orientales. ¡Cómo se ilustraba uno! Especialmente al oír la metódica disección de la filosofía de los intelectuales y de los espíritus rebeldes, y de sus nefandas contradicciones dialécticas. Preferí resueltamente que me vigilara Arnau, al menos su cara de palo se mantenía inmutable y su silencio, hostil y caviloso, representaba, en comparación, un alivio. Por un momento, lo añoré.

Balcón de planas ilusiones y duración medida; faja donde se pintan con letras de alevoso bizqueo los títulos que prometen una enajenación digestiva, brea de sueños opacos. La sucesión implacable de imágenes graba en la retina, como el corazón su peculiar latido en las carreteras del electrocardiograma, los fabricados mensajes, tan generosamente estultos. Desde las cuatro, sesión continua. Marquesina del cine de barrio. Dos películas, cinco noticieros y «cortos». Para descansar, las placas de la dulcería junto al grito cabalístico de los muéganos. El famoso refrigerador, la tienda de trajes confeccionados, el insecticida irresistible. Ahora no podemos quejarnos, somos felices. No pensamos en la lucha de clases ni en la de sexos, ni en las edades antagónicas, ni en la ahogada razón de nuestro ser. La emanación de los cuerpos vence a los desodorantes matinales. Un cansado hedor de roce despiden las fisonomías turbias de las parejas, en el anfiteatro.

A la salida de la sesión en que me amonestaron —las historias del Kuomintang; en un grado, la cantidad opera una transformación cualitativa; «comprendemos que la influencia de tu medio ambiente anarquista no puede superarse sino por etapas, ayúdanos»;

«la llamada libertad de opinión es el lujo más peligroso, a ti te mueve un impulso honrado, pero quién nos garantiza que en otros casos...» —me tropecé con Jaime Trías que, nervioso por la larga antesala a que este conciliabulo le obligó, se dirigía a la calle.

—¿Estaba ahí dentro, en la conferencia? ¡Rediós, qué sesioncita! ¡Ni que hubieran examinado un plan de ofensiva del Estado Mayor!

—Terminó por suerte. Y me hace falta aire.

—A mí también. No aguanto las antesalas. ¿Qué rumbo toma?

—No lo sé.

—Yo, Diagonal arriba, camino de mi castillo.

—De acuerdo.

—No nos conocemos.

—Si usted calla, ¡qué me importa!

Caminaron juntos, fijos los labios en un pliegue enervado, ignorando todavía hasta sus nombres.

—¿Le molesta que silbe?

—Bah, un ruido más. ¿Por qué me guarda tantos miramientos?

Jaime Trías crispó a medias las cejas marañosas y por los colmillos izquierdos —sus flautas preferidas— tañió el sonsonete de una canción tradicional, de arcaico sabor. A Germinal le desconcertó, como si hubiera estremecido una célula dormida, en la memoria subyacente, y se detuvo.

—¿Usted nació o se crió en la Plana de Vich?

—No hay duda, pero esa melodía es popular, tradicional, en toda Cataluña. ¿Por qué relacionó usted una y otra cosa?

—Muy sencillo. Defendí, hace años, a un tipo de su comarca. Siempre se presentaba en mi bufete con ese canturreo. Era un sindicalista, de acción, pero no usó nunca armas, le bastaban sus puños. Conseguí que lo pusieran en libertad provisional. Lo acusaban de agresión a un patrono, el dueño de una fábrica de envases, que se obstinó en reventar con esquiroles una huelga.

159

El apodo de nuestro hombre era famoso, y justificado, por lo que contaban. Le decían el «Trencacostelles».

En neón rosado y caracteres cursivos, apagados cuatro de ellos, cerca de una gasolinera, «permanentes», el llamamiento sesámico para voluptuosos aderezos del peinado, que se lucirá en el baile de danzones, jaibolitos, «abusado» y «quén sabe», el sábado por la noche. ¡Ay con el jijo de refugiado, que ni a don Venancio en miniatura llega!

La sumaria referencia a esta conversación deambulante habría de subsanarla Llinás. Es el pudor, y Germinal eludía mencionar sus trajines profesionales en aquella carta, que ahora revivía en Ricardo Estella a través de fragmentos, que él colocaba en peldaños arbitrarios.

Germinal lo expresó en sumaria referencia por una innata y hosca discreción y, principalmente, para evitar redundancias, pues el origen y desarrollo de su singular carrera de abogado no debía repetirlo a Llinás, cuando le importaba transmitir inquietudes de mayor apremio, en las que él adivinaba los signos de su fatal eliminación. Sin embargo, ese relato se interfería en el ánimo del Estella mozo y lo identificaba, más aún, con Germinal. Le parecía que sus desvelos e incentivos, antes de que sucediera el previsto final, infundían un profundo sentido a su existencia: razones de pensar y de actuar de que él, un mero náufrago, estaba desposeído.

Ejemplar de talla rotunda, el padre de Germinal. (Lo había complementado Llinás.) Sucumbió a principios de 1935, y apenas cumplidos los cincuenta, de la clásica pulmonía doble, en aquella época en que ni se barruntaban los antibióticos. Traductor avezado de correspondencias disímiles, alemana e inglesa, de índole comercial o particular, con el hijo a rastras, por pensiones modestas, para funcionarios pobres, proce-

160

dentes de Madrid, del «centralismo», a esos cuartos de hospedaje completo que son el recurso infalible de las familias medio arruinadas. Se supone que su repudio formal de la esposa —cuya beatería y dengues de santidad le exasperaban— contribuyó a convertirlo en un seguidor de las utopías ácratas, cultivo que alternaba, tesoneramente, con la lectura de la más heterogénea e indigesta serie de manuales pseudocientíficos, en los varios idiomas a su alcance. Nada de extraño tiene que odiara lo jurídico y citarle tan sólo el derecho romano implicaba una ofensa personal. «Las leyes se aprueban y aplican en beneficio exclusivo de la clase dominante, para enmascarar el despojo y persecución de los productores. Son el arma más eficaz e hipócrita del Estado opresor.»

Debió ocurrírsele —en asociación mental con una de sus parvas noticias librescas— que sería divertido y provechoso (¡y qué beneficios iba a significar para el pueblo obrero!) utilizar la argucia del caballo de Troya. Y sin reparar en considerandos, decretó que Germinal, tras imbuirle sus convicciones, estudiara abogacía, como el que investiga y emplea, en casos tangibles, el mejor antídoto de una iniquidad general. Le recomendaba, gráficamente: «Tú, disimula en clase y más aún en los exámenes. Averigua las trampas de las leyes con que explotan a los desheredados y serás su mejor ayuda.» Después, agregaba: «Cobrarás lo justo, una vez terminado favorablemente el pleito. Únicamente lo que te permita subsistir. Y, si es necesario, yo echaré una mano.»

...El bufete, a pesar de que se hallaba lejos del centro, en un piso interior —dos piezas, vestíbulo y despacho—, ganó pronto una fama peculiar. Se habituó Germinal a no aceptar sino las causas que estimaba acordes con los principios paternos: terroristas que le endosaban las directivas del anarcosindicalismo, conflictos laborales, inquilinos que luchaban contra los desahucios, procesos por artículos periodísticos califi-

161

cados de subversivos. Y adquirió intuitivamente destreza para brujulear entre legajos y chupatintas de los Tribunales. Aprendió a diferenciar —a simple vista, como si le asistiera un sexto sentido— a los clientes ladinos y plañideros de los seres realmente acosados. También se acostumbró a los interrogatorios concisos y descarnados, a la zarabanda de ceños famélicos, a los gestos de rabiosa protesta, a la torpe queja de los simples y a la mirada, neutra por lo común, de los pícaros. Era un flujo y reflujo de impresiones agrias y decisiones bruscas, de hervores animales y cándidos destellos, que le fortalecían en su actitud grave a ratos, y siempre dinámica, de revolucionario.

«Servicio en su coche». Acabarán por enfriarse las enchiladas de pollo. El cabello suelto, de negror vegetal, semeja un adorno caprichoso de la corbata con dibujos de pirámide turísticamente azteca. Sobo de muslos, anís la cintura, pezones de miel aturronada. ¿Quién le regalaría, que yo no fui y el sueldo sólo para purititos frijoles alcanza, los zapatos crema, de punta italiana?

Había sido su etapa más feliz, la de abogado «opositor», el eje de los recuerdos que lo justificaban. Continuaron, en el que luego sería nuevo sesgo de su vida y milagros, el paseo por la Diagonal y Jaime Trías advirtió:

—Ahí, en esa esquina, a sus órdenes. La casa es relativamente cómoda. Más que nada hace de oficina. Hemos transformado la parte trasera en un gran garaje, incluso con su taller, Aurelio y yo dormimos en cualquier sitio.

—¿Casualmente, el manco, el que fue dirigente del Sindicato de la Madera?

Trías contestó lisamente.

—Su esfuerzo es muy valioso. Y él lo sabe. ¿Le gustaría saludarlo?

162

Ya en el rellano de la breve escalinata esperaba
Aurelio. Trías los dejó solos, «por unos minutos». Tenía que inspeccionar las camionetas.

—¿Te raptaron? ¿Cómo caíste en esta «motorizada»?
¿Erais amigos de antes? Raro, el hombre.

Aurelio, con un aire de tosca seriedad, más reservado que de costumbre y ello debió punzarle en las
mismas venas del muñón, denegaba.

—Coincidencias. Ni la menor noticia de que existía. Pero me da faena y albergue. Me encarga las
tareas delicadas, y cuando se marcha yo mando. Es de
hierro y cumple.

Constantes apariciones y salidas de otros tipos —ojos
somnolientos y mejillas de barba áspera que concluyen
en un mentón afilado—. Igual que los faros por las
carreteras, que desde el tibio oscurecer se animan ner-
viosamente, en la ruta hacia las líneas de aprovisio-
namiento. Se despide a la diabla Aurelio. Es lo normal, esa diligencia súbita, casi espasmódica. Jaime
Trías, en cálculo rezado de anular y meñique, enumera
los faltantes de su dotación de refacciones, mientras
aguarda una llamada telefónica de Balaguer.

—Cara cansada. ¿Muchas contrariedades hoy? Túm-
bese en el sofá, sin etiquetas. Tome el capote, a falta
de manta.

*¡Si se pudiera talar la palmera de pardo y empol-
vado tronco! Recogerán del prado el desperdicio de
sus altas ramas verdes; las bajas ya se inclinan al suelo,
su seca piel amarilla presagia la ceniza. Quedaría, entonces, un libre campo visual para las esquirlas de
neón que fingen la taza de café que con hervores
matemáticos ensaliva los labios. Inútil mencionar la
marca, también adherida al paladar. ¡Cuántas sensaciones psicológicas se estudiaron para determinar el
gusto universal!*

Despertó, sorprendido. Jaime Trías lo observaba
fijamente. Advirtió que había arreglado la colocación

de la lámpara de tal suerte que la zona del sofá flotaba en grata semipenumbra, tan propicia a su plácida duermevela que pudo escuchar, como si fueran únicas, las tres campanadas pendulares del reloj de pared, la añeja presencia del tiempo en un centro oculto del corredor silencioso.

Sólo quietud. Únicamente, el destilar letárgico de la ciudad. Y sobre él la mirada —chispear visionario, fulgor hondo y sereno— de Jaime Trías. Le pareció que paralizaba su facultad de hablar.

Jaime Trías no se movió del sillón. Apoyado en su distancia, en su exacta proximidad, lo sometía a una irradiación subyugadora. Limitóse a extender los dedos huesudos, por el campo, rosa y azul, del secante de la carpeta que en la mesa negreaba de picos.

Y así transcurrieron unos momentos singulares, embarazosos, en que se debatían, bajo un cariz insospechado, dos voluntades y vastos efluvios de misterio.

Fue Jaime Trías quien segó aquel intervalo agudo y tenso.

—Puede empezar a reírse o burlarse. Largos meses hacía que no me pasaba esto. No lo repetiré: tranquilícese. Pero no debo callar.

Impidió, con un gesto brusco, que Germinal replicara.

—Para mí usted no es un extraño, aunque ayer —ha dormido en el corto puente de dos días— nos encontrásemos por primera vez.

Era evidente que estaba dispuesto a proseguir y el huésped no se atrevió ni a interrumpir la pausa que decretaba, casi con virtualidad espacial, ni a distraer la atención propia en el giro de íntimas reflexiones marginales. A su pesar, aguardaba de manera absoluta, domado el albedrío.

Se quedó boquiabierto.

—Muy atrás, hace un manojo de siglos, los años espigas de la gavilla, usted reinó en cierto país asiático, que una mañana cualquiera surgirá, con alegres

164

colores de casas, ríos y huertas al amanecer, en su recuerdo. Será su imagen del paraíso perdido y su envoltura carnal de hoy le pesará, se sentirá prisionero.

Se había levantado, le volvió la espalda. En un paño de muro manteníase, sin la oscilación más leve, la sombra de su silueta corva.

—Gobernaba usted con el espíritu de la leyenda dorada, fraternalmente. Y el pueblo lo comprendía, participaba de su amor. Mandaba, por toda servidumbre, a un criado de confianza. Y se presentaba, únicamente para conceder audiencia, en la sencilla quinta del jardinero, cercana al bello palacio inútil. Allí recibía, sin ninguna restricción ni protocolo, a los magnates y a los mendigos. Había suprimido las guardias y escoltas, las recepciones y los bailes, el derroche que significaba el famoso ceremonial de la Corte. Evitaba el trato frecuente de los sacerdotes y consumía las veladas en dolorosas meditaciones y contemplaciones. Porque le atormentaba la noticia, y aún más el espectáculo, de la riqueza insultante y de la miseria acusadora, la soberbia de los explotadores y el sordo rencor de los despojados. Y no quería que su afán de justicia provocase un turbio desbordamiento de las pasiones, y que nuevos orgullos inicuos y una propagación de la envidia minasen los corazones de los hombres, que los dioses de nombre olvidado —borrosamente retengo sus representaciones simbólicas en la clara piedra de los templos— le encomendaron.

Tosió, crispando las horquillas de los hombros.

—La fecha, declarada festiva por la dinastía, del quinto año de su proclamación como monarca, era en junio, nuestra noche de San Juan. Convocó usted a los ministros y a los funcionarios, a los comerciantes y agricultores, a los prestamistas y a los artesanos, a las doncellas y a las castas intangibles, y a las sirvientas y mujeres públicas. Y les anunció que, juntos, emprenderían una vida distinta, que había acordado redistribuir los bienes, prohibir los oficios y actividades

165

innobles y las ganancias ilícitas, los tributos obligatorios a la religión oficial, con la ayuda generosa de todos... Había resuelto, en fin, la disolución de los ejércitos que se extinguiera, en la paz, la conciencia iracunda de los menesterosos. Tuvo que dominar los murmullos de estupor y la multitud se dispersó peligrosamente embravecida, como un mar en que se vierten los temporales desenfrenados.

No eran quizás las palabras monótonas, vagamente salmódicas, de Jaime Trías, sino la circunstancia peregrina, su convicción al relatar aquella fábula infantil, el eco de sus recientes experiencias lo que enmudeció a Germinal.

—Comprendiste, Señor. Y cuando desalojaron el palacio, te encaminaste a tu retiro, con paso tardo, convertido en un inmenso cuévano de tristezas. Te sentaste al pie del árbol centenario, que plantara, según la leyenda, el fundador de tu ilustre familia. Escuchaste las manifestaciones de júbilo que estallaban, como ahora nuestras ruedas de fuegos artificiales, en los barrios ribereños. Presentías las rencorosas deliberaciones que los hombres pudientes —nido de reniegos sus túnicas de seda— celebraban en los salones cerrados. Te negaste a comer, cruzaste los brazos sobre el pecho, que estremecían reprimidos suspiros, mientras la congoja crecía en el manantial de tu garganta.

Su propio aliento agitado le obligó a ocupar el sillón que abandonara. Desde allí —reducido a perfil, cual rostro de moneda— la voz cobró un acento mortecino.

—No cesaban, ni con el inesperado hielo del crepúsculo, los trinos de tus pájaros en la arboleda. De ella partió la flecha que te atravesó el pulmón izquierdo, junto al manantial de los latidos. Te incorporaste, Señor, abrazado a su corteza y después quisiste buscar las raíces y tus uñas se hincaron en la yerba salpicada de sangre. No se interrumpía el silencio a tu alrededor. Yo sabía que nos acechaban, que un arco

166

tenso apuntaba hacia mí. Te cubrí con una sábana morena, grueso lienzo, la que me encargaste. Apoyé tu cabeza inerte en tu bordado cojín de los insomnios, y huí.

Contraída la boca, trémulo el cordaje del cuello escuálido, añadió:

—Yo era tu criado; más aún, tu confidente.

En gradual transición se refugió tras su máscara.

—Adivino lo que usted, ahora un escéptico, lógicamente, piensa para sí. ¿Tendrá Jaime Trías sus arrebatos de locura pacífica? ¿Es un bromista o un farsante? ¡Venirme a mí, Germinal, que aparte de los estudios me he formado en las discusiones filosóficas y sociales de los Ateneos de barriada, en las polémicas de los Sindicatos, con esos cuentos de cuna! Pero no importa, yo debía decírselo. Le prometo que no reincidiré. Y le pido, al menos, que no lo comente por ahí. Si por Aurelio desea volver, conforme. Ante los demás, olvidaremos esta revelación.

Germinal, turbado, fingió indiferencia y apenas acertó a despedirse con mediana cortesía. Salió a la calle, en pugna su propensión a la duda, su apego a lo racional y al humor malicioso con una credulidad que comenzaba a vejarle. Además, ¿las últimas palabras de Jaime Trías no implicaban un reto, como si estuviera seguro de dominarlo?

Sólo a Llinás lo confió, incidentalmente, como una «rareza», apuntó todavía burlón.

Esqueleto de una esfera de reloj, horas disecadas. Cifras y agujas en rayas de oro líquido. De cargado bermellón, la marca temblequeante. ¡Pisa el acelerador que el enfermo se asfixia! Rueda el tanque de oxígeno, una febril campana de las agonías o de los rescates.

No indicaba Germinal en la carta testamentaria, no aludía a ello para nada, de qué forma y manera vivió al escapar de un campo de concentración, merced al desorden de aquellos días caóticos, en Perpiñán. Sí era manifiesto que carecía de una situación legal y que debió esquivar la vigilancia policíaca, como tantos otros. Suponía Llinás que unos viejos amigos franceses, emparentados con su padre, le brindaron ayuda y asilo. Únicamente en un párrafo, que se singulariza en la correspondencia de aquella época y que incluso reviste carácter de testimonio histórico, afirma, de modo incidental, «que un hombre sin documentación se halla más indefenso, y más expuesto a sorpresas, que un condenado a muerte». La frase, estampada al socaire, le exacerbó, entonces, la convicción de que su fin era irremediable e inminente, después del careo con Armenteros, Bonfill y Turó, y afirmado en su derrotero, como buen meridional el alarde imaginativo palió la tremenda angustia física.

«Sucederá a la salida de cualquier reunión fraccional, cuando cada mochuelo vuelve a sus cuatro paredes. Si para protegernos fuésemos en grupos, llamaríamos la atención de los gendarmes. Y es un factor que facilita la tarea de Armenteros, de Bonfill y de Turó. ¿Por qué los nombraré tan frecuentemente? Saben el lugar de nuestras citas, y el día, que es jueves, cuando suelen terminar. Apostaría a que hay entre nosotros un soplón o un mal-nacido, que intentará hacer méritos, o que le perdonen, delatándonos. Esa historia sí que se repite. Yo saldré —una noche, aparentemente igual a las anteriores— y enfilaré las calles que bordean el ferrocarril. El sitio más adecuado es cerca del café-taberna, la esquina que no puedo evitar. Una pandilla de provenzales, de su cuerda, fingirán estar bebidos, ir de retirada, tropezarán conmigo. Conocen mi flaco y procurarán, en el choque, tirarme las gafas, pisotearlas. Ya indefenso, me bañarán de alcohol la camisa y huirán. Intentaré levantarme rápidamente y desde las largas sombras oscilantes, la oscuridad del lugar y la de mis ojos, incapaces de valerse, brincará a mi espalda «uno», para apuñalarme. Quizá lo he tratado, me llamaba camarada. No debe fallar al identificarme. Es probable que hayamos reñido en torno a una mesa, tiempo atrás. Y fácil también que aplaudiéramos los mismos discursos en los grandes mítines. Y que cantáramos, unidas las voces, las estrofas internacionales de lucha y hermandad. ¿Empleará pistola de silenciador, que permite varios disparos, hasta el de «gracia», y no exponerlo todo a un relampageo de arma blanca? Alguien me encontrará, convertido en leño, con tufo de vino, a pocos metros de un centro de vicio barato, sin papeles que orienten a la justicia, que en tales casos realiza una aburrida averiguación de trámite. Mientras, yo empiezo el inacabable sueño —en el que pienso movido por un secreto afán de paz—. ¿Qué estrella temblará en el cielo? ¿Será alguna de las que, en su carrera, iluminó el rincón de Barcelona donde nací, la acacia de Sarriá en que nos citábamos, mi novia y yo? ¿O la que resplandecía sobre el banco del Parque de la Ciudadela, que prefería mi padre, en nuestros paseos del domingo por la noche? Allí me explicaba los motivos que habrían de desencadenar, inexorablemente, la revolución. Este final sórdido, que no puedo evitar, abre las puertas para que me calumnien con toda impunidad y «marquen» mi apellido. No lo harán abiertamente, al principio. Les agrada apoyarse en insinuaciones, que se fundamentan en ciertos aspectos reales pero engañosos. Y después, con otro pretexto, lanzarán un cadáver al lado de Jaime Trías, en la fosa general de los traidores a su movimiento histórico. Germinal, un número más. Sólo pronunciarlo avergonzará.

Líneas de neón enmarcan con brillantes grises las medias de seda, de justa dimensión carnosa. La inmediata fantasía injerta allí unas piernas esbeltas. Ese par de extremas penínsulas concitan las ansias disparejas de los varoncitos engominados y la orgánica vanidad de las mujeres de pimpantes remos. Dos palabras francesas, breves eufónicas, de conjuro.

«Os invoco sin rencor: Armenteros, Bonfill, Turó. Aguardad, es cuestión de poco tiempo. Girarán, unas cuantas vueltas, las aspas de la suerte y seréis arrojados a esta tumba, de cupo inextinguible. Aquí celebraremos tranquilas asambleas. Por lo pronto, acudiréis con un gesto vacío, sin nervios ni piel que lo sustente. Vuestro guiño emanará de los puros huesos. Reunión de osamentas, que limpias de músculos, liberadas ya del hervor de la sangre, de la fermentación de las tripas, de las explosiones del sexo. Se iniciará el debate con la discusión de las tácticas, de que el fin y la ejemplaridad de la obediencia, externa e interna, justifica los medios que empleasteis. Mencionaréis estadísticas y lemas, resoluciones de los Congresos, los macizos informes de los secretarios generales, las cifras vacías. Conjugaremos el verbo *acusar* y será nuestro rosario· el que forman las cuentas infinitas de las excomuniones. Hasta que, aburridos, llegaremos a confesar que, sin los herejes, la vida y el trajín en el mundo que abandonamos, que ni siquiera concebimos aliviado de nuestra mísera presencia, sería de un tedio mortal. El infalible de hoy debe ocupar, mañana, la silla del delincuente. Y no vale la pena, cuando cambien las tornas, perder el tiempo en reivindicar a un hombre escarnecido. Motivos superiores, los de la meta lejana y el mostrenco bien social del porvenir, términos que nadie alcanza a precisar, lo imponen, tal es el ansia que nos dispara y enloquece, con lentas dosis de fatalidad. ¡No hay resurrección, ni en el ánimo de las gentes sencillas, a las que pretendemos conducir, porque nosotros, en cierta ocasión, y por acuerdo del remoto centro, amurallado de nieblas, hemos sido fieles servidores de la férrea sabiduría! ¡Debemos salvar, incluso contra su «albedrío», a los esclavos! ¿No poseemos, en una lógica transmisión de energía de la maquinaria providencial, la certidumbre? En tanto, nos disputamos a feroces mordiscos la razón de actuar y decidir, sea cual fuere la circunstancia, no importa el lugar. ¿Verdad, Armenteros, Bonfill, Turó?

Peripecia vieja y cansada, sin variantes, como una letanía. ¿Ha sido necesario este juego diabólico de encumbrar y derribar, de halagar y destruir? ¿No estaremos envenenando la fuente del futuro, al arrancar las raíces del sueño y de la ilusión? Y si yo lo creo así, ¿por qué os he combatido? ¿No hubiera sido preferible que me abstuviera, que fuese un ciudadano más, enamorado bobo o padre de familia, figurar entre los que vegetan y no sufren afanes de redención? Pero la simple hipótesis no va conmigo y el pan me sabe ácido si no lo comparto en paz. Mi dignidad no tolera que se humille, en nada, a mis semejantes. Y si me parece que la holgura de unos pocos existe por la explotación múltiple, algo supremo oprime mis entrañas, más que mi raciocinio. Una sola víctima denuncia el orden universal que anhelamos, por el que nos agrupábamos, siendo tan distintos. Y para lograr ese estado mezclamos las ambiciones, santificamos la violencia. Empedrábamos el camino de la gloria distante con gargantas ahogadas y ojos en que se cicatrizó el espanto. Lo que era religión se convirtió, una vez más, en iglesia. Repasad —Turó, Bonfill, Armenteros— los hechos objetivos de la reciente experiencia. En esta tela de araña nos han tronchado las articulaciones, nos rompieron la médula. ¿Qué ocurrirá si no dejan espacio para el error y la disonancia, el buen día en que se llenen, regular y copiosamente, los estómagos, si los emancipados, a rastras de la soberbia de grotescos dioses, y sin capacidad alguna de imaginación y de protesta, esperan siempre la orden mágica, no se atreven a juicio propio, sienten de plomo los párpados, relajadas y eternamente previstas las sensaciones? Pero quizá yo estoy equivocado, y los caracteres duros, las mentes de viga y cemento, han de orientarnos. Carezco del derecho a opinar, colocadme en la piedra del sacrificio y cantad vuestro himno. Hasta que os deslumbre una nube clara, absurdamente graciosa, vanamente bella, o el vértigo os paralice las piernas. ¡Qué pesadilla, Llinás!»

Las tres iniciales de una compañía de aviación raen la noche. El letrero descendente, de azuladas caras, descorre el telón de la huida imperativa y evocan los motores, en los tímpanos, estribillos de manos y pañuelos, gotear de whisky y estrépito de bailes en las terrazas multicolores de los hoteles recientemente construidos en la costa tropical. Cuando los cocoteros cimbran sus ramas al vaivén de la brisa, sonríe ufano el dueño del consorcio, porque hasta la Naturaleza le rinde tributos ornamentales y sus títulos de propiedad protegerán varias generaciones de la nueva casta, por él instaurada.

De su duda teórica y moral saltaba al dilema positivo, envolvente. Supo ya tarde, cuarenta y ocho horas después, que Jaime Trías se incorporaba a una lista secreta. Nada sorprendente, y menos aún extraordinario, en el delirio —sordo o público— de la guerra civil. Acudió, como de costumbre, al regreso de una tarea delicada en la frontera, al cuartel general de aquel tipo extraño. Germinal encontró la casa cerrada y a oscuras. Llamó inútilmente y sólo al golpear en el portón del garaje éste cedió a su presión. En el ancho patio únicamente le rodeaba un vibrante silencio. Desenfundó la pistola y encendió la lámpara de bolsillo. Caminó sigilosamente hasta el cobertizo en que solía dormir Aurelio. No esperaba encontrarlo, pero la ráfaga de luz trazó el contorno de un cuerpo bajo el capote de campaña, y en la quietud adquiría clara densidad aquella respiración fatigada. El manco, sin manifestar asombro, sacudió la manga hueca y se recostó en el codo impar.

—Estaba seguro de que vendrías.

Parecía confuso y abrumado, pero se adelantó a las preguntas del amigo, como si deseara que no hablase.

—Guarda ese juguete. A Trías se lo llevaron el lunes.

Levantado, logró con movimientos penosos cubrirse con un retazo de colcha.

—Decían, los de la escolta, que era agente del enemigo, y que me había engañado. Iban a interrogarlo, para cubrir el expediente, pero les sobraban pruebas. De mí (lo repitieron y hasta me invitaron a fumar un cigarrillo rubio) nadie sospechaba. No permitieron que hablásemos. Y no he sabido más.

Tras una pausa, dejó que Germinal interviniera.

—Lo más fácil es... ¿Y tú te lo figuraste, alguna vez? ¿Habrá algún error?

Aurelio se rascó la mandíbula, casi lampiña, cuadrada.

—No lo sé, ni debe interesarme. Me lo dieron a entender.

—¿Qué piensas hacer?

—Habrá algún hueco en el frente, aunque sea de ordenanza, con Martínez, el metalúrgico. Manda una división. Todavía sirvo para guardián en el Estado Mayor. Y ahora, márchate, «señorito», y no se te ocurra volver por aquí. Ya arreglaré el equipaje.

Adivinaba la muda pregunta de Germinal.

—Sí, los capitaneaba Berta. ¿Te acuerdas de aquella velada, cuando se presentó Quintanar? Ciertos gestos, en que no se repara de momento...

Germinal lo abrazó breve y rudamente. Al separarse, Aurelio hundió la cabeza.

—¿Necesitas algo, sin pamplinas?

—Casi nada, olvidar «esto». ¡Y lárgate!

Mientras se alejaba escuchó el pisar agobiado de sus zapatones militares, el crujido de las rodillas al agacharse para recoger la mochila. Hubiera jurado oír el soplo de refrenada angustia y de tensa perplejidad que le espumaba los labios. Y veía la arruga terca que había de cruzarle para siempre la frente, tan limpia.

Neón grosella. Con un viejo título de película bautizaron el cabaret. Entre las variedades, un barítono cubano y dos flamenquillos. Se otea la circular plaza recoleta, donde quisiéramos alquilar un pedazo de césped para una lápida lisa, sin inscripciones, destinada a imán de las hojas otoñales que espolvorean los altos árboles pardos, cristalizaciones de la misma y única tierra, mutable y volandera.

Berta también lo recibió con una desconcertante naturalidad.

«Sólo una vez estuve allí —terciaba Llinás—. Ocupaban todo el primer piso del edificio más moderno, en una lateral del Paseo de Gracia, que fue propiedad de uno de los militares de alta graduación que se sublevaron contra le República. Cayó acribillado en la Plaza de la Universidad, y como era uno de los jefes rebeldes más espectaculares y chillones, los nuestros cobraron ánimos. ¡Vuelta a divagar! Pero es que las anécdotas y los detalles se graban más en la memoria. ¡Ah, hablaba del lujoso cubil de Berta! Frente a él, los autos de la patrulla aguardaban permanentemente la orden de urgencia, y sus chóferes, muchachos crudos y gallardos, de fibra —el que menos alardeaba de una cicatriz, de huellas de golpes bestiales en las comisarías— se entretenían jugando al dominó en un bar próximo, dispuestos a emprender aquellas carreras locas que ya les habían dado fama. Desde la puerta del zaguán —dos paños de madera de roble, con molduras de ebanistería fina— percibías un orden sutil y firme, la existencia de una autoridad nerviosa e implacable. Todos los auxiliares de Berta —hasta al nombrarla con familiaridad— mostraban una sumisión absoluta a su voluntad y a su dirección, pero en los intervalos noté

174

un ambiente de turbia camaradería, que adivinaba basado en motivos personales, como si pudiera existir una serie de relaciones íntimas que la mujer dominadora graduaba a su antojo. A pesar de su baja talla —no me llegaba al hombro— y de cierta tendencia a formas demasiado redondas para su juventud, en conjunto era de una hermosura diferente y perturbadora, que desprendía un regusto trágico, un ávido apetito de muerte.

En el perchero del corredor, a la entrada, había un espejo de flamante azogue, y Llinás la vio, en aquella ocasión única, peinarse los largos cabellos sueltos, con rápidos movimientos de cruel exactitud y agitar así sus reflejos de negro azulenco, igual que el agua paralizada al fondo de los pozos, en el atardecer. Mientras, sus hombres recogían apresuradamente de los ganchos dorados los cinturones de que pendían las pistolas ametralladoras. Prefería evitarla. Resultaba difícil sobreponerse a la atracción de sus grandes párpados, de una blancura enfermiza y palpitante. Se presentía que su simple caricia destruiría la propia libertad. ¡Cuántas leyendas y quizá infundios circulaban sobre ella! La más verosímil era la de su primer matrimonio oficial, apenas pasada la adolescencia, con un ruso zarista, que mandó después la bandera del Tercio que con mayor fiereza aplastó, en el octubre de 1934, la insurrección de los mineros asturianos. Cierto es que se habían separado antes y que se trataba, durante nuestra guerra, de un duelo a distancia. A nadie ofrecía dudas la lealtad de Berta, su fervor terrible, casi de la piel y de las vísceras. De comprobar una vacilación en las ideas que significaban para ella una nueva y total razón de existir, hubiera sido capaz de fusilar, sin una lágrima de duelo, sin que se le marcara un temblor en los gruesos labios pálidos, al amante más gozado».

Germinal la encontró —ni siquiera lo anunciaron— hecha un ovillo en la recia alfombra de la sala. No habían cambiado la decoración de profusos cachivaches de porcelana sobre las repisas, las cortinas en que el espléndido terciopelo sorbía y adensaba las sombras. A medio volumen el aparato de radio, Berta acercaba su cabeza —conformación gatuna del cráneo— al cuadrante.

—Siéntate y calla, compañero Germinal. Van a dar un comunicado extraordinario de las operaciones. Luego hablaremos de lo que quieras. Y tú, Carlos, «mastodonte», no te escapes. Del asunto sabes tanto o más que yo. Lo preparaste, lo ejecutaste. ¡Faena redonda!

El aludido apagó la lámpara de un velador y estiró las piernas. Removía, a impulso de las risotadas, el cuerpo de atleta y el sofá en que se tumbó.

La voz del locutor simuló serenidad al pronunciar las palabras de ritual. «La Generalidad vela por vosotros.» Y comenzó el creciente ulular de las sirenas. Por ensalmo, los faroles de la calle, las luces de los dormitorios y los ruidos nocturnos del contorno se desplomaron en una vibrante tiniebla. Junto al balcón brillaban, de mudas maldiciones, los ojos pequeños y escocidos de Carlos.

—¡Hijos de la gran puta!

Berta, inmóvil, aprovechó la oportunidad —traqueteo de las baterías antiaéreas, estallido de bombas en rosario por la zona del puerto— para preguntar, entre burlona y ácida:

—¿Entonamos un responso por el difunto Jaime Trías? ¿O es que te remuerde la conciencia hoy, Germinal, puesto que habrá una buena cosecha de víctimas, de infelices?

—Ahórrame la demagogia, que ya crecí.

—Quieto, Carlos, no te sulfures, hijo. Nuestro visitante es un sentimental. Debemos «comprenderlo». Además, no se esconde, como los otros. Nos pide cuentas, sin temor a que lo confundamos. Reconoce su valentía.

La explosión fue tan próxima que derribó tres cam-

176

panillas, enlazadas sobre un pivote, en el campo sonoro de una panoplia.

—Nos buscan. ¡Qué horror! ¿Terminaremos esta importante charla, compañero Germinal? Pero quítate los zapatos, sin cumplidos. Has caminado mucho, ¿verdad? El militante veterano, el idealista no podía dormir.

Obedeció maquinalmente, pero las manos agarrotadas enredaron los cordones. Era la rabia que nacía en él. La acerada serenidad de Berta le provocaba un extraño sentimiento de rendición y repugnancia, como su aliento opacamente perfumado en la atmósfera toda del contorno.

—¿De qué se le acusaba?

—¿Sigues refiriéndote a Jaime Trías?

—Contesta.

—Me lo exiges... ¡Qué divertido, Carlos! ¿Y si supongo que eras su cómplice, puesto que lo tratabas casi a diario y ahora te atreves a sospechar que nos hemos equivocado?

—Escucha bien, Berta. Aurelio y yo, por ejemplo, pertenecemos al movimiento obrero mucho antes de afeitarnos la barba, cuando tú eras una tranquila burguesa.

—No lo niego. Sin embargo, habéis encubierto, seguramente por ignorancia, a un espía.

—Te toca probarlo, para mí. Conste que mi relación con él, y sin que intimáramos, data de unos meses, pero necesito la verdad. Escrúpulos de uno.

—Es muy simple. Desconfiaba y por eso lo traté más. Averiguamos que lo había protegido en otras épocas una reaccionaria de lo peor, esa Nuria Valterra, de la que probablemente no tienes la menor noticia. Sí, me lo imaginaba. El pueblo entero la cercó y acabó con ella, a raíz del 19 de julio, como si fuera una bestia dañina. Ella misma recomendó a Jaime Trías, para un empleo en la Compañía de Agua, Gas y Electricidad. Después, tu amigo ingresó en el Sindicato y

177

se disfrazó con piel de oveja. Y cuando se armó la gresca y triunfamos, nadie se cuidó de indagar demasiado. Todos estábamos hasta el cuello de faena, y el tipo, evidentemente muy listo, se acomodó sin armar escándalo y prestó servicios para disimular. Útil y callado. ¡Con qué astucia procuró que no se fijasen detenidamente en él! Pero yo me planté en el feudo de Nuria Valterra y no me costó trabajo sonsacarle todos los antecedentes a un tal Canet, el chiflado más pintoresco de la plana de Vich.

«Yo la oía abrumado, temeroso de justificarla, de que me convenciera, Llinás. Que la primera parte de su explicación debía anudarse con otras evidencias, que determinaron el resultado, tan natural... Habría de callar, admitir mi ofuscación. Te lo conté minutos más tarde, pues nos encontramos, al terminar la entrevista con Berta, por la calle Pelayo. Pero no es fácil que te acuerdes. Vivíamos, tú sobre todo, sujetos a un desfile vertiginoso de tareas, problemas difíciles e impresiones excepcionales, y no reparábamos en una sentencia consumada. ¿Para qué atormentarse por la suerte de un pobre diablo, de un gusano sorprendido en la retaguardia?»

Sin embargo, y pudo saberlo Estella, Llinás no había olvidado. Lo asociaba a la misión que le encomendaron de corregir el reportaje que había de publicar el periódico de la organización, de modo que reflejase la destrucción causada por el bombardeo con veracidad documental y medida cólera, pero sin que los pormenores de horror y exterminio resaltasen excesivamente y contribuyeran a que la población civil recelara de la defensa antiaérea, tan deficientemente dotada por aquellas fechas y en espera de cañones —últimos modelos— que habían de burlar la vigilancia de la frontera. Germinal le reprodujo la conversación y él lo atajó impaciente.

—¡Qué importancia le das a ese fulano! Acabo de recorrer la Barceloneta, luego el Poble Nou. Y así, todos los lugares donde sepultaron y asesinaron a trabajadores inocentes, a infelices mujeres, a niños. No lo digas por ahí: pensé por unos momentos que si ellos y nosotros no hubiésemos sido tan insensatos, independientemente de la razón o sinrazón que tuviéramos, al principio, en los orígenes... Sé que es una debilidad mía porque estamos en el baile, esta danza monstruosa y heroica. Me detuve junto al cuerpo de una embarazada. Los vecinos la taparon con dos sábanas de cuna, y las cosieron, para que alcanzaran a cubrirla. Muy joven, recién casada, apostaría. Le echabas, cuando más, dieciocho años. Apenas aquella ligera curva en el vientre, donde todavía quedaba una graciosa línea de doncellez. «Lo» protegía con los dedos largos, engarabitados. Una esquirla de metralla en la sien, si acaso un pequeño punto rojo entre los rizos, como un lunar. Bórralo de la conciencia y tacha, en la columna, el párrafo emocionado, concreto, personal, para dejar referencia, objetiva y acusadora, del conjunto. Ves caer a muchos, y sin embargo un buen día se te atraviesa un muerto, uno cualquiera, varón o hembra, y te quita el sueño para siempre.

Entendí tu estado de ánimo, Llinás. No soy insensible. Pero, a pesar de todo, el caso de Jaime Trías me obsesionaba. Me ocurría, en otro terreno, lo que a ti con esa muchacha. Escucha aún el breve y categórico relato de Berta. Sus deducciones, claras e indiscutibles, formaban un juego de apariencias tan perfecto que mi recelo no podía aceptarlo, aunque de labios afuera no protestase. Ella se permitió el gesto de compadecerme, pues no pude disimular mi incredulidad. El instinto me advirtió entonces que la llamada traición de Jaime Trías no había sido algo tan evidente y simple. Yo también lo había observado, sin prejuicios pero con honda curiosidad. Porque nosotros no podemos equivocarnos en cuestiones así. Lo que representamos es noble, a pesar de la miseria que llevemos dentro.

Berta no se precipitó... Lo visitó y acechó durante meses, y un descubrimiento casual le ofreció la confirmación que había deseado. *Porque desde el momento en que sospechó de él, lo sentenció.* ¿Comprendes? Me figuro su júbilo cuando le dieron el soplo de que los tres hermanos Valterra estaban escondidos y que el Agustí había logrado relacionarse con un grupo de conspiradores, los desesperados que no se resignan a una actitud pasiva.

Se ufanaba —Berta agregó ese dato siniestramente femenino— del cambio de su vestimenta extravagante. Sustituyó la falda de vuelo hombruno, las alpargatas, la camisa de mecánico, con cierta holgura coqueta para los pechos, por su indumentaria civil, un traje sastre, ajustado, que la transformaba. Me los describió provocativamente, caricaturescos e incluso turbiamente putescos los ademanes. (No es que sea presumido, pero juraría que se encaprichó de mí, en la «circunstancia».)

Una tarde cualquiera —no se despegaba de su sombra— vigilaba la casa. Se cumplían las dos semanas. Agustí Valterra se atrevió a salir antes de que anocheciera y telefoneó desde una mercería. Luego, pausadamente, se encaminó al café más próximo del Paralelo, amplio como un hangar, compró una revista y se acomodó al lado de la ventana más discreta, sobre la calleja transversal. Berta pidió un refresco en el mostrador y su cara de óvalo ríspido y piel recocida, de rasgos impenetrables, debió iluminársele. Porque se presentó Jaime Trías y después de inspeccionar recelosamente la concurrencia ocupó, también de espaldas a la entrada, la mesa contigua a la de Agustí Valterra. Aparentaban no tener nada en común, pero ella seguía el movimiento cauto de sus labios y la agitada inflexión de su diálogo.

En la segunda cita, al cabo de varios días, la curiosidad delató a Berta, que se deslizó hacia un lateral y se acercó excesivamente.

180

—Jaime Trías me clavó los ojos, por un instante, pero fingió no haberme reconocido. Los entornó lentamente, mientras yo le adivinaba la saliva reseca en la garganta y un sudor de hielo en las sienes. Mantuvo serena y quieta la boca, en tanto que, alarmado, el Agustí tartamudeaba preguntas con su voz más baja y tremblequeante. Trías pagó, muy normal el gesto, y se dirigió a la calle. Marchaba sin prisa, en línea recta. Carlos, que me acompañaba, se dedicó a cuidarlo, a distancia, para que no volase. Debíamos resolver, asegurar la caza. Yo me encargué del Agustí y a la media noche atrapamos a los hermanos en su escondrijo. El fulano que los albergaba debió darse cuenta del peligro y huyó a tiempo.

Yo no pestañeaba. Había cesado el bombardeo. Barcelona se arropaba de miedo con los nuevos destellos de las luces nocturnas. Casi de un salto Berta se apartó de mí y le ordenó a su ayudante no sé qué recado. Se acurrucó en el sofá y con cálida languidez colocó un disco en el gramófono.

—¿Te atreves a bailar conmigo, descalzo?

Me rodeó los hombros, suave y elástica la presión. pero contuve el aliento, seguí inmóvil, «despegado».

—No aprenderás nunca —y abatió los brazos—. En fin, libre eres. Ah, me faltaba un detalle, para el «abogado». El Agustí y el Miguel «cantaron». Sólo el pequeño se negó a declarar. A veces, esos artistas chirles, de cuarto orden, presumen de carácter. Lo demás, lo de Trías, ya puedes reconstruirlo. Y ahora, descansa un poco. A dormir en tu cama, galán. Si puedes, reflexiona.

Y con brusca transición remedó términos, acentos y posturas tribunicias del líder máximo:

—Porque, camaradas, no toleraremos más que los residuos individualistas perturben las grandes conquistas de nuestra unidad interna, nuestra acción homogénea, nuestra ideología científica y nuestra táctica, que no admite vacilaciones ni dudas pequeñoburguesas. Y si antes, con un propósito educativo, fuimos pacientes y no extirpamos esas desviaciones, hoy las aplastaremos sin piedad. Sería suicida...

—¿Me previenes?

—No, sólo se trata de una burla sin malicia. Y respetuosa, en el fondo.»

Balance de fin de mes. Plateado rótulo de neón que es como la visera de la sucursal del Banco. Basta con su nombre propio, que los adjetivos son grumos publicitarios. En el interior, decoración funcional análoga a la de una fuente de sodas. ¡Oh, bendición, el dinero se ha vuelto aséptico, circula y oprime por medio de subterráneos hilos, de fulminante carga eléctrica, de misteriosas bifurcaciones! Se disfraza, para atraer clientela, con música de blues y efemérides patrióticas. Emplea, además, palabras taumatúrgicas, preparadas por psicoanalistas, frases eufónicas, para cada circunstancia, y lemas de técnica planificación.

Ricardo Estella anhela convertirse en el conmutador de todas las luces, para que una benéfica y total oscuridad le alivie, emancipe con un manto de sueño sin brillos la extensión entera de las edificaciones. Podría contemplar, sin reflejos postizos, la cansina enredadera que vislumbró, por la mañana, en la pared desconchada de un estacionamiento, con siembra de basuras y desperdicios a los pies. A pesar de todo, significaba un tributo de la ciudad a la yerba. Decorativa y parasitaria, equivalía a una esperanza aterida.

12

—Ha insistido tanto en que lo visite... Bueno, el tipo no me entusiasma, pero necesito quedar bien con él, de vez en cuando me proporciona algún negocito, limpio, eso sí, que él conoce mi paño. Y en ocasiones reúne a gente de cierto interés. Mucho más ahora, que acaba de reformar su residencia de Barrilaco y que la heredera está en edad de merecer. A lo mejor te divierte venir —entrada libre, bodega de primera— y es un deber de misericordia aliviar al prójimo del aburrimiento. Se trata de una excepción, y punto. Cuando no aguantes, te retiras y yo te seguiré, probablemente a los pocos minutos. El ir contigo me resulta más soportable y tendrás la oportunidad de estudiar, a lo vivo, un aspecto significante de la sociología de nuestra emigración.

Como desde la huida de Lucha no había manera de encontrar a Guevara, picado por mil invisibles lagartijas, y la tarde tibia, oficialmente festiva, le enervaba, aparte del temor difuso a la soledad, que cada vez le atormentaba con mayor frecuencia, al vagar bajo la amenaza de aquellas obsesiones últimas, Ricardo se dejó convencer por Quintanar, predispuesto el ánimo a que cosas y seres le distrajeran.

—Le producirás una impresión espléndida. Y la niña se derrite por los jóvenes de silencios melancólicos, o de vestiduras intelectuales al estilo de tu manía actual. Oscila entre ese extremo y los muchachos de fabricación tarzanesca. Es un medio completamente distinto a los que frecuentas.

—¿A qué se dedica el responsable de semejante primor?

—No lo menosprecies, que su mérito tiene. Y su capital, en pesos, de siete cifras. Resulta difícil definir, exactamente, su actividad. En España ejercía de farmacéutico, en una ciudad de provincia. Organizaba las fiestas del Centro Republicano. Aquí, diríamos que es «asesor de fraccionamientos».

Le explicó, en el trayecto, la curiosa carrera «americana» de don Víctor. El hombre descubrió, al llegar a México —mientras sus compañeros de expedición se ocupaban en menesteres más definibles—, que poseía un maravilloso sexto sentido para vaticinar el crecimiento urbano, los lugares y parajes deshabitados o precariamente poblados donde, fatalmente, al igual que se cumplen las fórmulas aritméticas, se polarizaría la expansión de la capital, sobre todo. Consiguió persuadir a unos inversionistas, se ligó a personajes influyentes, y cuando las operaciones eran de excesiva magnitud para su crédito, o demasiado comprometedoras, actuaba de consejero del rentista de turno o de algún Banco interesado y compraba, a través de sus testaferros, una considerable porción de la nueva zona. De tal suerte en el Distrito Federal, en Acapulco y en Cuernavaca. Elevó su instinto a sistemas y reglas, con interpolaciones nada ejemplares que únicamente en lapsos de euforia, subido de copas y entre sus íntimos, explicaba a retazos.

Te limitas a pasear —hoy la competencia lo ha estropeado— y localizas, a prudente distancia, del centro, una serie de solares empalmaditos —chasquido de lengua— y unas cuantas casas o talleres pobretones. La segunda etapa consiste en estudiar, ce por be, a los propietarios. Después, armado de estos datos, no falta quien te patrocine. En su representación —y averi-

184

guada la aguja de marear de los planes municipales—, adquieres, de varios modos, torciendo clavijas y en la batalla de la paciencia, esos predios. Y aguardas una temporada. Posteriormente, la fase de inventar un nombre seductor, con calor hogareño y música de «sociales», que permita una campaña de publicidad atractiva. Y a renglón seguido, la rueda volante de las compra-ventas y de las hipotecas. A cosechar, hermanos, ¡y hasta la próxima!

Parecía, sin embargo, rústico y patiarcal, capaz de ciertos destellos de amabilidad, quizá influido por el ambiente apacible y pulido del jardín delantero de su residencia y la percepción de que le pertenecía, tangible y no especulativamente: el sillón en que se balanceaba, el árbol en cuya corteza recostaba la pelambre crespa, cortada en tupé frontal, y la verja con anchura sobrada para que por ella pasaran, en doble dirección, dos coches último modelo. Distribuía, para los invitados, disperso y reverente racimo a su alrededor, al cobijo de las sombrillas bicolores, expresiones campechanas y órdenes de bebida. «Nada falta en mi cantina, pidan lo que quieran.» Era una estatua, cuando no se mecía, de la satisfacción de vivir mensurable por cifras y haberes. Sólo alteraba la magnanimidad al dirigirse a Merino, su ayudante, con tono ligeramente brusco, que pretendía resaltar, en dosis ligera, una dependencia que le afirmaba.

Se jugaba a los contrastes. El dueño, estatura rechoncha y estáticos ojos pardos, camisa abierta y sanladias; Merino, zancas de saltamontes y mandíbula puntiaguda, amén de chaqueta cruzada, cuello de almidón y anacrónicos zapatos de charol, donde se escondían unos pies delgados y elásticos, de torero o de bailarín.

—No esté tan serio, Merino.

Y añadió, con forzado gesto indulgente, que destinó a Quintanar:

—Es incorregible, como usted. A estas alturas todavía añora su gloriosa época de presidente de asambleas en el Sindicato. Pero no sea susceptible, hombre de Dios. ¿Ya le presenté a Ricardo Estella? ¿Quiere mostrarle algunas de las curiosidades que hay por ahí dentro?

—No le pregunté por la señora —terció Quintanar.

—En «sus» habitaciones —y el plural adquirió un énfasis grotesco—. Su acostumbrado ataque de jaqueca, amén de la presión alta. No sé cuántos médicos han desfilado, sin éxito.

Caminaron Estella y su guía hacia la escalinata, sorteando las inarmónicas parejas que charlaban en núcleos completamente desconectados, de actitud, tema y talante, como retazos de varias escenas teatrales que se hubieran injertado para ese momento, sin otro propósito que el de congregar un muestrario de tipos y gestos. Merino giró en redondo y los caracterizó agriamente:

—El que platica con la «heredera» (hoy se disfrazó de semioaxaqueña, repare en la falda que me gasta) es un guitarrista flamenco, casi siempre en paro forzoso. Don Víctor lo gratifica por el recital que nos endilgará al oscurecer. Junto a la piscina, el de traje marrón que escucha las quejas sobre las criadas, de «nuestra» suegra, la del amo, y la mía por extensión, es el licenciado que figura nominalmente en los asuntos de la firma. El trío de varones, los que pasean cerca del muro, forman la corte de los aspirantes. Hoy no se consiguió un surtido apreciable, salvo «El Chinaco», el del centro. ¿No le suena? Es el actor más popular de las comedias radiofónicas de abundante gimoteo y además participa en una que otra película, en calidad de extra distinguido. Tiene facha. Pero empieza a madurar y le teme a la vejez, se combinan la vanidad de gallo guapo y el que los papeles de «carácter» los pagan peor. Le asusta la posibilidad de enronquecer, o que se le redondee el vientre o que los anchos hombros se le hundan y tuerzan.

«El Chinaco» ¿no era el que alternaba, diariamente y a hora fija, con «Aída Olmos» ante el micrófono, en las infladas y pastosas escenas de amor? ¿Por qué le atormentaba, ahora, con escalofrío de presagio, ese trato cotidiano que entremezclaba alientos reales y simulados suspiros?

Debió notar Merino la mirada reprobatoria de Ricardo y se disculpó.

—Si le trajo Quintanar, que no se ha maleado, usted es de fiar. Uno necesita expansionarse. Su padre tampoco ha renegado, y aquí donde me ve, de no ser por haberme cargado de hijos y mi cochina suerte en América, ¿aguantaría yo estas humillaciones?

Lo precedió con una reverencia carnavalesca.

—Adelante. Después de cumplir su obligación de murmurar, el lacayo muestra las riquezas de su señor. Sospecho que en su testamento legará este «palacio» al Estado, para que no olviden su nombre las guías de turismo. Y no le faltan razones para envanecerse. Usted no imaginaba nunca que tropezaría, de buenas a primeras, en el hall, con esta copia exacta de un set cinematográfico, de la época pionera.

Y alzó los brazos escuálidos hacia la bóveda, también revestida de uniforme yeso merengue y estrías doradas, con tal ímpetu despectivo que a punto estuvieron de disparársele los almidonados puños de la camisa. Los contempló, súbitamente atenazado por su exageración, como si constituyeran un reproche. Apoyó el espinazo en una columna, allí arbitraria, mientras afirmaba, crepuscular el dejo:

—Sí, nadie puede ahogar esa nostalgia. ¡Lo que va de ayer a hoy! En el sindicato me tocaba siempre dirigir los debates. Era un militante veterano, probado, y en las discusiones más agrias sabía conservar la serenidad. Además, pasé por la época difícil, cuando apenas reuníamos un centenar de afiliados. Tenía fama de hombre recto, que cumple su deber, no es demasiado ambicioso y le gusta cultivarse. Los conocía a todos, desde los amigos que, por lo común, elegíamos para los cargos directivos, al cotizante más callado. Me doy cuenta, a estas alturas, que a pesar de las diferencias y de los genios distintos, constituíamos una especie de hermandad. Ya antes del 19 de julio empezó el aluvión y hubo que redoblar la vigilancia. El caso que más me preocupó entonces fue el de Jaime Trías.

De nuevo se interponía, su mención casual trastornaba, inesperadamente, la vida habitual. ¿De dónde surgía esta sucesión perturbadora de azares y conexiones, tan parecidos a una predestinación? Aunque le huyera, Jaime Trías rondaba y minaba su voluntad. Había que defenderse con una sonrisa, o creer en un mandato absurdo, en una suma caprichosa de convergencias que desafiaban su razón.

Merino, una vez más, advirtió su intranquilidad.

—Perdone usted mi divagación. ¿Seguimos a la biblioteca?

Se adelantó —el paso enérgico, absorbido por la alfombra de dos palmos— y mostró, rápido el gesto circular, los estantes sin un solo hueco.

—La serie de libros de construcción y urbanismo, en varios idiomas, más completa que hay en México.

Y después su boca, de frunce preso, se expandió para la carcajada que no lanzaría.

—Don Víctor no la lee ni la consulta, pero extiende los cheques de las adquisiciones. Llenan la misión de preparar psicológicamente a las visitas. ¡Cualquiera se atreve a discutir con él cuando le amenaza este arsenal misterioso e ilustrado!

Ricardo Estella sintió que dominaba aquella extraña situación y lo invitó a sentarse. Habían trocado los papeles.

—¿Para qué tantas ceremonias conmigo? Sepa que no me divierte recorrer este «palacio». Dígame, para el halago de don Víctor, en qué es cortés elogiarle.

Y basta. Explique lo que en nuestro momento le preocupa. A lo mejor me interesa mucho más.

Un golpe de viento, al igual que en las películas, como si fuera un efecto espectacular de propiedad doméstica, batió la ventana y esparció, sobre el cuero brillante de los divanes, blancas plumas.

—Don Víctor es avicultor de razas selectas.

—No me importa. Parece que ese Jaime Trías de que me hablaba antes le llamó particularmente la atención. Todavía guarda el recuerdo, y se le escapa...

Merino se animaba. Crujió los dedos huesosos y cruzó las piernas.

—Compañero (le dije al presentar la solicitud de ingreso), tú no has pertenecido nunca al movimiento obrero. «Hasta hace poco no fui, prácticamente, un "asalariado"». «Según informes, de no sé quién, el empleo te lo dieron por recomendación. ¿Qué garantía nos ofreces de que no te inclinarás más a defender los intereses de la empresa?» «Podéis rechazarme o ponerme a prueba.» «Te avalaré yo, por lo pronto, pero me vas derechito. O te arrepentirás.» Trías no pestañeó. Lo vigilé todo el tiempo. A pesar de ello actuaba con naturalidad, no había alarde en su sindicalismo, pero tampoco negaba lo elemental. En los días críticos, acudía a nuestra secretaría, en el Pasaje de la Paz, pedía instrucciones y secundaba, con un cierto aire distraído, que en ocasiones llegó a exasperarme, las normas señaladas, sobre todo en las huelgas.

Se detuvo, pero el cerrado silencio y el ademán alentador de Estella le tonificaron.

Entre sorprendido y desconfiado lo vi comparecer el 16 de julio, por la noche. Aguardábamos la sublevación de los militares y solíamos reunirnos los grupos más fieles, especialmente los que sabíamos que sólo nos quedaban el fusilamiento o la huida si los fascistas obtenían el triunfo.

—¿Has venido, Jaime Trías, dispuesto a combatir en la calle?

No dudó en contestarme y aumentó mi desconcierto.

—Para las armas quizá no sirva, compañero Merino. Hay, supongo, otros trabajos en que puedo ser útil. «Mis principios» prohíben la violencia, y además, lo confieso, no tengo carácter. Tú decides.

—¡Vete al cuerno!

No obstante, cuando se desató el cañoneo y silbaban balas y ráfagas de ametralladoras por las Ramblas y Atarazanas, entre los árboles, por la explanada, frente al puerto, mi hombre se instaló en la secretaría, recibió y transmitió órdenes, lo «organizó» todo, hasta un providencial reparto de tazas de café a los «enlaces». Y mientras nosotros tragábamos pólvora, o capturábamos una partida de fusiles o nos incautábamos de unos camiones, el dichoso Jaime Trías se dedicaba a teclear incansablemente en la máquina, conseguía provisiones elementales, contestaba las primeras llamadas telefónicas. El sueño no lo doblegó.

—¿Es que no puedo librarme de ti? Tan tranquilo, y nosotros peleando. Afortunadamente los vencimos.

Ni siquiera levantó la cabeza, del salvoconducto que firmaba y sellaba, para responderme.

—Si os hubieran derrotado, ¿no estaría yo «seco» o preso? ¿Te figuras que iban a preguntar si los que nos plantamos en el sindicato éramos partidarios suyos? He compartido vuestra suerte, admítelo.

No supe qué objetarle y el cansancio me ablandaba. Descorchamos una botella de aguardiente —la tenía escondida en el armario, previsor de solemnidades— y chocamos los vasos.

—Oye, ¿y «tus principios»? Me has intrigado. ¡Tipo curioso!

—Más tarde, con calma, te los razonaré. Hoy te burlarías.

Fueron unos instantes fugaces de laxitud, de compenetración. Merino se arrepintió, al cabo de unos meses. Recibía noticias sueltas y reflejas de Barcelona y

190

se encogía de hombros. No quiso utilizar los permisos que se le concedían en el frente. Había encontrado allí, desde los últimos días de 1936, en las posiciones de avanzada, en el hábito constante del peligro, la noción exacta de su fuerza vital, el sentido de sus afanes. Y ya incluso cualquier rebrote de discusión ideológica o táctica le irritaba. Sin reparar apenas en los ascensos —episodios de la guerra— se despertó comandante una mañana. Es un «poste» —comentaban—, la soltería añeja se le transforma en valor y tenacidad. Porque, enfurruñadamente, lo consagraba todo a «la causa». Y si alguna vez desmayaba la carne, y a cencerros tapados se rendía a su cerco, en las poblaciones próximas, para no perder demasiado tiempo en el camino, retornaba vagamente dolido de su correría e incrementaba aquella ruda diligencia suya, como una expiación. Porque cada «hermano» del pueblo cuya muerte había de presenciar, el simple minuto que transcurría sin que «los suyos» fuesen liberados en la zona enemiga, estrujaban su conciencia. Llegó a ser —hasta en las escasas horas del dormir, las indispensables para que el cuerpo resistiera; incluso en la frugalidad extrema— de una pureza inhumana. Tan rígido y severo que...

—Los soldados me respetaban, pero notaba que entre ellos y yo existía una hostilidad reconcentrada. Y los oficiales me trataban con pinzas. Nunca me tuvieron simpatía. Así la virtud se encona y te aísla, igual que el vicio descompone. Sin exagerar, toda mi actitud debió ser algo insufrible. De ahí que cuando se comentaban pugnas partidistas e inmoralidades de la retaguardia —verdaderas y comprensibles, pero que los ejércitos creen siempre un escarnio de su sacrificio— mi desdeñosa inhibición y mi silencio hostil equivalían al peor insulto. Y si acaso me obligaban a opinar salía a relucir el sonsonete: «Ancha es Castilla para los Jaime Trías».

Enderezó el nudo de la corbata, con el mismo gesto

con que hubiera ayudado al verdugo en el patíbulo. Y miró a Ricardo Estella como si representara, en aquel instante, al público de instintos primitivos que forma el coro de las ejecuciones, y ante el cual el reo ha de confesar el delito que de veras lo corroe y escupir la blasfemia que acaba desnudándolo y lo somete, aún más, a la esperanza de la suprema piedad soñada.

—Ustedes, Estella, los hijos de emigrados, suelen tener una visión idealizada de lo que fuimos e hicimos o el concepto de que nos dominó a todos la locura, la insensatez o una furia destructora. O en el caso ya corriente, afincados en este medio desde niños, la impresión de que somos unos seres raros, estrafalarios y disparatados. Que significamos un lastre que les impide vivir y desarrollarse normalmente. Pero el problema es mucho más complejo. Yo, el puritano, me convertí en lacayo distinguido. Reaccioné contra los que nos dirigieron, y lo hice con sarcasmo y rencor. Encontré mujer, una infeliz, y me cargué de familia, obedezco a don Víctor porque ahora soy cobarde. Jaime Trías, mi chivo expiatorio, recibió a tiempo su ración de plomo. Por las noches se cuela en mis pesadillas y dudo... Es necesario lanzar el cubilete al aire. ¿Inocente o culpable?

La sombra —ráfaga de bata y planos pies descalzos— se deslizó por el pasillo y a Ricardo se le figuró oír su respiración ávida, cual una brisa negra. Pero Merino no lo advirtió y él no se atrevía a prevenirlo, temeroso de que imaginara que lo aburría.

«Una víspera de batalla, hizo su aparición, hoy diría sensacional, en nuestro puesto de mando, Berta y su escolta. ¡Una mujer tan enérgica! Nos entendimos rápidamente. Éramos duros, correosos, el uno y el otro. Ella en su campo y yo en el mío personificábamos la voluntad rígida, la idea sembrada en el tuétano, la dureza que se apoya en la soberbia y en la renunciación.

El sectario respaldado por el uniforme; la hembra, espía por fanatismo.

—Te busco. Y es algo urgente. Vamos a pasear. Sígueme.

—Ya sabes que al amanecer...

—Ofensiva en el sector. Sólo te quitaré unos minutos».

Caminaba delante de Merino, hacia las trincheras de vanguardia, por el sendero de una cuesta que conducía a la ermita, llave de aquella constelación de colinas pedregosas, paños de trigales resecos y lejanas huertas a orillas del pueblo codiciado. Entonces no se dio cuenta, mas ahora recordaba la total quietud en torno, que la tarde destilaba una hosca tristeza de la tierra inactiva y los matojos se humedecían con pausadas oscuridades. Únicamente pensaba —como era natural— en los detalles del ataque. «Si no cubrimos el objetivo antes del mediodía, se impondrá la retirada por falta de municiones. Nos prometieron una escuadrilla, para proteger el ataque.» Sin embargo, ¿no estaba cerca, con su rumor de pequeño río prisionero y su permanencia de barro espeso, la acequia grande, y no se reflejaba en ella, junto a la hoja que navega graciosamente y el papel errante, la estrella pálida, tan única como cualquier lágrima honda y solitaria?

—Dime lo que sepas de Jaime Trías.

—¿Y para tan poca cosa te has desplazado de Barcelona? Con ponerme cuatro renglones, listo.

—No me gusta perder el tiempo, pero hay informaciones que así, cara a cara, son más fieles. Porque no sólo busco los datos, sino tu impresión cruda.

—¿Puedo preguntarte qué demonios sospecháis?

—Se trata de pruebas, para mí, nada de leyes y formulismos que hoy no sirven, ni zarandajas de abogadillos. Algunas las he obtenido ya. Sin embargo, me faltan otras indicaciones, el «ambiente» del tipo, su manera de proceder, alguna frase o actitud suya que

193

te picara la curiosidad, sus costumbres, con qué gente se trataba antes.

—Casi te entiendo, ¿pero de qué «lo» acusas?

—¡Acabáramos! Pues de agente del enemigo. ¡Y a través de él haré una redada estupenda!

Tuvo que referir, ce por be, su relación sindical con Jaime Trías. «Aunque procuré ser imparcial, temo que los mismos hechos, si uno los expone con acritud, adquieren distinta dimensión que la real, y es fácil que acelerasen el criterio ya adoptado por Berta.» Coincidieron por lo visto, la hostilidad de Merino hacia las nuevas autoridades civiles y aquel prurito de no concebir sino asechanzas y conjuras que mostraba Berta. No necesitaba maliciar la sentencia, cuando ella desgajó la rama de un arbolillo y golpeó, con saña refrenada, sus faldas de amazona —paño azul, de anchos pliegues que debían permitirle, en casos de apuro, un salto elástico.

—Estabas en la higuera. Lo protegía a trasmano Nuria Valterra. Ella olía venir el viento y plantó la mala semilla, para que sus cachorros la recogieran.

—¿Nuria Valterra?

«Oigo todavía su reír quebrado al arrancar el auto. Berta dejó en mí un denso rastro enervante de perfume ambarino, que sólo te asaltaba en su inmediata cercanía: como el que destapa un cofre largos años bajo doble llave y se marea con el aroma sepulto de las prendas íntimas apiñadas. No era la mía una sensación limpia y pienso que hay infinidad de seres que no incurren, física y materialmente, en el pecado, pero que actúan por lejanos móviles inconfesables, esas telarañas de apetitos —amor y odio, envidia y ambición— que no salen a la superficie, y sin embargo nos conducen. Horas después, en pleno duelo de artillería, la conversación se reprodujo en la mente y hube de admitir que apenas me eran conocidos unos perfiles huidizos del hombre que ella condenó. Ignoraba, en absoluto, rasgos esenciales de su vida particular, de

194

su temperamento. ¿Casado, sociable, generoso, avaro? El final me lo comunicaron apenas se consumó: había como una especie de telégrafo sin hilos, para ese género de noticias, entre el frente descubierto y las tripas de la retaguardia: abnegación, soborno y venganza también. Equivalía a un episodio sin relieve extraordinario. Y es el que más me atormenta. Si hubiese acudido a un tribunal, a declarar en público y mi testimonio significara un factor adicional en la voluntad de los jueces, no sería tan grave. Allí, con Berta, en vísperas de una batalla, en el campo y a solas, bajo aquel graduado desplome del crepúsculo, ¿qué dije? No me atrevo a repetirlo, sería algo diferente e inexacto.»

Ricardo Estella lo interrumpió:

—¿Por qué conmigo, simplemente un «hijo de emigrado», al que le acaban de endosar por presuntuosa hospitalidad, se atreve usted a esta «declaración»? Le cuesta un esfuerzo tremendo. Límpiese las sienes, las evocaciones le hicieron sudar Y me ocurrió lo mismo con Llinás. ¿Cómo pudo adivinar que me apasionaba tanto el caso?

—Usted, joven Estella, me dio la sensación de que también pertenece, al menos en cierto modo, a ese mundo nuestro que ya no volverá. A pesar de que la mitad de su cuerpo y de su alma, y la mayoría de sus años, sean del país que nos alberga. En ocasiones como ésta, además, uno cree que encuentra la última oportunidad de airear un remordimiento que lo devora, y que si no la aprovecha...

La lámpara del techo, con sus enmarañados chorros de cristal, se encendió bruscamente, y en un parpadeo la tiniebla de recio manto cedió el lugar a una escala de resplandores conmocionados. El rostro de Merino palideció aún más, la piel se convirtió en lápida cuarteada. Y al girar los ojos, atraídos por la embocadura de los cortinajes guinda, Estella tropezó con un relumbre de pupilas grises, en el cerco de una lacia

195

cabellera teñida de azafrán. Los destellos resbalaban sobre unos labios marchitos, cubiertos de ese violento tono rojo que emplean las prostitutas aún caras y de carnes fofas.

—¡La señora!

—No te levantes, Merino. Escuché tu historia y me divirtió. En resumen no tiene tanto misterio, pero le pusiste mucho teatro. El invitado no se esperaba tu «número», tu «show». Y usted no se altere. Como es una escena privada, no estorbo. ¿Guardaremos el secreto, los tres? Sí, joven, soy la esposa de don Víctor. ¡Nada de jaqueca ni Cristo que lo fundó! Lo que pasa es muy sencillo. El «jefe» no me tolera en sus reuniones porque le aguo las fiestas. ¡La franqueza de una le da cada disgusto! Y conste que me propongo no desentonar. «Encarna, a ser prudente, no te desboques, chica.» Pero luego, sin darme cuenta, lo estropeo. ¡Soy del pueblo y ahora, metida a pavonearme, armo cada estropicio! ¡Y de convidada, de piedra, no lo aguanto! Bastante condescendiente es el pobre Víctor que me tolera en la opulencia. Después de todo, a pesar de sus defectillos, y de que es un lince para descubrir los centavos a kilómetros de distancia, y lanzarse sobre ellos, en picada, sus restos de persona le quedaron, de la época difícil, cuando los dos, mano a mano, pasábamos la pena negra. Hoy las cosas van boyantes.

—¡Pero repórtese, doña Encarnación!

—No me cortes, infeliz. Sí, como le decía, para que usted se aclimate, una se hace cargo del cambio, y ya es muy vieja. Y le cuesta Dios y ayuda pulirse. Hay que ser discreta y no estorbar. La niña merece un marido de fanfarria, y los pretendientes pueden asustarse si abro el pico. Me reservo para las ocasiones sonadas, y mientras, con el biombo de la jaqueca, no los obligo a que me vigilen, y estén al quite de las barrabasadas que a esta segura servidora se le ocurren. Pero es aburrirse de lo lindo. En realidad, a «ellos» los traen de coronilla sus obligaciones sociales, los negocios y los cócteles. ¡Si no fuera por los deberes de cuidar la «residencia» y tirar de la rienda a las criadas! Y más que nada por la bendita indulgencia de Merino. Cuando, en el hueco del día, se largan el papá y nuestro «tesoro», bajo aquí y nos enredamos a charlar. Y esta alma cándida, crucificado de hijos, y que de cerca es más tímido que un palomino, resiste mis tabarras. A veces consigo que los pícaros recuerdos le alegren las pajarillas. Y si sale a colación la guerra, lo que en ella correteó, resucita.

—Es que quizá usted no acaba de entenderlo, doña Encarnación, pero con todo y reconcomios, se vivió de veras. Yo me sentía capaz de atrapar las estrellas, de aspirar, con una bocanada, todo el aire de los montes, y hasta llegué a cantar por los caminos, entre las balas. En la retirada, me pareció aquello tan imposible que estaba seguro de que el mundo se hundiría. Que nadie tenía derecho a seguir amaneciendo, como el día anterior. Que su pan y hasta su amor se agriarían. Un diluvio de pesadillas iba a ser su sueño. Pero callaron y desviaron la mirada. Desfilaban, de espaldas a su tierra, los ilusos: nosotros.

—¿Qué mosca te picó? Hace unos momentos te arrepentías y ahora se te suben los humos.

—No hay contradicción, señora.

—Recapacita, inocente. Observa a tu alrededor, es indispensable adaptarse y que cada oveja busque su pasto. Ya no somos los mismos, esa igualdad desapareció. Y tú, que te considerabas un gigante, has terminado en una timidez que te esclaviza. No te atreves a emprender vuelo propio y te arrimas a nuestro calor. No, discúlpame, no lo dije para ofenderte. Fíjate en mí, soy tu espejo. Arrinconada me tienen y ni siquiera pataleo. Me resigno. ¡Si yo te contara lo que fui! Partía plaza. Y hoy duermo como una marmota, no me pierdo ripio de las comedias de radio: la serie que interpretan Aída Olmos y Requena me fascina. Por cierto que el Chinaco nos honra con su asistencia. ¿Qué tal es, a lo vivo? Y me trago las páginas, por los crímenes, de los periódicos.

Se había desbordado y Merino no atinaba a contener su locuacidad. Notó Ricardo que iba, hogareñamente, vestida de bata, de un mortífero violeta eléctrico, y que calzaba zapatos de raso, con borlas en los empeines, y tacones de cocota.

—Temo que hemos olvidado al joven Estella, señora.

(Curiosa pareja —calificaba Ricardo—, más sincera en sus vínculos que los matrimonios ordinarios. Saltan de un punto a otro con naturalidad anormal. Dobles existencias entreveradas. Merino se desgarra, callada y furiosamente. Está y no es, cual aliento de una luz extinguida. ¿Tan hondo fue el poder de la guerra que aún lo nutre y apuntala, con reflejos, a través de una ondulación magnética, cuya causa no alcanzo a percibir y no podría titularse mítica. Ella es más positiva. No cede, también permanece al cobijo de aquella hoguera. Guarda, como en la matriz, el germen que no ha fructificado y digiere los alimentos de la fantasía fácil, de la cómoda fuga imaginativa, de las emociones próximas, que sacuden con latigazos de pasión oral los nervios ociosos.)

Encarnación se mostró afectuosa y confidencial. Y sacó una baraja de la cartera que, pintorescamente, llevaba al brazo.

—Hacer solitarios es lo que más me entretiene. Y ya que estamos en confianza y mandamos al quinto corno el protocolo, ¿qué tal un tute?

(Nada puede calcularse de antemano, Ricardo Estella. ¿Quién te previno que a resultas de una inercia —acompañar a Quintanar—, te recibiría el mentado don Víctor, Merino habría de borbotear sus rencores actuales y su delirio antiguo, para llevarte de nuevo al sino de Jaime Trías, en otro ángulo que lo revela y trasunta su atmósfera? De rúbrica, esta mujer, tan corporal e inmodificable, que distribuye las cartas con regocijo pueril y se frota las manos si una jugada la beneficia.)

Al principio —rey de bastos, tres de oros, caballo de copas y as de espadas, roba el triunfo— Encarnación y Merino se distraen, al extremo de que no oyen los pellizcos sonoros de las pisadas y el tejido de exclamaciones banales que sí alarman al cavilador Estella. En el haz brillante de los naipes castizos contempla la crispada fisonomía de Berta, se yergue Merino en uniforme de campaña, atisba los años mozos de esta mujer pintarrajeada, y de su conjunto nace, cual estampa superpuesta, el corvo perfil de Jaime Trías, mezcla de rictus astuto y de pasmosa beatitud.

—Merino, ¿estáis en la biblioteca?

La señora se sobresalta, como un delincuente sorprendido o una criatura que roba una golosina de la despensa. Y escapa con desconcierto, a trompicones. Merino recoge rápidamente las cartas abandonadas y las esconde bajo la alfombra. Compone el tipo, atiesa el ademán y engola el párrafo.

—Comprendo su admiración, señor Estella. Y que se le haya ido el rato como una seda. La biblioteca técnico-consultiva de don Víctor es única, no sólo en el país. Me atrevo a garantizarle que no hay otra comparable en las Américas.

Se acercaban en tropel, sordamente enardecidos por el aire libre de la tarde, y la revoltura de licores cañeros, y el tono espeso que las palabras adquieren cuando anochece, en la altiplanicie: jadeos las sombras, rotas venas los celestes colores.

Salieron. Con un guiño hiperbólico, alabó a don Víctor. Extremaunciones de su secretario. Sólo a raíz de tales pleitesías, dábale por enternecerse.

—Querido Merino, no pondere tanto. Ya puede esperarme en el gabinete del primer piso. Y no es preciso que venga el lunes tan temprano. Lo único que necesitaré para el viaje a la costa es la copia notarial de la concesión. Y los planos. ¿No conocen el lugar? Pronto será famoso. ¡Y de un «exclusivo»! Me daré el lujo de vender los lotes únicamente a verdaderas celebridades. En las inmediaciones de Acapulco, y sin embargo aislado, con un paisaje «genuino», de neto encanto tropical. Ustedes juzgarán por estas «tomas».

Desde un ángulo, flanqueado por dos macetones, refugio de la «niña» y del Chinaco Requena, para un secreto, la heredera interviene. Un presagio de irritación, de primordial estridencia en el acento.

—Papi, por favor... Te prometo que iremos al cine y aplaudiremos tu anuncio, disfrazado de reportaje, en el Noticiero. ¡Pero ahórranos el «trailer»!

Requena sonreía cautamente. Su ademán escurridizo indicaba cierto dominio de la situación y con un susurro debió aconsejarle que se reprimiera. Sus competidores, los rivales vencidos —Ricardo únicamente captó de ellos el ceño agrio que erizaba la ceremoniosa manera— se despedían.

—Creo, Estella, que también desfilamos.

El apretón de manos femenino fue particularmente caluroso, casi una vibración confidencial. (Las figuras, como objetos a merced de una onda eléctrica, cambiaron de emplazamiento. La «niña» y el Chinaco ocupaban el primer plano. Don Víctor y su maquillada suegra situáronse al centro: muñecos obesos y respetables, aureolados por la riqueza. El terno piña del licenciadito truncó los granates y guindas de los cortinajes. Parecía la última escena de una comedia de inexorable desenlace feliz: tranquila ufanía la de los rasgos familiares, la pareja untuosa del galán maduro y de la joven de «hartos fierros», el abogado que se dispone a redactar —con toda minucia legal— el contrato que unce vidas y recursos. La misma inmovilidad general, en ese momento, exigía que el telón descendiera y que una ovación rubricase las intervenciones.)

No obstante, para Ricardo, el cuadro se agrietaba en una escala de disonancias. Sobraba el silencio torvo de Merino y quizá el fantasma de Jaime Trías (¿rey de bastos o caballo de copas?), que se había ocultado bajo la alfombra, en la cama redonda de los naipes clandestinos. ¿No rezongaba, por la jaula de la alcoba, la señora plebeya? ¿Qué motivos asociaban tan extrañamente a tía Asunción, «Aída Olmos», con el visaje engreído del Chinaco?

En la verja, los invitaron, por puro compromiso.

—¿Han traído carro? Les podemos dar un aventón, de perdida, hasta el monumento de Petróleos.

Quintanar y Estella percibieron que deseaban comentar su derrota, sin testigos. Uno de ellos —nariz de coyote— recogió del suelo una rama desprendida y se divertía partiéndola contra la rodilla poderosa. Igual que Berta, en el frente, al lado de Merino, equiparó Ricardo.

—Se agradece. Pero nos sentará bien estirar las piernas.

—En otra ocasión será. Y quién sabe, volveremos a vernos por aquí, si hay boda.

El de talante más pacífico —cara de traza arábiga, hombros de cuadratura deportiva— apostilló:

—Casamientos y entierros, ahí nadie falla.

... Pronunciada cuesta abajo, por las calles recoletas y semidesiertas siempre de las Lomas, donde cada casa es un bastión de jardines acotados y se afirma, con un letargo inhumano, hacia México, poblado rebañegamente de luces, que semejan prenderse, con una exuberancia de insectos ebrios, desde cualquier lontananza estática del crepúsculo. En el que no se concibe un despertar.

—¿Qué sentirán los indios, los verdaderos, los del campo agrietado y las hambres quietas, al atravesar de oscurecida este rumbo, muchacho? En algunos puntos casi los comprendo, pero me falta el entronque con su vida real, con el «nudo» de sus añoranzas. La diferencia, además, consiste en que ahora yo puedo identificarme y captar parte de su nostalgia brumosa, de su aislamiento inexpresable y de su estupor físico, en virtud de una serie de casualidades, que coinciden muy raramente. Lo entiendo de chiripa. Al cabo de los años, cuando te lluevan los nietos, en otra dimensión y con signo distinto, algo semejante les ocurrirá, en un cierto día, respecto a nuestra guerra.

Instintivamente, Estella aminoró el paso y lo acopló al ritmo fatigado de su compañero. Escuchaba el silbo reprimido de su respiración y el rechinamiento penoso de sus articulaciones.

—¡Esta altura! ¿Te divertiste en el «sarao»? No me negarás que don Víctor es un caso de cutis. Mis reflexiones pueden pecar de absurdas, pero no creo que a él le preocupen mis quimeras. ¡Si los sospechase, si se las oliera!

El modismo le sorprendió por un segundo, pero admitió después que aportaba un mestizaje más. Al separarse, en el cruce de Reforma con Sevilla, después del recorrido en taxi, lo contempló alejarse, con su bracear de solterón habituado a monologar y aquella espalda poderosa que empezaba a doblarse y que arpegiaba una tos ya convulsa.

Él era más afortunado. Al menos tía Asunción le esperaba. Le preguntaría dónde y con quién había estado, para cubrir un trámite arrullador. Se propuso contestarle vagamente y —no supo por qué razones— omitir la más ligera mención del Chinaco.

13

Tan sólo a unos metros, el tramo que tercia de la capilla al vestíbulo de la puerta principal, transcurre sedosamente la mañana de sol agudo y aire tenso. En torno a la curva de la plazoleta —islota verde, ceñida de tráfico— se multiplican los chirridos de los autos, con pimienta —chile— de dicterios.

Destinaron a Merino —por disposición de la señora, que asumió funciones de mando, pues don Víctor hallábase de merodeo en Acapulco— una sala de primera en la planta baja, excesiva para las contadas personas que componían el velorio.

Un velorio correcto, de retablo sin pátina y con siluetas dispersas, incomunicables.

Para la sensibilidad de Ricardo, el antiguo sindicalista descansaba a su sazón, libre de sumisiones y punzantes remembranzas, en el ataúd. Ni de soslayo quiso ver el rostro yacente, con la enconada lividez que la poterna de vidrio plástico proyectaba sobre sus rasgos de fresca ceniza, de plomo recién fundido y turbia agua vieja. Más que intimidarle, estimaba una irreverencia sorprender aquella mudez póstuma y desafiante, tan personal e intransferible como el nacimiento de un vasto y perdido recuerdo, la mueca suprema que cuaja el espasmo o la contorsión, siempre inverosímil, de la agonía misma.

Sin embargo, del acre barniz de silencio que desprenden las paredes y el piso de linoleo, en la acumulación industrial de los duelos, cual porción del humo rizado de los cigarrillos, brotó («sólo para mí», se decía Estella), bien corpóreo, Merino, con la indumentaria que llevaba en su diálogo único. Usaba el gesto circunspecto que don Víctor le impuso, el domeñado escalofrío, también, con que hablara de Jaime Trías, de Berta, de sus experiencias de combatiente.

Se acercó a doña Encarna, con tal sigilo que los demás no le advirtieron. Ocupó el sillón vacío, entre la señora y Ricardo, aunque a éste no le concedió ni pizca de atención, y hasta le volvió la espalda. ¿Podía permitírselo todo?

—¿Dónde estoy, amiga mía? ¿Por qué usted, tan charlatana, parece hoy una momia? ¿No me escucha?

Formuló la pregunta baladí apelotonando las palabras, con una precipitación angustiosa. Su mirada, al virar, se hincó en la de Ricardo: comenzaba a traslucir los grados crecientes de su zozobra.

—Doña Encarnación, así no alterno. Resulta injusto. Lo mínimo que puede hacer es contestarme. Por algo nos habremos juntado aquí.

Y, temerosamente, aventuró:

—¡Vaya despiste el mío! ¿Quién es el «muertito»? Se apagó un cirio y nadie lo remedia.

De nuevo, enarcado el pecho, inspeccionó el lugar, detuvo las pupilas desencajadas en los asistentes, uno por uno.

—Lo más raro es que los conozco a todos. Incluso, y fue tan sólo una conversación, al joven Estella. Y mi mujer, la pobre Chayo, ¡qué ocurrencia, viene de luto riguroso! Le han debido prestar el velo. Ni siquiera se lustró los zapatos. Buen pretexto para Vicente, le evitaron las clases en la Preparatoria. Ese hijo mío es un zángano. Se puso mi traje negro, le queda un poco largo. Aún no me alcanza en estatura. Y las cinco niñas, como una frase musical, apiladitas en el rincón. «Do», con el nombre de la madre, casi obligado, cocina de maravilla. «Re», Augusta, la tragaldabas, no hay modo de corregirla. «Mi», Adelaida, el lindo renacuajo, un estuche de mimos y coqueterías tempranas, la que duerme destapada, con la sábana de corbata. «Fa», Paquita, la más hábil para los recados. Y «Sol», Clementina, la enojona. Ausencia de dos notas, probablemente hubieran sido gemelos: «La», «Si», varoncito y hembra. Pero no me los dejé en el tintero. Para octubre, Chayo se «aliviará». Demasiadas bocas a mantener. Al arrimo de don Víctor... ¿Celebrarán asamblea alrededor del «fiambre»? Todavía serios, medio asustados. ¿Y por qué no sé yo quién es el causante de este trastorno? No se dignaron informarme. Algo anormal ocurre: no ajustan las piezas del rompecabezas. Con este aparato, lo natural sería que el ocupante de la barca —hasta humor me gasto— fuera yo. Pero entonces no los distinguiría. Sin embargo, los observo. Chayo se afloja con disimulo la faja. ¿Me engaño? Y «Sol», Clementina, mueve los labios y si nos descuidamos recita. Pero el sitio no es apropiado. Y a «Mi», Adelaida, si no la previenen cantará un responso con gangosidades de bolero.

A medida que la verdad penetraba en su conciencia —«yo, Merino, soy el eje del espectáculo»— su expresión adquirió inerte serenidad, únicamente alterada por lapsos de preocupación, cuando intentaba apresar lo inmediato y final de su trance. Monologaba —ahora sí que no había otro recurso—, pero no daba muestras de que esta excesiva singularidad le desconcertase. Descubría una nueva y sutil facultad lógica en el dilema o túnel que exploraba.

—No oigo nada de lo que en este momento charlan, a pesar de que doña Encarnación delibere con mi mujer, y a resultas del consejo, supongo, Chayo decide que los niños regresen al departamento, bajo la custodia de Vicente, el mayor. Oigo, en cambio, lo demás, como si el aire se hubiese trasformado en una cinta magnética, que una aguja invisible pusiera en marcha; repite lo que antes dijeron.

Y lo imitó, no sin comentar, al concluir, que aquellas frases estaban mezcladas y que no ofrecían un orden expositivo razonable.

«Mi más sentido pésame» (el licenciadito inicia la grabación y su palmoteo en la espalda equivale a la rúbrica del programa). Doña Encarnación, usted delante. —No, gracias, pase. —Él apenas frecuentaba a sus compañeros de otras épocas. —¿Para qué se apura, Chayo? No hay solución. —Yo me encargaré, y don Víctor lo aprobará, de que reciban una ayuda decente mientras le crecen los chamacos. —¡Qué trampa, en estas circunstancia! De lo más chistoso que fueran cuates. —Yo procuraré darle la noticia con todo género de precauciones. —¿Pusieron esquela en los periódicos? —Clementina, ¡te ganarás una cachetada, a López Velarde hasta lo sueñas! —Tranquilícese, trae un vaso de agua y tómese el Equanil. —No se les pegó el asiento a Quintanar e Ibáñez. —El que se portó rebién fue el Chinaco, prometió cuidarse del encarguito de la lápida. —¿Leíste lo que escribió el columnista? De romance con Aída Olmos en cierto cabaret. —¡Calle, si lo oye el sobrino! —Ricardo Estella, fumando a la entrada. —De lo más bueno, Juan, tan cumplidor. —Se encerraba en el cuarto, a devorar su montonal de libros. —Sobre la guerra de España, a poco... —Cosas de los hombres, metidos en sus ideas. —Y en sus recuerdos. —¿Cree que debo conservar los apuntes? —¡Bah, mejor los quema! —Ahora, nada más que un vacío. —Después, la costumbre y la necesidad curan a cualquiera. —¿No le contó nunca sus andanzas? —De pasadita.

Súbitamente, una calma densa. Merino ha desaparecido. Te rondan las «visiones», Estella. Reposará, rígido y tranquilo, en su nave de tablas pintadas. Con una seña doña Encarnación lo invita a salir y Ricardo bendice el respiro. Bajan, entumecidas las piernas, los siete escalones y el sol caldea piel y huesos.

—Chayo se adormiló.

Los afeites de la señora relucen, derretidos por las lágrimas que horas atrás se le escaparon.

—Usted no será de los que se figure que a él lo atropellaron. Desde la conversación que tuvimos se le hundieron más todavía los arrestos. Merino soportaba mucho lastre. Juraría que se lanzó de la banqueta y el conductor no pudo frenar. ¡Menudo susto, aparte del lío! Habrá que sacarlo de ese enredo, pues nada remedia que lo castiguen, aparte de la injusticia. ¿Quiere ocuparse del asunto?, tendrá que venir a verme. Estoy injustamente sola.

La manera con que abrió y cerró el bolso —un clic metálico y estridente— fue un nuevo ruego alicaído.

14

Se concurre por aburrimiento, animados por la veleidosa esperanza de una sensación nueva, para presumir de entendido y moderno, de que lo más excéntrico es únicamente por ello legítimo y no inspira asombro. Puedes encontrar gente que, entre saludos trisilábicos y ademanes de bienvenida, y baraúnda de gestos, múltiples átomos de reverencias que difunden el aturdimiento colectivo, su enmarañado tic nervioso, rocían observaciones neutras y comentarios ambidextros. Modelos inauditos de peinado bonapartista, helénico, latino, charlestón, trajes y vestidos de una confortable bohemia turística.

Discretamente suave la alfombra, vasos de ginebra rasposa, bocadillos de pringue verduzca, ración de miradas ocres, glaucas y carbónicas. Una sonrisa tamarindo, otra guayaba. Posturas varitiesas en los grupos, dispuestos a la fotografía. Un firmamento de humo, que eluden las cabezas móviles. Perfumes violentos o aromas de claroscuro.

Cada cuadro se identifica con un número y un título del católogo, que conviene retener. Se inaugura la Exposición. De 6 a 9 el trasiego, la pequeña misa mundana, estética. Por esta trenza de invitados, que a veces se extiende y en otras se apelmaza, circula Ricardo Estella. Quizás a resultas de sus últimas impresiones, sobre todo las que en el velorio de Merino se centraron, pa-

209

dece agudamente su contraposición a los manojos de individuos que tejen imprevistas estructuras. Intenta, aunque no deje de topar con algunos conocidos, que esas células, esporádicas y palpitantes, no lo atrapen en sus anillos. Intercambia un par de frases, rápidos apretones de manos y sólo acepta presentaciones de compromiso. Simula absorberse en la contemplación de un óleo: mientras, no le rodean respiraciones y cuchicheos. O se sitúa junto a la ventana recién desalojada, para que el desfile de autos y peatones y la mímica de los contertulios de un restorán frontero le distraigan.

Y, sin embargo, le inmoviliza allí una inexplicable atracción hacia estas personas, a las que probablemente unen ciertas afinidades e intereses. Al par que la timidez de salir solo, antes de horario, y convertirse en objeto de general observación.

—¿Quién es? ¿Por qué habrá venido?

Ni él mismo podría contestar ahora. «Recibí una tarjeta. Había discutido —con los médicos de turno en Cardiología— sobre arte abstracto. Y quise juzgar una de sus muestras, pensando que ese ejercicio es un buen alivio. Puede librarme del fantasma de Jaime Trías, que comparece puntualmente al terminar mis visitas, como si lo parieran al oscurecer.»

Cerca, una vibración en remotos tímpanos, dos vasos campanean un brindis.

«Mudo o platicador, Jaime Trías me acompaña.»

La arqueológica cronista de sociales, que no descuida un nombre, a su juicio y gusto notorio, en la relación, ni el adjetivo para cada adorno de vestido, no apuntó, de fijo, la visita fantasmal de Jaime Trías. «Vimos al joven Ricardo Estella, emparentado con la actriz Aída Olmos. ¡Tan mordaz él, en sus opiniones! Parecía absorto. Lo escoltaba una sombra estrafalaria, un tipo de palidez sorprendente, a pesar de la piel rugosa. ¿No será, de incógnito, algún crítico europeo?»

... El cuadro dizque representaba un derribado guerrero prehispánico, al que las ríspidas líneas del contorno y los azules plenarios, trágicamente crepusculares, prestaban una simbólica y escultórica dureza. El mito se trasvasaba en caparazón industrial, en dogma de implícitos rodillos y poleas. ¿Con qué expediente lo reseñaría, junto a la comparsería de fulanos y menganos, la gacetillera relamida?» «La heroica obra maestra, de aliento y tamaño monumentales, suscitó apasionadas discusiones, de extraordinaria altura intelectual.»

Sobrenadaban en la superficie, con viruela de nata, las palabras que parecen canicas. Las fue hilvanando, convencido de que las leería dos días después, tal y como las había recogido, a manera de evasión. «Muy fácil es, en nuestra época, asimilarse las formas de la rareza vigente.» La otra cara de la medalla-moneda podía ofrecerla un psicoanalista o el satírico que nunca falla en estas reuniones.

Con un ademán irritado —que devoró la general gesticulación— rechazó Ricardo, igual que si fueran moscas importunas, las dos figuraciones que lo asaltaban. Vanidad y perifollos, desnudez visceral y terca remembranza, ¿no cortaban los indispensables lazos que a sus semejantes y contemporáneos debían unirle, para no incurrir en baldía y deprimente soberbia? ¿Permitiría que lo rigiese un pasado que ni siquiera había compartido?

Urdieta, el periodista carcamal, lo atajó, con un abrazo benévolo y cómplice.

—Graves meditaciones artísticas. En confianza, ¿usted digiere algo de este caos «plástico»?

—Guárdeme la confidencia: me quedo en ayunas. Yo soy de los prehistóricos.

—Ni tanto. Aún le sobran fuerzas para creer en la resurrección de la República española. ¡Y predicarla!

—No se burle. Si me quitan esa válvula de escape...

—A nadie daña.

—Tengo cierta relación con unos amigos del pintor, ¿sabe?

—¿Para qué se disculpa? Yo, a fin de cuentas, admiro su perseverancia y la urbanidad que se gasta.

—Me considera una reliquia, ¡resignación!

En tropel nuevos visitantes se interpusieron y Estella, para evitarlos, torció el rumbo a la sala contigua, más reducida, de focos menores, con forrado banco en el centro. En cada paño de pared se exhibían cuadros de artistas «prometedores», de cotización incipiente, en una bizarra anarquía de estilos.

Predominaban la temática de los sueños y los motivos de balbuceante delirio. «Dios los cría», apostilló alguien. A pesar de la torpeza de los rasgos una escena fijó la atención de Ricardo. Sobre un pedestal policromado, en urdimbre de tapiz, avanzaban las rayas sanguinolentas del amanecer y entre sus heridas ondas brotaban vacías cuencas de ojos, o férricas alas autónomas. En el caprichoso entronque de esas antagónicas y fragmentarias naturalezas manifestábase, sin trabas, un frenesí tan ingenuo y patético que se le inmovilizaron los pies y perdió la noción del lugar, como si el frágil tabique que le separaba de la marejada, del público regimental de las inauguraciones, tuviese reciedumbre y espesor de muro milenario.

Transcurrieron, en ese pasmo, largos minutos. Hasta que empezó a recobrarse y a escuchar.

—¡Bendita casualidad!

—Poco has cambiado, Berta.

—Cobista. Veinte años tunden a un roble.

—Como si resucitases.

—No te pregunto de dónde saliste. Siempre te dio por el misterio.

—Anoche aterricé, procedente de Londres. El lunes salgo para Montevideo. Me espera el marido.

—¿Casada tú?

—¿Te asombra?

—La verdad es que coincidimos en una época tan distinta...

—Barcelona, la guerra.

—No te temblaba la mano, Berta. A muchos se les abrían las carnes de miedo. ¡Vaya leyenda que te endilgaron!

—Calla, hombre, que la mortificas. Punto y aparte.

—Iremos a charlar un rato. ¿En qué hotel? ¿Temprano?

El matrimonio, con excusas coreadas, invoca un compromiso y se esfuma. Y la mujer, que Ricardo observa de soslayo, permanece sentada al borde del banco, sin pestañear. El rostro redondo, cenagosamente blanco, se paralizó en una mueca. Cruza las piernas robustas, mece el pie derecho. Dos, tres mechones canosos destacan en la cabellera larga, a lo paje, de profundo brillo negro.

«Permítame... ¿Berta? Jaime Trías me lo ha encargado... Desea hacerle una proposición. La ayudaremos a transportar ese fardo de culpas y reconcomios que la aplasta. Y en el trayecto probará unas enchiladas. Las de Samborns no pican demasiado, para paladares internacionales. Ricardo Estella, a la orden. De mi padre sí ha oído hablar. Descuide, no le preguntaré por asuntos espinosos. En el altiplano se aprende discreción.»

Voz yugulada, silencio acosador. Producen una corriente magnética que la previene. Berta lo mira alarmada y luego, con decisión que quizás encubre un miedo irracional, se levanta y sale apresuradamente.

Pretende seguirla Estella, a cierta distancia, pero el atardecer le destina más apariciones. ¿Realmente son los brazos de Leo los que se apoyan en sus hombros? En tanto, sus dedos —hinchazón, peso de artificial fofedad— gravitan en el arco del cuello.

—Criatura, niño grandullón, ¡qué sorpresa encontrarte!

Nunca le había tratado, en aquellos meses de compañía cauta y estremecida, con abandono tan cálido y natural, con este desnudo acento alborozado. Se encizañó, dentro del ser, un río de añoranzas. Sintió que

empezaba a marearse, que todo giraba, desgonzada-
mente, alrededor.

—¿Estás enfermo? Por poco te desmayas. Debe ser
el ambiente enrarecido. Salimos, si quieres.

Denegó Ricardo, en tanto apelaba a una esquiva serenidad. Había notado que ella se empinaba sobre la
punta de los pies —mecíase el de la «otra», antes—,
que una blusa clara y holgada conformaba y proclama-
ba su preñez. Creyó oír la palpitación subcutánea del
vientre, percibió su tensa plenitud. De ahí provenía la
carnal vibración que lo aturdiera, la seguridad de Leo,
a la que ya no inspiraba temor y que convertía en ternura, ligeramente ofensiva, la vieja inclinación que a
punto estuvo de unirlos. Y pensó —rabia y tristeza,
desaliento opresor— que el hijo custodiado pudo haber
sido suyo.

—Reacciona, hombre. No te asustes. A lo mejor es
debilidad. Te alimentas disparatadamente. Y la ginebra
se trepa.

—Últimamente, cuando menos lo espero, me da algún vahído (pretextó). Te obedeceré.

—Deja que te cuide, ahora. Y «nos» largamos a
merendar. ¡Si seré distraída! Adelante, Alicia.

(Relegada Berta, la que escapó hace unos momentos.)

Alicia extiende una mano corta y vigorosa, de acti-
vas contracciones, que se enrosca con graciosa audacia
a través de las yemas minerales, de los tendones arbó-
reos, de una configuración que trasunta la llovida hoja
platanar. Lo único de su personalidad que al principio
captó.

—Lleva la contabilidad de mi marido, desde 1956,
y congeniamos. Cuando él está en sus reuniones de
rabadanes, nos ponemos de acuerdo, y a callejear se
ha dicho. «Tus» médicos recomiendan diversión y paseo. Le ardía conocerte. Hemos hablado mucho del famoso y «original» Ricardo Estella. Somos tres y medio,
apenas cabremos en este elevador de miniatura. Me

contó Alicia que gracias a tus gestiones en el Juzgado pusieron en libertad a su hermano. Es chófer de ruleteo y tuvo la pícara suerte de atropellar a un compatriota. ¿Merino, verdad? Y tú alegaste, incluso con declaraciones firmadas, que era inocente. Y que la víctima padecía de cierta perturbación mental y todos los indicios apuntaban más bien a un suicidio.

—Que no me agradezca nada. Me limité a cumplir instrucciones de doña Encarnación, la cónyuge de don Víctor, patrón del difunto.

—De todas maneras... Es formidable que no coincidierais y que yo haga de enlace.

—Tú oficias de hada madrina —apunta, con un rezongo sarcástico, Ricardo.

Al par evoca a doña Encarnación. «Es atrabiliaria y ridícula, pero uno la respeta. Dan ganas de protegerla, incluso de recoger del suelo las cáscaras de naranja, para que no resbale, de puro estar en el Limbo. No obstante, a su lado no temes ninguna catástrofe, se desvanece la posibilidad de lo irreparable. La compararía a un ángel de la guarda que ignora su condición. Y no me avergonzaría, en hipótesis, de confiarle mis pecados, alguna ilusión impropia de mi edad, como la de lanzar una cometa enorme desde la cúpula de Bellas Artes, sin la venia de su ilustre director, el gran músico nacionalista Carlos Chávez.»

—Y tú, Ricardo, ¿qué has pedido? Desciende de la inopia, chico.

... Círculo en torno a la mesa enana, los tres individualizados, fuera del engranaje de la Exposición. Para que se recueste, ceden a Leo el lugar más despejado. Y allí expande su flamante carácter, pierniabierta, laxos los rasgos, sin disimular la fatiga satisfecha, con impudor glotón. «¡Qué diferencia, Señor! Ni un rastro de su melancolía, en gérmenes y fermentaciones, resuello absoluto de doble vida, a la que no tengo acceso.»

Esboza en la servilleta de papel, abrumado por la alegría de Leo, una imagen del rostro pretérito: pómulos rotundos, el labio superior rubiamente velloso, el rizo desvalido y casual ·que flanqueaba la oreja diminuta.

—Eras como te pinto.

—Fíjate, Alicia: retentiva de elefante.

O de ciervo agónico o de escuálido lebrel extraviado o de párvulo medroso. Para paliar la risa jocunda de Leo, que se alarga excesivamente, interviene su amiga.

—Resulta que soy la única extranjera en este barrio, la «zona rosa», aunque haya nacido en la capital. Vine sólo por complacerte, Leo. El mesero lo distingue y me observa. Una pertenece a la región de la Penitenciaría, a los patios de vecindad, a pesar de que sepa alternar, si es necesario. En mis dominios, fiestecita y jaibol, desaltiro, en los cumpleaños. Cerca, demasiado cerca, los presos. Y te informas, al ir a comprar las teleras, de ciertos detalles, de cómo ejecutaron tales y cuales crímenes. Para que se nos bajen los humos. «Güerita, quítese de la pena, vil estiércol y maguey filoso, lo que somos.» Perdonen que me brote lo indio. Lo tragamos, con el polvo de las tolvaneras.

(Lo digo para que no te maltrate más con su olvido. Me doy cuenta de tu sufrimiento, escuincle, nopalito. Ya me esclavizaste la voluntad y tengo que rogar un «quinto» de atención. No me mirabas, ahora sí. Y te dedicas a dibujar la nueva figura —pelo corvino-lacio, ojos de carbón mojado, cuello de paloma torcaz—. Algo estudié y me gusta leer. Si espero, se me hace. Por supuesto, platicaremos. Yo misma amasaré las tortillas, para que su olor sea también el mío. ¿Qué escondes, además de la saliva amarga por Leo?

Estiraré la cobija de caudales verdinegros — y listones de maíz tierno — Largas hambres la tejieron — Y corazones sedientos — Con mis fierros la marqué — En una feria de luceros — Para tu regalo aguarda, mi señor — En espiral de silencios — Descalza voy a tu encuentro — Pirul, pluma

*y tezontle — Una falda de sombras — Viento de
águilas al atardecer — Tú y yo, erguidas flores.*)

Indefiniblemente mortificada, Leo consulta el reloj.
—Consíguenos un taxi, caballero. Te indultaremos de
la escolta. No nos raptarán. ¡Qué callados estáis los
dos! ¿Acaso os estorbo?

15

Volvió sofocada de la calle. No quiso utilizar el teléfono del despacho. Temía que cualquiera de ellos, todos potencialmente hostiles a pesar de la diaria convivencia, se apoderase, por una palabra espontánea, de aquel relumbre perturbador, de su emoción replegada. Ocupó de nuevo su escritorio. Comprobar las cifras, que dejó alineadas, significaba una defensa contra el afán de huir y elevarse, de ver rostros completamente distintos, descubiertos campos y casas imaginarias, recién encaladas. Un anhelo que podía dominarla hasta fronteras inabarcables, que desbordaban la misma constitución de la realidad.

El señor Lobera —contador principal de la empresa, «ya grande, de lo más distraído, siempre pensando en el último pago del terrenito, por Lindavista»— la miró boquiabierto, como si la desconociera, y los gestos, pausados y lánguidos, de Alicia agitaran distantes añoranzas.

—Mejor que salga un rato y se tranquilice. Algo muy serio le ocurre y sus nervios nos perturbarán. Cuando se empieza así la mañana, suceden las cosas más increíbles.

Alicia comprendió su reprimida alarma, que imprimía un áspero rasgueo a las plumas de los compañeros de trabajo, en las columnas del Debe y del Haber —Lobera las comparaba con las de Hércules...—, en las declaraciones del impuesto sobre la renta, en los formularios de solicitudes diversas a la Tesorería. Y no había luz natural allí, sino tubos de neón, que parpadeaban despiadadamente, en función desde primera hora. Un aire húmedo y compacto, de tinta y cigarrillos, se añadía al olor mustio y desteñido de las viejas máquinas de escribir, casi de «evangelistas», además.

Todo aquello ya no tenía sentido. La ahogaba. Revisó el cálculo. «Correcto, no he fallado nunca.» Y al trazar la raya del subtotal —centenares de veces, antes, con igual precisión mecánica— anheló que él no la viera en ese medio; ni debía tener noticia exacta de su labor. «Un montonal de fraudes, falseamos los datos, encubridores de un robo habitual al Estado. De esta forma, el propietario de la bonetería y fábrica de camisetas, esquina de Brasil, aumenta sus ganancias, y a la larga construirá una residencia en Polanco. Cuestión de años.»

Se había atrevido. Lo llamó temprano. Por casualidad el propio Ricardo Estella tomó la bocina. «¿Perdonaba la libertad? Que no malinterpretase. Deseaba, no más, saber si estaba mejor. La noche anterior, con Leo, su palidez y su inquietud la habían impresionado ·fuertemente. ¡Qué bueno!» De inmediato, la vacilación de Ricardo, que le permitió enlazar frases breves y que su interlocutor participase con naturalidad en la plática.

¿Qué es el Estado? Los colores de la bandera; un sello de hule que empuña —cual cabeza de báculo— el funcionario de turno; los titulares de los periódicos por las fiestas patrias; el retrato del Señor Presidente en cada oficina pública; «sufragio efectivo y no reelección», lema estampado, de circulación obligatoria; una melopea de lecciones de Historia en la secundaria; la relación de los ingresos mercantiles; discursos oficiales en honor de los próceres; el polvillo que levantan, en los desfiles, botas militares, huaraches, el calzado deportivo: un organismo entero del que eres miembro, que expresa y aprisiona, como la piel que nos cubre.

«A medida que proseguía la conversación notó la doliente inercia de Ricardo, y que ella era capaz de ejercitar una energía sutil, fruto de su contenido y hondo sueño. Hombre herido, éste, que necesita protección firme, pero que no lo acompleje. La huella de Leo.»

—¡Sabía tanto de él, por referencias! «Nuestra» amiga no se cansa de platicarme. Y cuando me enteré de que usted gestiona el asunto de mi hermano, me dije que la suerte liga a las personas más que la fantasía.

Le había llevado a firmar un balance, al marido de Leo, en su departamento de la Plaza de Miravalle. Tuvo que esperarlo mientras esa mujer de ojos perrunos, frente rígida y agudas rodillas, que al sentarse amenazaban traspasar la falda, le mostraba una simpatía desconcertantemente espontánea. Por la puerta semientornada del dormitorio se acusaba la ostentosa separación de las dos camas y una incomprensible falta de ornato, en contraste con las sedas de los divanes, los cojines primorosos y los muñecos y cuadros acumulados en el recibidor, con adicional abundancia de alfombras y macetones. Y, sobre todo, el estremecido efluvio de aquel cuerpo magro y tenso, que saturaba la atmósfera. «Aquí, en estas cuatro paredes, encierro mi vida. Odio las otras piezas. No salgo sino lo indispensable. Ramiro está muy ocupado y no podemos relacionarnos. Sólo viene por las noches —la fábrica le queda en el quinto demonio—, a merendar y...» Crujió los dedos anulares y sonrió agriamente, descoyuntada la boca. Se retiró luego —empalme de brusquedades—, para regresar con una charola, vermouth y aceitunas. Desabrochó los botones altos de la blusa y Alicia pudo apreciar los huesos gráciles y adolescentes del cuello, el ardor sofrenado que la recorría, las pecas espolvoreadas de la garganta flaca. «Dentro se achicharra una. ¿No se impacienta con esta charla mía, totalmente inoportuna? Adivino, por corazonada, que usted y yo iríamos de acuerdo en casi todo. Confío en que me visite, cuando le dé la gana, no hace falta prevenirme. Me encontrará siempre.»

(¿No le transmitiría a Ricardo —acento despacioso y silbante, vocablos de otros temas— ese conjunto de sensaciones, acumuladas ayer e insinuadas hoy? «Leo se levantó intempestivamente —es su tónica— y señaló un dibujo enmarcado que, solitario en el muro principal, se erigía en imán de los ojos. Más que un valor representativo o artístico, lo destacaba, intensamente, el signo de un oculto secreto, de una exaltada y pecaminosa preferencia.

—Me lo regaló Estella, para despedirse. Adivinó, cuando supo la noticia de la llegada de mi esposo —de España, cumplida la condena, por motivos políticos, claro— que el lazo, tan débil y tan sólido, iba a romperse. Habíamos caminado en el vacío, amenazados. ¡Creyendo yo que la interinidad y el aplazamiento se eternizarían!

En la cartulina crema, la figura de una joven. Perfil brumoso, reciedumbre única del balcón, cuchilla de barrotes que corta, de un tajo impalpable, la cintura.

—¡Qué amable ha sido!

El dueño de Leo —pisadas de pelotari, pendulares ademanes de clérigo, mirar de yesca— advirtió, confusamente, que las había interrumpido. El beso conyugal se produjo con desgana, como una gravosa ceremonia que deberían repetir mientras existieran.)

«Cercado por su interés, Ricardo se vio obligado a corresponder. ¿Saldrían juntos? A las ocho, en la escalinata de Bellas Artes.»

Alicia se aferraba al forzado y precario triunfo. ¿Lograría conservar esa influencia, posible a distancia, cuando nada se interpusiera y todo fuese directo? ¿No se le desmayaría la voz, que ahora había modulado con fluctuante y grave entonación de caricia?

Confiaba que el señor Lobera no la observara más con aquella molesta fijeza, de garra y berbiquí. Iría al baño y se contemplaría angustiada en el espejo, turbio de manchas y años, que se rajaba de abandonos. Debía sumirse en un círculo de presagios. «¿Lo retendré, a pesar de que no soy atractiva, de que me resulta tan ajeno el mundo de los refugiados, al que, según Leo, lo atan raíces de origen, de la sangre y de una chocante curiosidad? Sólo conozco a los hombres de su edad a través de mis hermanos.»

Sergio, el chófer. ¿Quién había oído nombrar siquiera a su atropellado, ese señor Merino, y a doña Encarnación, que se apresuró a defenderlo por conducto de Ricardo? Ella y Raimundo, empleado federal, le pagaban los plazos del auto de ruleteo, para independizarlo, porque era el más desvalido de los tres, no obstante su vigor. «Al chaparrito le cargaron la medida, hacia la tierra.» Desde muy niña ambos quedaron a su cuidado, que al padre un remolino de pasión sensual lo arrastró a otros flancos de mujer, y se extravió para siempre, por esas ciudades de Texas, y nunca aguardaron su retorno. La madre no se había quejado, como si todo fuera inevitable, y sobrellevó el desamparo. «Tan sólo una almohada en la cama ancha, el trafique de vender perfumes a crédito, que un pariente la garantizó. Y logró educarnos. Obtenía recomendaciones para los mejores colegios, con una táctica muy sencilla. Así cuentan... Visitaba a las esposas de los influyentes y les recitaba, sin exageraciones, la matraca de su aspiración. Para quitársela de encima, para no verla más, arrimada al zaguán, en espera invariable, los ojos entrecerrados, los brazos en cruz sobre el pecho, intercedían. — Volví porque se me olvidó un detalle — Le traeré los chamacos y usted les pregunta — Las calificaciones son de lo más elocuente.

Sólo se quejó entrecortadamente cuando ya el tumor en los ovarios no tenía remedio y llamó a la hija, con un apretado gemir. «Ahorita, péiname, Licha, ahí te los encargo. Ya creciste y debes gobernarlos. No se separen ni enojen. Ultimamente no están tan tirados. Les di estudios y maneras. Tú te aguantas y los casas.

223

Después, busca tu suerte. Ahorré unos centavitos, por si les falta chamba. No se cambien. Por el rumbo de la Penitenciaría nuestro departamento es lo mejor. Y la renta, congelada.»

.Y en ese rincón, un patio de vecindad, los muebles de la sala se remendaron y subsistieron. Alicia no quiso trasladarlos de lugar y prefirió que el reloj del velador quedara sin habla, en el hueco que ocupaba entre los retratos del colegio, no exponerlo a una reparación que quizá no curase el fatal deterioro. Respetó también los cromos que ella había amado y que no armonizaban con su gusto, intuitivamente moderno.

Durante esa época se acostumbró a que, en ocasiones, Sergio y Edmundo llegaran tarde y sin avisarle, a recoger entonces las ropas esparcidas, soportando el tufo de hembras y alcohol de que se habían impregnado. Los despertaba con gesto y tono normales.

—Apunto en la cuenta de cada quien, y no abusen. Vayan eligiendo mujer.

—¿Y tú, no te decides? Pareces mariquita.

—Cumpliré lo que le prometí. Ustedes por delante. Yo no les peso.

—Hablas como funeraria.

Ellos no sabían qué replicar, pues Alicia aportaba el principal ingreso, el más seguro, el que no sufría filtraciones. Comenzó de simple auxiliar en el «Servicio Técnico de Contabilidades y Tramitaciones Especiales», sonoro título de una organización medianamente acreditada en el manejo de gestiones de apertura, pagos de impuestos, amaño de gastos e ingresos, registro de patentes e improvisación de avalúos. En pocos meses se convirtió en la persona de confianza, capaz de sortear todos los cepos administrativos, y que conseguía clientes básicos, y los cultivaba al igual que a los burócratas que mueven las palancas eficaces. «Señor Lobera, ya hice méritos. Además del sueldo quiero comisión. Me di el paquete de rechazar ofertas. Por ejemplo, la de sus competidores, los del Fomento Comercial e Inversiones Estadísticas.» «¡Les daré en la torre!» «¡Qué lenguaje, con una señorita!» «A usted me la encampanaron.» «¿Me resuelve?»

Refunfuños y arrumacos del Sr. Lobera, que cedió. Firmó el aval de las letras del taxi de Sergio, motor de su emancipación. Sí, episodios menudos y vulgares, sin relieve. No se inquietaba. Sus afanes encajaban en una enorme rueda de concretas aspiraciones, sólo diferenciadas por la cantidad. Sabía que las suyas eran naturales en aquella porción de la capital, pero que había otros barrios y colonias, extranjeros y de invisibles murallas, con seres de existencia enigmática. Confluían en el centro —a empujones, zalemas y gritos— pero sus atributos de poder y de dinero los reintegraban pronto a las gradas altas de la nueva pirámide.

Toda esa concepción la modificó don Alfonso, el inquilino del número 6, al morir. Úlcera de estómago, cribadito. Nadie lo trataba sino de compromiso. Lo divisaban —pellejo amarillo, rostro de bolsas y pliegues cárdenos, un promontorio la espalda y sinuosas zancas de alambre— y se recrudecía su alarmante aureola. «Un día afirmó en público que México será esclavo mientras adoremos a la Virgen de Guadalupe. ¡Y le dieron una golpiza...! Merecida fama tenía de librepensador y de ateo. ¡Si lo conocieran en la Cía. de Luz no lo mandarían de cobrador!»

Tan sólo a unos metros reposaba el difunto, probablemente con la única asistencia, en el desolado velorio, de aquella tía anciana —garabato de greñas grises— que a su amparo viviera, y que le cuidaba con resignado talante. Conservaba andares y canturreos de la provincia y, según rumores, apilaba, a escondidas del hereje, oraciones y misas dedicadas. «No le valdrá cacahuete, a don Alfonso ni quien lo saque del infierno.»

«Apestó siempre» y los vecinos se mantenían alejados. El patio concentraba el quietismo sordo de los sueños repuntados, el ansia de que se lo llevaran de una buena vez. «Recios hombros de uniformados car-

225

gadores, para su peso de zopilote.» Había que aventar
aquella memoria. En tanto, noche tersa, de luna llena,
mezcla de estrellas y un abandono que impide dormir.
«Peor que un perro. Nunca en mí fue don Alfonso algo
tan inevitable e inmediato.» El mismo pensamiento retornaba, entre visiones de vigilia, con crecido apremio.
Hasta que, procurando no hacer ruido —le contrariaba
que Sergio y Raimundo lo supieran— se levantó y vis-
tió, terciado el chal sobre la bata café que tanto le
desagradaba. Lo consideró una expiación mínima.

Al atravesar el patio se guió por la filtrada claridad
de la puerta a medio abrir. Le parecía que las viviendas mudas ocultaban seres monstruosos, «almas de jueces», y que súbitamente desatarían una tormenta de
aullidos.

Alicia invade el país de las tumbas — Mañana se-
rán lágrimas de hoguera — Las domésticas plan-
tas — Y brazos centelleantes — Las maderas car-
comidas — De las ventanas oscuras.

Las dos voces se recortaban agresivamente en el
aire y adquirían una fría turgencia, un ritmo siniestro
de huesos lanzados al espacio, crepuscular o infinito.

—O respetan su voluntad o armo un mitote. Los cu-
ras no entran.

—Usted quiere que no descanse en la eternidad. ¡Sin
ser de la familia!

—Más que usted, por las «ideas».

—Todos locos. ¡El enemigo los aconseja!

—Ahorita me reiría, pero don Alfonso... No hay derecho.

Pisó fuerte, para anunciarse, y después, tras una
simple inclinación de cabeza, se acomodó en el sillón
vacío, al lado de un cirio de reflejo temblequeante, que
crepitaba en sus sienes.

—Yo soy Mario, su amigo íntimo. Trabajo en el Seguro Social.

226

—¿Por qué se ha molestado? Al menos la piedad no ha desaparecido. ¡Dios se la recompensaría, hija!

Mario se impacienta, y al fin, como extraordinaria concesión, decreta:

—Si les interesa rezar, ¡ni modo! Fumaré afuera.

Es delgado y alto, gruesos los labios en arco, bigote y cejas finos, una breve cicatriz —casi ornamental— sesga el mentón. Desnudo, ¿no volará igual que los pájaros?

Alicia los acompañó al cementerio. —Ya los hermanos empezaron a renegar—. Se habían incorporado al cortejo varios correligionarios, de muy diversa catadura y abigarrada vestimenta. Obreros jóvenes, de overol y chamarra, caracterizados por un hablar parco, chatos y musculosos. Hombres con chalecos reminiscentes, de colores pardos, cuellos duros para corbatas seminegras y sombreros antiguos, recién cepillados. Algunos estudiantes se mezclaban con mujeres de otros barrios, «lejanos y limpios». El quetzquemel y la blusa de corte indígena les servían de distintivo.

Se agruparon, acordonando el hoyo de frescas paletadas, desafiante y sobrio el gesto, con uniforme seriedad. Anulaba su talante lo mercenario del acarreo y en sus actitudes había un acatamiento unánime de la singular autoridad de Mario, que pronunció el discurso de homenaje.

Aquella arenga significó para Alicia una conmoción inborrable. Como si la iniciara en un culto, como si le revelase el sentido latente de la existencia, una rotunda verdad que se entroncaba a sus observaciones dispersas y a la intuición, más individual y entrañable, de su peculiaridad.

Surgía una estampa nueva, coloreada, de don Alfonso, hormiga del orden futuro, turquesa de abnegaciones que próximas edades enhebrarían en el collar de la Divinidad. «Fue leal a nuestra causa y a nuestros principios y no pidió una limosna de fama o de mando. Al afirmar, existía. Al negar, creaba. Pródigo en desprendimientos y celoso en donaciones, exaltaba la razón y luchaba por la justicia que hará propietarios de su patria a los hombres que trabajan.»

Se lo contaría a Ricardo. Tenía que comprenderla, no debía haber entre ellos ninguna experiencia que los incomunicase. Pero, al proceder así, ¿no le obligaba a confesión? «Es necesario que te calmes, no precipites las bodas de los espíritus.»

Mario la alcanzó a la salida.

—Permítame que la vuelva a ver. Presiento que vamos a coincidir, en muchas cosas. Le presentaré a mi esposa.

¿Se defendía ya con esta promesa? Y sin embargo, Alicia no dudó. También había enronquecido y le pesaban los párpados.

—Soy una ignorante. Tendrá que enseñarme.

El saludo de Mario: dientes simétricos, claros y mojados, un relumbre de oro en los colmillos del medio halago.

El Sr. Lobera simula consultar la guía telefónica y adopta un extremoso aire de concentración. En verdad, la acecha, oye el rumor de los propios recuerdos —ascuas, soterradas zarzas— que la abstracción de Alicia exacerba. A ella le divierte su perplejidad y poco le importaría gritársela, para despejar la atmósfera de humo picante y cifras cadavéricas.

A raíz del distanciamiento con Mario —truncó, en la agitada evocación, aquel desenlace, y al hacerlo sonreía en aleteo limpio de resquemores— surgió la amistad de Leo y los vínculos con el matrimonio mitigaron su desconcierto.

Y a medida que Leo, con frases aisladas, en ocasiones que sabía propiciar, articulaba su confidencia y solicitaba —mayor insistencia, pretextos apenas plausibles— su compañía, se avivaba su inclinación por Ricardo Estella, como si compartiera un adulterio potencial y que correspondía a un ayer irreversible.

—¿Quiere que comamos juntas, un par de días por

semana? A Ramiro le agrada que usted y yo vayamos al cine, se sentirá más libre y justificado. Quédese el sábado con nosotros, le preparo una cama en el sofá de la sala. Podríamos salir temprano, de excursión. Acaba de comprar un auto. ¿Cuautla, Cuernavaca, Toluca? Usted elige.

Y una tarde la tuteó, implantando la situación de camaradería donde el nombrar a Ricardo Estella resultaba tema natural. Se consagraba, activa y pasivamente, a un mito inofensivo. «Lo que pudo ser, pero no me la jugué. Y todavía me da miedo. Se parece al odio.»

—Te atormentas y todo quedó en palabras ni siquiera pronunciadas.

«Extraña mujer Leo —meditaba Alicia, al cabo de la enésima charla sobre el desconocido—. Es bien cobarde. Le temió a la edad desigual, no se arriesgó. Vencieron las costumbres, la sugestión de las ilusiones y contrariedades que habían compartido en la guerra. Siempre, inhibición y prejuicio, una especie de fatalismo. Y al mismo tiempo no le perdona a Ramiro que haya regresado. Lo hubiera deseado mártir y a muchos kilómetros, para seguir su deporte, provocar a un hombre más joven y no entregarse.»

Ramiro, hoy fantasma de sí mismo —volvió del frente, con permiso especial, para la noche del matrimonio; combatiente anónimo de una derrota; prisionero largos años; liberado cuando la soledad, de hembra e ideales, lo destroncaría—, reencarnó en un industrial, era el aditamento postizo de un hogar que no lo esperaba.

«Leo debió recibirlo con un beso inerte, brazos y piernas de trapo, ojos de vidrio, un chafarrinón la boca, pintado color —sin oleaje— en el rostro, dormida la dulzura de los pechos: una muñeca de adorno, para la repisa.»

Cierto domingo, mientras Leo bullía en la cocina («Licha, no me ayudes. Descansa en la sala, pon la música que se te antoje») entró Ramiro, aún en pijama y, apoyada la espalda en un librero, permaneció de pie varios minutos —que a ella le parecieron insondables—, sin ánimos para hablar, perezosamente fija la atención sobre una soleada franja de cuero. Y el mirar extinto, de escayola, trasparentaba la voluntad inconsciente de que el tiempo —una esponja hecha trizas— no adelantara ni retrocediese.

Alicia, intimidada, subió el volumen de la radio y los compadeció.

Desde entonces, un propósito sutil y enérgico —«mi raza que es, afortunadamente, de índole elemental, y posee el arte de una rápida decadencia llena de zumos, acaba por imponerse»— inspiró su doble relación con los esposos, de los que se consideraba providencial soldadura. Ella fundiría, gota a gota de cera caliente que riega las entrañas, su encono difuso.

Y pensó, cuando supo la noticia del embarazo de Leo, que la criatura sería, en verdad, hija de Ricardo y ella. Fábula, ensueño y cruce de nostalgias la habían alumbrado. Aunque los integrara y materializase, sus padres no la habían engendrado, fueron sólo agentes mecánicos, «manejados».

Alicia era depositoria de una facultad fascinante y se deleitaba con la predestinación que de ese triunfo surgía.

(El Sr. Lobera imita los ritmos de un son, los deseos de aguilucho decrépito repican sobre las alas de una reproducción, tamaño buró, del «Ángel» de la Independencia. Licha, me inventa una diligencia en Economía, me aseguran que hay el proyecto de elevar las tarifas de importación. Por ejemplo, entre los artículos a gravar más incluyen el amor de primera clase, extranjero, un producto muy caro y que nos quita hartas divisas. Si se apacigua, regrese en una horita más. No estoy enojado, al contrario amanecí feliz. ¡Ya mero se ruboriza! No padecerá, por esta transgresión, el «Servicio Técnico de Contabilidades y Tramitaciones Especiales».)

230

16

—¿Cuántos pesos, si quieres y puedes, te atreves a prestarme, Ricardo Estella? Quizá te los devuelva. Si fracaso, despídete del dinero. Con mucha suerte, lo que me das ahora lo recuperarás en años. Aquí no hay trampa. Y tampoco rencor, caso de negarte.

Un golpe de viento lanza a sus pies, como una hoja de otoño que preludia la lluvia torrencial, el papel impreso, la octavilla o volante. Lo reconoció automáticamente. Era igual al que había recibido por correo en la mañana. Lo retuvo —rápida presión del zapato, ¡ay, de piel arrugada, tacones chuecos y puntera recomida, a fuerza de andar visitando consultorios!— y se inclinó para levantarlo. Y releyó, cobijado en un portal, el pintoresco texto que se le grabara en la memoria, al par que evocaba las rudas palabras que a duras penas escondían el tremendo bochorno de Quintanar, la antítesis del pedigüeño.

———

ACADEMIA ALCALÁ

COAHUILA, 68, ALTOS
Teléfono (en trámite diferido)
Horario, de 3 a 11 p.m.
No hay semana inglesa

231

Cursos de perfeccionamiento y repaso. Secundaria y Preparatorias diversas. Clases individuales —también económicas— y para grupos reducidos. PROFESORADO COMPETENTE Y VOCACIONAL. DIRECCIÓN EXPERIMENTADA Y ACTIVA. Próxima inauguración de conferencias especiales —gratuitas para los alumnos matriculados y sus respetables familias— sobre arte, moral y psicología. Lecturas comentadas, los domingos por la mañana, a partir de las 10.

NO COBRAMOS LAS DOS PRIMERAS SEMANAS...

¡LOS RESULTADOS CONVENCEN!

———————

La tinta ínfima embadurnaba los dedos —imprenta de esquelas y tarjetas— y los gruesos caracteres, que no aportaban un elogio del buen gusto tipográfico de Quintanar, se transparentaban sobre un fondo fibroso y delgado, de tono inclasificable. Ricardo Estella dobló el anuncio en pliegues cuidadosos y lo guardó, emocionado, en su portafolio. Debía conservarlo y cuando él madurase, y el maestro fuera una estantigua, ensalzaría su hermosa aventura.

«Me revienta depender de nadie. Fácil me hubiera sido ingresar en un colegio. Pero de esa forma, imposible "expresarme" crear yo un ambiente. Y he recurrido, con una frescura de sablista profesional, y que conste que no aludo a nadie, a todos los amigos, a sus hijos y parientes. ¡Menos a don Víctor, a pesar de que me lo ofreció en varias ocasiones! Intervienen ya en la empresa, espiritualmente cooperativa, Ibáñez, Llinás, Guevara, Urdieta, por citar algunos. ¡Son los banqueros de mi redención! Y tu, Ricardo Estella, mi discípulo ilustre, te has portado a lo grande. ¡Ganas me dan de abrazarte y besarte, en plena via pública! El que no tenga fe en la solidaridad humana es un gargajo.»

Había apalabrado un local.

—Con tu dinero pagaré la fianza. Me he entrampado hasta el cuello. ¡Deséame buena ventura!

Música de cilindro —de organillo, joven—. Su letra no es, para Ricardo, la del rancio vals oaxaqueño, sino que simplifica las manifestaciones exuberantes del rejuvenecido Quintanar.

—Escúchame y ojalá que no te parezca demasiado pueril. Empezaban a pesarme los años. Desde que llegué a México, bien lo sabes, me dediqué a la compraventa, en beneficio de los demás. No traje deudos y no contraje deudas. «Ultimadamente», por puro milagro y bendita chiripa, volveríamos a España, cuando menos lo pensáramos. ¡Y no cesábamos de soñar con el regreso! Mientras, a tirar, con una aprensión puritana de plantar tiendas y raíces. ¿No te atontolino? Por Chapultepec estaremos más tranquilos.

Esperó a que hicieran mutis unos paseantes, como si su efusión no admitiera curiosidades.

—Proclama que este crepúsculo, que pronto desaparecerá, que no habrá de repetirse, vale más, por efímero, que nuestra pedante miseria. «Soy capaz de apreciarlo.» Malvas y rosas, compactos o raspados azules, nubecillas como colinas en vuelo. «El reloj se detiene, te elevas sobre los ruidos y deseas arrojar tus lastres.» Te entregas al fluir y bramar de un río invisible. «Lo mismo siento, cuando el ánimo se lima de callosidades, al obrero y al catedrático, a la señorita de muchos dengues y a la putilla.» Así fue siglos atrás, idéntico fenómeno registrará el futuro. Es bello y necesariamente vulgar. El patán o el letrado se ungieron, por un instante. Y la huella, por pequeña y leve que sea, persiste. Al poeta lo fecunda, gradualmente, una metáfora. Después, los cuervos se lanzan a picotear en ese sentimiento inesperado y fugitivo: sociólogos, científicos, oradores, estetas.

Ricardo Estella, confuso y boquiabierto.

—No te asombres, animal urbano y meditativo, camionero, cinematográfico y televidente. Lo valoro porque un día comprendí, sin preámbulos, como al que se le declara una pulmonía o sana de improviso, que lo más probable era que no volviese a España. Y que si en el porvenir se presentaba esa posibilidad, el hombre del retorno es, ya conceptualmente, un dislate. Además, lo haría agostado, con moho en los resortes. Debía licenciar y liquidar, aunque escociese, al Comisario político. ¿Me limitaría a seguir ese juego embotador de la compra y de la venta, precios, pedido, comisión, enunciado y sumas? ¿O era realizable todavía un trabajo que no me humillase? ¿A la vejez viruelas?

Tomó resuello para agregar:

—Tenía que remontarme a una época. ¡Y no me importa el calificativo de fracasado en negocios, pues yo sé que acierto, incluso a costa de arruinarme y desprestigiarme! Me tocaban, ahí dentro, en el teclado de la cabeza, el título de una obra de Unamuno. Sí, «Amor y Pedagogía», en versión de Quintanar.

Se detuvo nuevamente y retó a su sombra, en la balsa náufraga del atardecer.

—En los principios, aseguran y remachan, fue el Verbo. No se equivocan. Se trataba sólo de un proyecto, de un anhelo y ya le había puesto rótulo al cascarón. «Academia Alcalá», mi modesto tributo al cardenal Cisneros. ¡Debilidades de uno! Y a dispararse... Sin recursos, más excitante. Crédito de hombre honrado, que nunca mendigó. Mi capital... ¡Pues a utilizar la confianza inédita! Para debut, abordé a Ibáñez: sudaba tinta china. No me corregí, lo has comprobado. Además, la conciencia de la responsabilidad. Un enjambre de telarañas sobre mis conocimientos. Hoy por hoy carezco de soltura para un manejo atinado de los chicos. Pero nada de amilanarse. Estudio a lo salvaje, métodos y materias, planes de enseñanza. Y me enfrentaré con la tarea más difícil: preparar reprobados, muchachitos díscolos y evidentemente haraganes, los pingos de cada promoción, el elemento que mis colegas suelen rechazar o rehuir.

Estella sonríe, evasivo. Un brote de pesimismo que Quintanar aprehende.

—¿Y qué si me rompo los cuernos contra la pared? Yo me lo guiso, yo me lo como. No soy de los que crían grasa, siempre me verás flaco. De muy niño me dio por el magisterio. Con soberano disgusto de mi padre, militar de carrera. ¡Qué de retratos —en el gabinete— de abuelos y bisabuelos, tíos y primos, bajo los corsés de las guerreras, patitiesos! Al rebelarme contra la tradición de la casta en ese aspecto, marqué toda mi trayectoria. A mi madre también la hice sufrir y cuando preguntaban sobre aquella «rareza» le daba por suspirar y gimotear.

Excitadísimo, se abrochó y desabrochó el chaleco de punto.

—Mi lección inicial, mi «estreno» en una suplencia. Al empezar, los pares de ojos se multiplicaban y no podía «neutralizarlos». Una catarata de gotas vidriosas, mecidas por un sordo murmullo; me rascaba la nuca y, a la disimulada, en los sitios anatómicos más indecentes. ¡Qué angustia, Ricardo Estella! Balbuceaba, hasta la mirada hubiera ocultado en el techo. Pero de misericordia no me interrumpieron, al comienzo, en tanto les hormigueaba, posiblemente, el afán de burlarse, de practicar esa tiranía de los débiles que se agrupan cuando el poderoso —e inseguro— los convoca a pecho descubierto. Entonces, por instinto, percibí que no importaba lo que decía, sino lo que era preciso conseguir. Y mi espíritu se reintegró al aula, a la atmósfera de polvo de ladrillos, a los pupitres rajados y rugosos, a los rostros todavía informes para mí, precozmente astutos, de una inocencia pétrea, de animalidad pura, de remola tristeza angélica. Y les hablé con un acento que me sorprendió, con metáforas simples, porque me había nacido una hombría definitiva. De la tierra agrietada y de la húmeda, del cielo plomizo y del horizonte, que es como una sábana tendida. Y al callar quedaron perplejos. Bajé del estrado, de un salto y fui interrogándolos, uno por uno. — ¿Tu nombre? — ¿Sales los domingos al campo? — ¿Con qué pellizcos, barbián? — Orejas de soplillo y nariz de galgo, pero listo. — Apréndelo, no hay guapo que me potree—. Las palmadas, el recreo. Me rodeaban. ¡Y esa experiencia es un vino cuyo sabor no se borra del paladar! Y aquí me tienes dispuesto a empinar el codo, con los mastuerzos y los cabales.

¿Tirita, azotada por el chaparrón, la estatua? Quintanar se acerca a la taquilla del cine y arrebata un manojo de programas. Al pairo de la marquesina los pintarrajea, apoyándolos en el muro.

—Me he desbocado, no repares. «Academia Alcalá». Te la dibujaré. Letreros de lámina para el balcón, en café y amarillo. Subes por una escalera de dos tramos. Pondré un foco muy potente en el rellano. Sala de visitas, con sillones de mimbre, librero bajo llave, donde se custodiará la Enciclopedia, adquirida a plazos. Inspira reverencia. Revistas de ciencias, encuadernadas, para el armario del centro, y como concesión, sobre una mesita, semanarios de ni fu ni fa. Mejor franceses y gringos, ¿verdad? A la derecha, el «sancta sanctorum» de la Dirección. Permíteme una vanidad menor. La inscripción de la placa, grabada. El corredor, entrando a la izquierda, conduce a las clases. Cinco habitaciones acondicionadas. Globo terráqueo, vitrina de mariposas disecadas y despliegue de mapas. Y cuadros con leyendas edificantes. Platón, San Agustín, Cervantes y Goethe, Alfonso Reyes, Giner. Eliminación, sin contemplaciones, de los bancos. Mesas alargadas donde alumnos y profesor «coexistan», en situación de igualdad humana. Y no toleraré ni la expresión más indirecta de distingos raciales, tampoco en el ceño. Ahora, a buscar chiflados que me financien.

Ha cesado de llover y una pareja, a corta distancia, no pierde ripio. Cuchichean con sorna.

Quintanar los interpela, en tanto que Estella pretende, vanamente, aplacarlo:

—Los invito a la inauguración. Academia Alcalá, calle de Coahuila. También educamos a los fisgones. Tarifa rebajada. «No cobramos las dos primeras semanas... ¡Los resultados convencen!» Ahuecaron. Oye, Ricardo, he ideado una espléndida campaña de publicidad. Naturalmente, a base de ingenio, muy directa y seleccionada, baratísima, pues de lo contrario ni para la renta quedaría.

Se interpone, aún jaque, otro curioso ejemplar de la emigración, visto frecuentemente, pero que Ricardo no puede identificar. Plantígrado y atildado, con unto de menudas verrugas el rostro de banderillero viejo. Luce un gabán invernal y blande, como una espada de museo, anacrónico paraguas de tela verdecida.

—Ilustre Quintanar, Dios te guarde. Y a tu escudero.

Amortiguados sus pasos, todavía enérgicos, por la barrosa arena del jardincillo. Sin detrimento de su empaque, remanga las valencianas para sortear, con saltitos de sapo, los charcos.

—Un iluso más, mi camarada, por tanto, Figúrate, fue Jefe de Policía, en capital de provincia, y le informan de Madrid, regularmente, algunos subordinados fieles, del movimiento de escalafón. Y en una copia, que siempre lleva en la cartera, señala con puntitos rojos los inexorables progresos de su ascenso. Si alguien duda lo anonada con un gesto imperial. En el interin, y para darse pisto, lleva el padrón de las defunciones, matrimonios, divorcios y natalicios que secretan y acrisolan las empingorotadas familias republicanas. Nunca se acuesta antes de la media noche. Para él, lo noctámbulo es una credencial aristocrática. Y está suelto, andamos sueltos por ahí. Se dedica, a manera de ocupación libre, al ramo de seguros. ¡Don Fernando Antúnez, salve! ¿No somos divertidos? ¿Y qué motivo tengo para salirte con esta retahíla, que no viene a cuenta ni cuento? A pesar del plan de publicidad, algo genial, modestia aparte, el miedo me ronda. Supongamos que ya abrí la Academia Alcalá. Todo en su sitio, no falta un detalle importante. Di voces, me prometieron ayuda y recomendaciones. Me tumbo en el despacho de la Dirección, con todo y letrero. ¿Vendrán los alumnos, la materia prima, Ricardo Estella? ¿O me dejarán solo, en un tris para que me suba por las paredes?

(Alicia mordisquea lindamente un tamal de dulce y sorbe su chocolate espumoso. Ricardo se ha desenvuelto con naturalidad cortés, pero cuando «su» charla se interrumpe, por cualquier nimiedad de la merienda, lo nota distraído, como si durante largo tiempo su función hubiera sido la de escuchar. Y no lo que ella dice, sino flotantes y esquivas voces.

El hombre —hasta en el más circunspecto una actitud sexual de cortejo y asedio, agazapadas tensión y vibración— permanece a su lado, la atiende, contesta o pregunta, pero se le escapa, «no la siente...»

Mientras le manifiesta una simpatía benévola, la obsesión planea, retorna más bien.

«—¿Qué le preocupa así? No hay derecho a estropear nuestra primera entrevista, la situación siempre turbadora de hablarnos sin testigos. De Leo ha debido curarse. ¿No ha dicho, repetidamente, que le alegra su maternidad? Es necesario que me presente a su fantasma verdadero, no puedo luchar a ciegas.»

Ha sido torpe. No supo interesarle. A su manera, sin melosidades prematuras. Se limitó, cohibida, a platicar de los hermanos, con engreimiento de protectora que fue precoz.

—A Sergio, si no lo tratan, hasta mansito lo creen. Gracias a ustedes pudo salir, en días, de la cárcel. De seguir allí, me lo achicopalan toditito. Vuelve a ruletear, tan contento. No me da guerra, obedece, igual que de escuincle.

Y describía sus rasgos de timidez. Cuando iba de baile —«¡en los danzones es reteanimado!»— imploraba su consejo. «Licha, ¿qué saco me cae con este pantalón? La corbata chueca, ¿la compones?» — «Ganaría más en el turno de 3 a 12, pero tú prefieres que madrugue. Y por no disgustarte...»

En contraste, Raimundo, catrín y escéptico, «se explica como predicador o licenciado». — «La ambición me lo trastorna y temo que el desengaño lo golpee duro. Es tan orgulloso y susceptible que me inquieta mucho más que Sergio. ¡Hasta que los case!»

Las propias palabras le parecían anodinas, indignas de Ricardo. Se apoyaba en el idioma cotidiano y doméstico, evitando los giros e ideas cultos que también la tipificaban, desde la relación turbadora con Mario. De esta suerte se acercaba a él, sin oropeles, hasta que no surgiese la oportunidad de ofrecérsele en todas sus facetas, una perspectiva que ya la estremecía.

—Una es, simplemente, secretaria-ejecutiva en el «Servicio Técnico de Contabilidades y Tramitaciones Especiales». Como si dijéramos una fórmula química.

Caminaba, aguanosas las articulaciones, con noción de vencimiento, cuando el inopinado ruego de Ricardo vitalizó sus esperanzas.

—Deme el teléfono de la oficina, Licha. Yo la llamaré. Seguiremos ocupándonos de Sergio y Raimundo (¿se burlaba?). ¡Madrecita! A ratos, casi me hizo olvidar a Jaime Trías. ¿No lo ha oído nombrar? Es lógico. Alguna vez...

No traslucía el más ligero tono irónico. Sin circunloquios, la tomó del brazo y corrieron al autobús, que aminoraba la marcha.)

Esta ondulación de Licha —recatado arrullo, oleaje de menuda angustia, copa de febril reserva, cinta audaz y tela multicolor de banqueta, aguacero instantáneo y luces verticales— lo guió, con inercia de autómata a la Academia Alcalá.

Era una tendencia irreflexiva y asimismo el afán (propósito jovial), de dialogar con el maestro en el medio que intrépidamente se había granjeado. Antes se interpusieron los escrúpulos; el préstamo le contenía y le avergonzaba suponer que el ex-comisario interpretaría su presencia como una inspección.

Pero Quintanar había pagado ya el adeudo, quincena tras quincena. Lo aguardaba en el vestíbulo del laboratorio y le entregaba, atajando comentarios, con pretexto de urgentes quehaceres, un sobre apaisado. Dentro, invariablemente, el billete de cien pesos y, en una tira de papel, el estado de cuentas, con toda clase de pormenores y fechas, saldo y firma de gallarda caligrafía. Para el último abono suprimió esa ceremonia, y en el apretón de manos le transmitió un cheque endosado. Y la frase de felicidad y respiro quedó atascada en su garganta de gallo veterano.

La Academia Alcalá se ceñía exactamente a la pintura que meses atrás pergeñara, bajo la marquesina del cine, Quintanar. Equivalía a visitar, al cabo de una ausencia indeterminable, su nido solariego. Ni un detalle que no respondiera al croquis. Y el rótulo de la DIRECCIÓN brotaba, perfilado, como excesivamente real. Partían del pasillo y se arremolinaban en todo el piso los murmullos de las lecciones, a manera de un rosario.

Quintanar había cambiado de aspecto y su proverbial aspereza empezaba a disminuir. ¡Ya no era tan rotundo y estentóreo! Revisaba, abstraído, las tareas —cuadernillos abiertos y apilados sobre la carpeta de hule marrón— y exclamó levantando apenas los ojos:

—Siéntate, Ricardo, sin cumplidos. Estás en «tu» casa y no es un convencionalismo. ¡Las ganas que tenía de que vinieses! Iba a pedírtelo.

Tachó una palabra, como si disparase una pistola.

—¡Y pensar que este gaznápiro no valía más que un desecho de tienta! Ya hace sus pinitos y mucho me equivoco o he alumbrado un talento.

El conserje, de modales porfirianos, tosió preventivamente.

—Profesor, con permiso. La señora de Albarrán quiere verlo. Por si usted no la recuerda (y ahiló la voz) dijo que es Berta, Barcelona 1937.

—¡Un telegrama!

Y Berta se adelanta.

—Menos guasa, camarada Quintanar. ¡Ah, tienes visita!

La mujer atisbada en la exposición, «laciamente redondo el rostro de cenagosa blancura».

—Ricardo Estella. Al padre lo conociste.

—La verdad, ahora no lo asocio...

—En relación con Jaime Trías, quizá.

—Lejos te fuiste. Apártalo. ¡Cuánto indagué para localizarte, so romántico! Los demás han navegado bien, tú con la querencia de la escuelita.

—Soy incorregible.

—Por esa razón te busqué.

Ricardo esboza un saludo e inicia la retirada.

—Es preferible no interferir. A ustedes les unen ciertos recuerdos, les agradará airearlos.

—Aguárdame en la antesala. Me siento ministro... Y de todos modos, hoy aprendiste el camino.

Berta simula leer un diploma enmarcado.

(Es de pésima crianza que escuches, Ricardo. Te distancias y aguzas el oído. A la placidez anterior le sucede un ritmo frenético y entrecortado. Laten, al trote, sienes y pulsos. Han anudado el presente: a sumergirse en la quimera, tu naturaleza dorsal. Nadas, tendido, contra corriente.)

—¿Te casaste?

—Procuro evitar los hijos.

—¿Es de tu filiación?

—Viajamos mucho, cada año a Europa.

—¡Maná de ganado vacuno!

—Hay que adaptarse.

—¿Duermes bien?

—No me arrepiento de nada.

—Contesta.

—En la alcoba, una cortina lila. Al amanecer enrojece.

—Lo de Uruguay es reciente, supongo. ¿Por dónde habías peregrinado?

—Albarrán, mi hombre, mi compañero. Luchó en la resistencia francesa.

—¿Y los de tu grupo?

—Ni rastro.

—¿No averiguaste?

—¿Para qué?

—Aurelio, el ebanista, se pudrió en un campo.

—Estaba más que derrotado.

—No te doblegas. Germinal...

—¡Qué galante! Me recibes de uñas.

—Fantástico abrigo de pieles. Como una tentación de palparlo. Piel de fiera.

—Intentas torturar. Muy hospitalario.

—Confiaba en que me hubieses mostrado la foto de un hijo tuyo.

—¿Perpetuar esta sangre mía?

—Y la de un millón de muertos.

—Aprieta la clavija.

—Perdona, exageré. Roerás tu hueso.

Arbitrariamente, sobre la cabeza de Estella, en remedo de pergamino, se abanica el soneto del Conde de Villamediana:

> *Un mal me sigue y otro me deja.*
> *Si callo no me sufro a mí conmigo.*
> *Y si pruebo a quejarme, cuanto digo*
> *Nuevo peligro es y culpa vieja.*

—¡Ricardo! Se me hizo tarde. Me esperan los de Matemáticas. ¿La acompañas a su hotel, por favor?

En el taxi, Berta se desmadeja, agotada. El pie —zapato de charol, tacón alto— no mueve su péndulo de acecho, cual ocurriera, según la conseja, en la memorable velada de Jaime Trías. Calla Ricardo, pues le exaspera ese crujir de mandíbulas.

Frente al hotel de la calle Génova, una apostilla de Berta:

—¡El famoso Quintanar! Maestro a la antigua: quien bien te quiere te hará llorar. Mañana, a Monterrey. Otro reencuentro... Es difícil que nos veamos más. ¡A mi edad todo resulta tan irremediable!

17

Aída Olmos subió apresuradamente la escalera y en el rellano, antes de abrir, recobró aliento.

«Pero no es que me canse, todavía soy fuerte. La altura nunca me afectó. Y menos hoy... Pero las emociones sí que me pueden. ¡Tanto que lo había esperado, sabiéndolo por chispazos! ¡Y de pronto se realiza, va a ser! Sólo faltan tres horas.»

Le temblaba de tal modo el pulso que no acertó a introducir el llavín, al primer intento. En vez de irritarse por su torpeza, rió suavemente y entonces, como si la cerradura hubiese adquirido ánimo receptivo, cedió la puerta.

Lo consideró un augurio feliz, más aún al advertir que no había nadie en el departamento, y que su habitual silencio y la oscuridad mohosa habíanse transformado en grata quietud acogedora. Y que las sombras del pasillo, desde el avistado ángulo, la recibían con una cálida emanación.

«Es mi alegría, que lo cambia todo.»

Gritó, para cerciorarse:

—¡Ricardo!

Su voz removió por un momento el aire clausurado y se extinguió en breves resonancias. Avanzó hacia la sala, que se prolongaba, cubriendo el frente de los dos balcones de la calle, hasta el dormitorio que meses atrás debieron compartir Paulina y Lorenzo. Sobre las baldosas se dibujaba el contorno lineal de la cama, adivinó las hendiduras de sus cuatro patas, que sucesivas limpiezas y pinturas no habían remozado. Contempló las huellas de aquel tiempo y se estremeció de piadosa terneza.

«Ellos nunca fueron una verdadera pareja. Mi cuñada, siempre achacosa y adusta, casi un zacate. No se concibe que retuviera al marido. En cuanto a Ricardo, le inspiró respeto y no creo que cariño. Debió ser muy severa con él. Las personas forzadas a la inmovilidad o poco menos, no comprenden a los que se crían y forman en la calle. Al final, lógicamente, cada uno tiró por su lado. El chico ya se las apaña. Ha sido una liquidación el traslado de los padres a Durango. El heredero, aunque es difícil de contentar, se nos casa cualquier día. Por mí, encantada. ¡Menuda sorpresa les prepara tía Asunción!»

El foco osciló entre oscuridad y semitiniebla y, encendido, adquirió para ella una cualidad familiar. «Me había acostumbrado a ese parpadeo, pero habrá que poner uno nuevo. De milagro no se funde.» Blanqueaba, en un cojín crema del sofá, exactamente sobre el rosetón de cambaya que bordó la víspera de su debut en la comedia, el anhelado aviso de Ricardo: repetiría la advertencia casi cotidiana. Lo leyó, complacidos los ojos extáticos, segura de no equivocarse. «Llegaré tarde. Para variar, me invitó un amigo. Acuéstate, por favor. Un abrazo.»

¿Iría con Guevara, su grotesco enamorado? Se reprochó la fácil crueldad, al calificarlo. Comenzaba a sentir por él una negligente misericordia, que sutilizaba su voluntad. Discernía esa ley inescrutable que nos obliga a herir si queremos se cumpla una tendencia profunda, aunque de ciegas repercusiones.

Como un carroussel irrumpía y escapaba, precipitaba su aparición o retardaba su momentáneo adiós juguetón, la imagen de Requena. Acento firme en la promesa, inflexión suplicante al rogar, las noticias que le comunicó, el pacto establecido, descartaban el menor vestigio de flaqueza.

Repetía —la alfombra de asiento, horquilla de la nuca los dedos en cruz— aquellas sus palabras, fresca sustancia de la sangre veloz y de los nervios expectantes, fiel a las̄ pausas que él fijara, a la mirada larga que anulaba una y otra frase. Lo que Aída Olmos le contestó era secundario, limitábase a un respirar enardecido, al sordo crujir de las articulaciones.

«Había cortado, definitivamente, la relación, jamás íntima, con la heredera de don Víctor, de que tanto se murmuró. Lo juraba. Y a su mujer le planteó, sin rodeos, la necesidad de divorciarse. El abogado, un cuate, la visitó después, de acuerdo con sus instrucciones, y le propuso condiciones decorosas, que no lo ahogaran. Las aceptó, después de regatear. Se había instalado en un hotel mientras buscaba una casita sola, por Narvarte o San Ángel. Hoy mismo lo festejaremos. Vendré a recogerte al terminar mi programa de media noche. Arréglate igual que si fuésemos a la ópera.»

Sabía que la cita significaba el encuentro decisivo, que no sería admisible ningún aplazamiento. La propia Asunción lo deseaba así y no se lo ocultaba. Por ensalmo había liquidado sus prejuicios, sus viejas normas de conducta. Aéreo cinturón de sus caderas: la turbaba,· invisible y todavía tangible, la presión cercana.

Le quedaba bastante margen para repasar —entera, frustrada hasta esa fecha, inerte a pesar de la astucia y del egoísmo, de su dureza e impavidez— la que se le figuraba una vida ajena, y sin embargo, hondamente conocida en sus móviles.

En jubilosas intuiciones, del encadenamiento y rasgos de las circunstancias, según ella tan benéficas al fin, se elevaba una improvisada oración de gratitud a Dios, que imprimía a su derrotero un sello de plenitud. Había granado, a través de los azares de una inhibición agotadora, y se consagraba a este momento.

La deserción del novio de la juventud, las convulsiones de la guerra, las «herejías» del hermano y su afán de traerla a México, donde remediaría la desidia de la esposa arisca y doliente —«serás el timón de la casa»—, la cortés reserva de Ricardo y el fervor inoportuno de Guevara, que por pura y magnífica casualidad la puso en contacto con Requena, formaron las notas que prolongaban el acorde rotundo en que habría de esponjarse su carne. «¡Alabado sea!»

«Se oía» cual vigor neto y preciso, que le provocaba una dulce duermevela. Y rompió a cantar, en murmullo, repetidamente, una melodía inventada, pueril.

«Despertó» con los once toques del reloj de pared y se aprestó, bajo el cosquilleo de añejas ansias, para la entrevista.

Venció la última vacilación al penetrar en su alcoba. Trasponer aquel límite se le antojaba un salto en el vacío. Porque el cuarto albergaba ya aire y prestancia distintos. Creía que cada uno de sus actos y movimientos estaba prefijado, desde que lo conoció, por designios superiores. Acatarlos era su único deber. Requena la conducía. Su libertad acababa y ello la colmó de serena voluptuosidad.

Grados del rito, desnudarse. Y elegir el vestido que ajustaba, con cierto desafío, los trazos, aún cenceños, del cuerpo inexplorado («Un regalo de Ricardo, criatura»). Luego apartó las medias flamantes y empezó a seleccionar, y las acariciaba de refilón, prendas íntimas, aquejada de un temor vagoroso. Aquellas piezas sobrias, con el regusto austero del pasado provinciano ¿lo decepcionarían? O quizá admirase su sencillez, la identificaría por ellas, en parangón con la sensual frivolidad —y sumariedad— de los modernos moldes de senos, vientre y riñones, que caben en un puño.

Meditó —mientras el agua templada de la ducha tecleaba la piel, marcando una misteriosa energía latente en los huesos y fibras, durante largos años bajo ruda contención— que le importaba seleccionar, con suma prudencia, todos los elementos de su indumentaria. «Y vigilar mis reacciones». Porque sería ridículo, de un cursi imperdonable, presentarse y «actuar» a la manera de las novias primerizas. Tampoco acudía a un simple desfogue... «Ni la prometida ingenua, ni la amante demasiado experta», se recomendó. ¿Qué actitud adoptaría cuando él, ya solos, se aproximase todavía más, comenzara a ser parte de sí misma?

En la esterilla de palma que iniciaba su dormitorio se inmovilizó una vez más. Anudó mecánicamente el cordón de la bata, para que su total desconocimiento práctico de esa radical y turbulenta zona de la existencia no la sacudiera en intempestivos gemidos. «Se reirá de mí, por dentro.» Nadie le había explicado en qué consistía la unión real —escarceo y vértigo, presumía— de hombre y mujer, sus angustias, apenas presentidas, sus tensiones que ya la desgarraban, los modos de aquel combate tensor y sedante. Se notaba inerme, sin malicias que la defendiesen, desprovista de una finalidad clara. «Inocente, tonta y estúpida, a mi edad.»

Alfredo imaginará que, por lo menos, tendría nociones rudimentarias de ese acoplamiento. ¿O suponía, a tenor de sus cálidas réplicas, de roncos trémolos pasionales, ante el micrófono y al ensayar, que ella sí estaba enterada? Y que, naturalmente, repetiría algo que afrontó, para dejar huella e inolvidable destreza.

Su virginidad la irritaba, era una trampa a la que no podía sustraerse. Dominó el impulso repentino, violento —ola negra y roja— de mutilarse pechos y sexo. Porque la trastornaba, en aquella prueba próxima, la posibilidad de no apoderarse de sus sentidos, de que su comportamiento pasivo le produjera una decepción imprecisable. Quería penetrar en su memoria, arrebujarse allí. Aída Olmos, infeliz, ocupará, si acaso, un lugar fugaz en su recuerdo, no resistirá la comparación con las fuertes y reptantes impresiones que él habría gozado. Sí, eran rebaños de sierpes sus temores.

«Más vale» sufrir y morir, en un rincón. Simular una exacerbación de la castidad inveterada —seca, odiosa— y rechazarlo teatralmente, que la esperase en vano. No padecería el ineludible desengaño. Y si le pedía explicaciones, ¿no quedaba el recurso de una escena de renunciación, facilísima para ella? Bastaba recitar, de aquí y de allá, los parlamentos altisonantes, que de pronto se le antojaron tan vanos y artificiales, pero que la protegían, plantar entre los dos espesas cañadas —las veía nacer y cuajar, con densidad troncal, sobre el piso de mosaico desteñidos—. Preceptos morales, enredaderas de prohibiciones. Entonces se poblaron de pupilas sanguinolentas las paredes, por el techo que descendía pululaban garras humanas y uñas animales; ardía su espalda y no se atrevió a explorarla, porque alrededor de las vértebras los tejidos adquirían, lenta y terriblemente, consistencias calcáreas, las capas de innúmeros y apretujados moluscos. Y la invasión, que al avanzar la taladraba, partiendo de las mismas células, arrastraba insectos y basuras, gusanos inquietos y sonámbulas mariposas.

Y únicamente era el comienzo de su delirio, por la simple eventualidad de eludirlo. Revolotearon por su cuello las sombras, como enarcados y sobados lomos de gato. Golpeaban sus tímpanos manojos de pezuñas volantes, y la caída, en torrentera, de granizo y pedruscos. Su hálito se convertía en sucesivas lengüetas metálicas. Y comprendió que si no lograba desprenderse del feroz sortilegio, se hundiría para siempre, cesaría el ser.

Prefería que Requena la despreciara o que no la estimase, después. En tanto —y fue un vislumbrar de infinito consuelo— se aferraba al contorno palpable, al creciente espasmo de su estómago.

No supo de qué modo pero se halló en su dormitorio, como al regreso de un viaje extenuador, derrumbada al pie de la cama. Un haz de dardos que se clavaron en la garganta, al resplandor redondo de la lámpara. Sobre la colcha relucían el corpiño rosado y la blusa de amarillos lunares, las medias grises y las ligas jaspeadas.

Manos extrañas, mas no enemigas, guiaban las suyas. A medida que completaba su tocado, con ritmo exacto, sorprendente, asimismo propio y continuo, declinaba la ansiedad que la había torturado. El propósito de ser, junto a Requena, dócil y confiada materia le infundía nuevo y grácil ardor. Las visiones recientes se proyectaban como manchas inaprehensibles y lejanamente repulsivas, que urgía eliminar del pensamiento.

Miró el reloj y sólo restaba un cuarto de hora. Retornó a su normalidad. Con paso tardo se encaminó al espejo del ropero y arrostró el examen. No, todavía «eres» capaz de agradar, exclamó, cual si se tratara de persona distinta, inspeccionada objetivamente. La primera impresión del rostro, la expresión más bien, que su ensueño le imprimía, resultaba atractiva, de tersa tonalidad dorada. Copiaba la tez de melocotón, los granos de trigo maduro que curvan las espigas, ciertas notas coloquiales sugeridas por el cielo, en las tardes traslúcidas, a ras del ocaso.

Estatura cabal la suya para el hombro de Requena y una apariencia cuyo conjunto prometía discreta adecuación amorosa, pero en la cual —lo advirtió, conminando al espacio desierto— la simplicidad podía parecer rígida, afectada. ¿No le faltarían algunos reflejos retadores, seductor cabrilleo de fiesta?

Abrió —arrebato y escalofrío— el estante central del armario. Para buscar el escondite, psicológicamente femenino, donde guardaba, cubierta por unos chales, la arquilla que la acompañó en todos sus trasiegos. Madera delgada de chopo refranero, diferenciada la lisura por unas estrías que el punzón registró severamente, imitando venas de hojas. Y el asa de plata, con sus iniciales. Sobre el forro de raso se enroscaban algunas joyas, de viril ejecución artesana. Más que por su valor material las apreciaba el personal sentimiento. Collar que anticipa el éxtasis, desde los arranques de la garganta —ríos subterráneos—; brazaletes que señorean la carrera de los pulsos. A su lado, un pajizo pavimento de papel: las cuatro dobleces y los ocho pliegos de la carta famosa, y jamás contestada, que en Barcelona, y tras su negativa, le escribiera Sebastián Valterra, otro añorador incorregible. Con aquella atormentada historia que no le incumbía, y que él le contó así, a destiempo, para probar su fe y rendimiento.

Mientras distribuía sus adornos de rúbrica —el retoque, lo transitoriamente definitivo— volvió a reírse, sin acritud, divertida, por mero impulso. «Menudean los músicos por mis heredades. Valterra en España y Guevara en México. Debo tener imán de arpa», comentó para sí, y asociaba la imagen, sensualmente, con Requena.

A través de una rendija de la ventana interior —«poterna de mi castillo», frase de alguna serie en que participó, que también las hay de época— caracoleó, de una radio de la vecindad, puesta al máximo volumen, el tema que remataba con estentóreo acorde orquestal el diario programa de Alfredo, banalmente titulado «Poesía en la noche». Reparó en que el disco estaba a punto de rayarse. Procuraría no olvidarlo, «es de un efecto deplorable». «Te perjudica, Alfredo, exige que compren otro.»

Quedaban unos minutos, progresivamente elásticos y rápidos. Las agujas de una voraz desazón. «El champaña y la sidra son iguales, pero hoy...» ¡Qué simplezas se me ocurren! De pueblerina. Habrá salido como un cohete, sin remolonear con los amigos, los locutores del turno de diez a doce. Díaz, un calvo de lo más bilioso; Artigas, el tipo de las patillas descomunales, talmente un bandolero de película. Y es fama que mez-

clan la plática y los tragos, y terminan, cuando poco
de madrugada. «Pero él alegará un compromiso, una
ocupación urgente, de manera que los otros no curio-
seen. En tanto que yo divago, marcha a grandes zancadas. Al sortear un auto se arregla la corbata. Es
muy distraído, y en previsión palpará el bolsillo interior de la chaqueta, para cerciorarse de que no olvidó
la cartera. ¡Qué bochorno sería que al querer pagar,
en la primera ocasión en que nosotros...! Y de seguro
que se mira en el cristal iluminado de la esquina. Que
a presumido no le ganan. Le haré esperar un ratito,
lo indispensable para que se inquiete y recele. Tambo-
rileará con los dedos de la mano izquierda sobre el
pecho, uno de sus desahogos favoritos. Pero no es-
tires la soga más de la cuenta, Aída Olmos».

Resolvió no acomodar los objetos dispersos en la
alcoba. Lo haría al regreso, de no estar, como sería
natural, excesiva y placenteramente cansada. Lo más
probable es que lo pospusiera para la mañana siguiente. Y el ordenar ya no sería menester rutinario, sino
pretexto de evocación perezosa, en cálido rememorar,
de gestos y palabras excepcionales.

Se situó junto al balcón izquierdo, el de mayor vi-
sualidad hacia la calle —dejaba atrás un dormitorio
en penumbra, el joyero destapado— y los visillos le
rozaron los labios, resecos tras el carmín. El contacto
la excitó. Aspiró el propio perfume, palpó las telas que
la turbaban y henchían antes de mirar.

Por fortuna aún no había llegado, o era probable
que al no divisar su silueta, según lo convenido, diera
un rodeo por las inmediaciones. En la acera de en-
frente, la anciana del estanquillo —donde Requena
había prometido apostarse— colocaba, a compás de
bostezo, las monedas en cartuchos de papel. Se enredó
de charla con una matrona, la falda muy ceñida a las
caderas pomposas, y suelto pelo largo, de negror ple-
beyo, que relucía de untos. «Estas de San Juan de Letrán, las cuscas, salen de sus terrenos, sin el menor

reparo. Alfredo y yo nos mudaremos a una colonia de gente respetable. ¡Que no nos atosigue esa plaga!»

Empezó a contar, segundo a segundo, los minutos. Se le figuraba que constituían monedas de su tesoro secreto, íntimo, que la impulsaban hacia Requena. Era suficiente que apareciese: treparía por aquellas columnas de ·cifras para que él la viese, como se otea la ermita encalada, punto de referencia en una cadena de montículos. Apilaba, cada vez con mayor velocidad, los hitos que acortaban la distancia. Pero el ejercicio la fatigó y resolvió enumerar con lentitud y que se intercalaran, cual silbos, los acorchados rumores nocturnos. Se uncía al tiempo y avizoraba, impotente, su dimensión inabarcable.

Desapareció por un callejón la prostituta y notó a faltar su contorno obeso, elemento que, pese a todo, animaba y justificaba el lugar. En un descuido chirrió la cortina metálica del estanquillo y la dueña —terciado el rebozo, morada almeja de la tos bronquial— trotó en dirección de la calle Ayuntamiento. Afuera cundía la soledad; dentro, lengua y paladar jadeaban, al pronunciar cantidades que al principio creyó inverosímiles, pero que necesitaba oír para no desorientarse. La calle, un silencio viscoso. A la altura del pasaje, el farol superviviente destila un cono de luz sucia y de quirúrgica vidriosidad. Así han de soportar los cuerpos anestesiados una claridad áspera, antes de que arranquen a tirones las sábanas que los envuelven y múltiples bisturíes rasguen, con cegadores brillos que se agigantan, los órganos podridos.

Al pasar, la pareja se instala en el zaguán más umbrío. Forman un solo volumen, donde se sobrepone, encorvada, la espalda del hombre. Las manos de la mujer exhalan un fulgor moreno. Adheridas primero a los flancos, pasan a hurgar el cuello. Una emanación primitiva —forcejeo y duelo— asciende a los cristales, que empaña el rostro socarrado de Aída Olmos. Al abandonar los amantes su albergue, el varón inspecciona las fachadas y sorprende el espionaje. Ríen entonces, primero en cuchicheo, después ruidosamente. Y bracea, al alejarse, con un ostentoso ademán obsceno.

Pero Aída Olmos no sufre, por ello, irritación alguna. El incidente articula ese transcurrir obsesivo, violento y extraño, superior a su comprensión, ajeno a su propósito. Bloque de espera, a merced de espesas aguas negras, en la noche herida e inescrutable. Requena no acude todavía y devana las hipótesis. Circularmente, los nombres que lo precedieron baten la memoria: Se-bas-tián Val-te-rra, Gue-va-ra. Y en un repliegue del cerebro, Ricardo cabalga sobre la pared de su mutismo y le tiende en vano los brazos. ¿Y si Alfredo la desdeña?

«¿Por qué me trajisteis? —los arcángeles se adornan con espolones metálicos y su plumaje es también el de los gallos de pelea—. Tranquila estaba en mis huertos, preparada para la vejez, resignada a la soltería, y de allí me arrancaron vientos de perdición. Para plantarme, indefensa, en el hoyo de esta incertidumbre. Me sonsacaron los anhelos, cuerdas de gruesos nudos que se revuelven y me golpean. No aguanto el escozor de los pezones y siente el vello como esparto. Pesan los muslos, de tantas algas que vinieron a pastarme. Cuando Alfredo se presente encontrará, bajo el vestido, una piel de pinchos y escamas. No podrá tocarme, se arañaría.»

Suenan, con percusión de explosiones truncas, inasibles, dos simultáneos frenazos de auto, que probablemente evitaron un choque. Es frecuente oírlos, casi habitual, y sin embargo, asumen para ella un signo de fatalidad inconclusa, pero que el recuerdo debe aislar y conservar, lo mismo que los otros episodios de su vigilia.

Nace, en la pulpa de los huesos, un frío de apisonada escarcha —«Patroncita, ¿por qué me lo embruja? Tendré que aventarme por el mundo. De Lucha ni quien se acuerde. Y usted lo ningunea.» Es inútil que se abroche el abrigo: está prensada por los hielos internos. Tampoco logra caminar. Atornilladas a las baldosas, las piernas desobedecen. Alfredo no comparecerá, jamás. La respiración se ha transformado en válvula de continuos ayes. «Una criatura extraviada en el valle desierto, sin luna y sin horizonte, no se quejaría de otra manera.» Mana el sudor en gotas ardidas, derrite la pintura por el cerco de los ojos, áridos y petrificados, deslíe la pasta rosácea de las mejillas y resbala, en hilos verdosos, hacia el cuello.

«¿Verdad, Ricardo, que no puedo ir de un lado a otro? Tú lo entiendes. Aquí seguiré, por los siglos de los siglos, en esta jaula del balcón. A menos que muera completamente... Nadie me descubrirá, porque soy invisible. Me buscarán por todas partes, sin saber que me tienen muy cerca, pero me robaron el habla y cualquier gesto mío en polvo me convertiría.»

Recluirse en el pasado originario, junto a la sombra, entonces protectora, del hermano niño, era la única solución que ideaba.

¿Por qué se interpone la madre de Ricardo y pretende disuadir al esposo —víctima de su castidad cruel— de que la acompañe? ¿No comprende que deben emprender nuevamente la aventura del Callejón de los Fantasmas? Al fin, uniendo los veinte dedos infantiles, que delinean la doble señal de Cristo, se desembarazan de su prohibición. La infeliz —alcayata de plañidos— se retuerce en el lecho de una zanja, donde varios hombres barbudos, con ritmo de cuadrilla, depositan manojos de yerbas silvestres.

«Requena ha huido: garfios de su estribillo.»

Penetra en el Callejón de los Fantasmas y a su mitad, al avistar la casa de balaustrada ruinosa y torcidas ventanas, que encastilla el espectro del usurero —Don Clemente—, advierte que el hermano ha desaparecido. Es seguro que le retoñó el remordimiento y desanduvo el camino. Suplica, de rodillas, a la mujer presa en la zanja y se esfuerza en apartar el ramaje que la ahoga.

Lo desearía, pero no acierta a retroceder. Sus venas son rollos de torcido alambre, serpentinas de temblores, ejes del miedo. Sólo puede avanzar a tropezones, hacia la fuente tapiada. Allí la aguarda, en acecho, el vejete de bigotes canosos, tostados por el tabaco, que cuando se sonríe muestra tres dientes delanteros, mulares, espaciados, para que su fetidez sople, por cada ranura, el terror, la codicia, ávida furia. Esgrime un mellado cuchillo de matarife. Lo curioso es que desde las azoteas la previenen a gritos fisonomías irreconocibles, con ademanes desaforados. Y las cabezas emergen de un bosque de micrófonos —el operador de sonido, la actriz de carácter y el autor del *script.*

Relampaguea el arma y tras un dolor instantáneo, de acuosa quemadura, Asunción se despeña por una ladera de tinieblas, que desembocan en nubes de somnolencia. ¡Si consiguiera salir de ese aturdimiento y alcanzar la cama! Y hundirse y dormir y no despertar.

—¡Tía Asunción!

Real y consanguínea, de un universo firme y claro, adviene la voz agitada de Ricardo. En su ámbito se reclina. Es una almohada de limpia funda y estable mullido, inconcebiblemente tibia.

Todo el peso del cuerpo gravitaba sobre su codo, al borde de la acera. «Esa española», dijo, como invocación y bisbiseo. Se concentró después en el simple fluir de la sangre, en los suaves borbotones que periódicamente producía. Por el húmedo y delgado reguero que de la espalda se escapaba, reconocía «su» vida, el sencillo y suelto misterio de su fuerza. De nada iba a servirle este saber fugaz y fatal, la sensación, lúcida y atónita, de su energía. ¡Qué rara aquella noción cambiante de serenidad y pavor inmenso! Pendía del solitario espectáculo de sí mismo, hasta cierto punto orgulloso de que no hubiera ficción posible, de apreciar, casi con exactitud cronométrica, su término.

Ni siquiera realizó el menor esfuerzo para arrastrarse, tambaleante, a golpear la puerta extraña —a dos metros, no más—. No intentó tampoco pedir auxilio, en aquel desamparo completo de la alta noche y del lugar sin tránsito. De tener suerte habría prolongado la agonía, únicamente, a cambio de no poder reflexionar en su última fase, atento a la cadencia y burbujeos finales de su sangre, al insospechado curso de pensamientos y crispaciones físicas que le encandilaba, con la misma graciosa fosforescencia de las estrellas que le era dable captar, en el paño de cielo de su órbita, que él disfrutaba exclusivamente, entre sutiles exaltaciones y bruscos desmayos.

Si alguien pasaba, a cierta distancia, lo más fácil sería que redoblara el andar. Lo creerían un borrachito. ¡Bah! Lo perdonaba y lo agradecía. «Aída, un prodigio tu generosidad.» Trotaban por el aire manso plateados corceles y en sus grupas repetíase la recia figura de la mujer que lo esperaba. «Serán alucinaciones, pero tan hermosas...»

Le sorprendió el ataque. Después, al caer como un guiñapo, lo aceptó, ya sin brizna de odio. El tipo había cumplido, ciegamente, un acto de justicia, la inexplicable sentencia que revelaba su trayectoria. No le preocupaba quién lo hubiera mandado o alquilado. Carecía de importancia, esa curiosidad había dejado de agitarse en él. Admiraba, con vaga ironía, la extraordinaria destreza del agresor, su objetividad inhumana.

Escuchó, atrás, cual una bocanada insistente, su andar leve y saltarín. Percibió, distraído aún, la proyección grotesca de aquella sombra picuda en el pavimento, que se acercaba, intentando hermanarse con la suya.

Descargó la puñalada en la zona vulnerable, como una aguja que buscara el pulmón izquierdo, evitando los huesos de las costillas. «Merecía ser cirujano.» De un brinco sorteó su desplome y para dominar probables quejas delatoras cantó exageradamente, con tono de falsa ebriedad.

«Cucurrucucuuu, paloma.»

Al alejarse, sin acelero, no lo distinguió, grisáceos vidrios las pupilas. Supo que la existencia se le acabaría, en corto plazo. Y puerilmente rumió que ese desenlace, fuera de programa, lo eximía de enfrentarse a Aída Olmos, de mentirle. «No tuve valor para romper con la hija de don Víctor. Puro cuento lo del abogado y el divorcio formal de mi mujer. Apenas una separación. Fui débil, la deseaba y ella se ofrecía. Todos lo notaron. A veces daba miedo ese mundo suyo, macizo y exaltado. Era indudable que me arrastraría.»

Contuvo penosamente un repique de tos, temeroso de que precipitara la hemorragia. Disponía de un tiempo ceñido, sin prórroga, una propiedad que nadie le disputaba y que no debía malgastar. Tenía que elegir, para medirlo, aquello, a su alrededor, capaz de darle, en una rápida revisión de experiencias, un sentido, ahora cuando ni los matices cabía enmendar.

Aún pudo aflojar el nudo de la corbata, desabrocharse el cuello. «Aliento de alcohol quemado.» Comenzaba a percibir aquella comentada laciedad de los pulsos. «Dejaré un rastro de abandonos.» La esposa y los niños no le preocupaban demasiado. Oyó los lamentos de Teresa y sus quejas, por el escándalo. «Lo mío es un crimen.» Hereda ahorros, un ranchito y no faltará la pensión que, con alarde publicitario, regalará el dueño de la emisora. Organizarán festivales de beneficio para la viuda y los huérfanos. Frunció las cejas, se hubiera tapado la nariz. Lo aplastaba, las coronas y el olor cargado de sus «honras fúnebres» resultaba insoportable. Crepitaron los magnesios de las placas periodísticas, punzando la retina.

Como ígneas gotas de mercurio, los vapores de su transpiración se hincaban en los pómulos. Rechazó la evocación de los días y travesuras infantiles. Le abrumaba su vulgaridad insípida, igual que el resto de sus éxitos. Debía admitirlo y resignarse. Menguaba el batir de su corazón y no tardarían, tras una asfixiante sucesión de latidos, en sobrevenir el espasmo breve y aquietador, un largo desfallecimiento y quizá la convulsión definitiva. Respiró hondamente, con el ansia de afirmarse en la desnuda y casi animal noción de la vida. Pero el esfuerzo lo quebrantaba y advirtió el progresivo acorchamiento de la carne, las coyunturas sin vigor, crecientemente exánimes los tejidos. Descansó la cabeza, con leve rebote del cráneo, sobre el empedrado. «Debajo está la tierra.»

En ronda, a la que se incorporaban nuevos gritos, surgían de la atmósfera micrófonos y bocas gesticulantes, la suya, multiplicada, en los diversos papeles que interpretara y que chorreaba una gelatinosa sopa de frases. «Es necesario que me limpie de esa mugre, antes de cruzar el muro.» Una arcada brutal le sacudió las entrañas. Vomitar, vomitar...

De las vísceras subían las congojas. Frescas lágrimas —lluvia del hombre, semen esencial— le bañaron los párpados desencajados, en preludio de mortal tiesura. Lo estrujaba la piedad por Aída Olmos, convencido de que no resistiría el dogal de aislamiento y desesperanza a que la condenaba. Escuchaba, consciente de su impotencia absoluta, el resquebrajamiento de su cerebro agujereado.

Y el Chinaco se redujo a una sonrisa solemne.

En Arcos de Belén, el tipo, «Alfiler» de apodo, giró en noventa grados e inspeccionó las inmediaciones. Se detuvo unos momentos. Fingía admirar el cuartel antiguo y la iglesia colonial. Murmuró: «Dios me cuida. Tendré que pintarme un letrero, como los camiones de segunda o los de carga.» Apretaban los tirantes y los aflojó. Se le había empolvado un zapato y lo restregó contra la valenciana. Sacó el pañuelo finolis del bolsillo superior de la chaqueta y con la uña triangular y córnea del índice grabó en la seda una incisión, la quinta. «La faena de mayor peligro, yo solito y en pleno centro, aunque sea casi media noche. ¿Qué se traería el árabe? Baratito sí le sale.»

Le mortificaba la discreción forzosa, el no poder jactarse con los pelados de la palomilla. «¡Pero el argüende que armarían los periódicos en unas horas más! Porque ni quien lo dude: el Chinaco hablaba rebonito y hasta lo contrataban para las películas. ¡Si lo sabría él! Algo se aprende al cursar algunas materias de leyes y dártelas todavía de leído. ¡Lástima que uno desprecie la fama!»

Pero sus principales orgullos eran la puntería y la agilidad. «También estudié un año de Medicina.» No pertenecía a la plebe. «Ni huella de indio en la familia. Güera mi mamacita.» «No se me enoje. Usted no padeció necesidad, siempre la consintieron. Y a su hijo lo perjudicó el trago, el querer ser libre y soberano.»

El auto seguía estacionado en el jardincillo e incluso la señal que garrapateara en el parabrisas, especie de tatuaje que remedaba unos senos abultados, allí quedaba. Se arrellanó en el asiento y sobó el volante. «No soy del montón. De los pocos que tienen carro. Por Balbuena le cambiaré la placa. ¡El detalle!»

Puso el motor en marcha y partió, liviano el humor. «Lo descubrirán de madrugada, con harto frío.» En el crucero de San Juan de Letrán no funcionaba el semáforo y frenó prudentemente. «Los desgraciados van cuetes.» Su sexto sentido le reprodujo idéntica detención de otro auto que por el resbalar de las llantas debía estar a media cuadra. «¿Será una pinche casualidad, a poco yo con nervios de novato?»

Viró en dirección de Izazaga y en cada esquina, al aminorar la velocidad, atisbaba por el espejo retrovisor. Siempre, a sus talones, con el mismo espaciamiento, aquellos faros, una carrocería de cobalto, de estilo neutro el vehículo. Resultaba difícil divisar al conductor.

Quiso «tantearlo» y torció caprichosamente hacia Fray Servando Teresa de Mier, antes de alcanzar la ruta prevista del 20 de Noviembre. Por un instante creyó que su perseguidor había desaparecido o que se trataba de un simple azar. Enfilaba a Balbuena y pisó el acelerador. El ruido del otro motor, ya distintivo, le hormigueaba en la médula, fiel, en sus evoluciones y ritmo, a los que él establecía.

Pensó detenerse y bajar. Y como el seguidor le imitaría, bastaba ir a su encuentro, «a la brava», prevenida el arma, y desafiarle, con voz peleonera. «¿Qué me busca, jijo de la tal? Pues aquí, si es macho, vamos a rompérnosla.» Pero le contuvo inmediatamente —punzada en el hígado, retortijón en el estómago— la suposición de que se le enfrentaría el Chato Romera, un policía «original», por lo astuto y callado, del que contaban que no admitía ni insinuaciones de soborno, aún joven en el oficio, «tierno el pollo». Recordaba su amenaza, cuando lo abordó —cosa de cuatro o cinco días— en el billar de Bolívar.

—Despacito, arrímate a este confesionario, «Alfiler». Deseaba platicarte como a un hijo. Debes, de perdida, tres o cuatro sepelios. Me consta, pero faltaron pruebas materiales. Verdad de Dios que eres reteabusado. Sin embargo, en la próxima te voy a caer, de hombre a hombre. Ni sueñes con amparos. Fíjate, dormiría tan tranquilo... Hasta que me cansé contigo. Me late: otro «trabajo» y me lo trueno, aunque me boten.

La fisonomía, abacial y cremosa, del Chato Romera reflejaba una resuelta hostilidad. Se alejó sin un mohín de despedida. Se dijera que consideraba pendiente la conversación.

¿Le había buscado las vueltas? Decidió no correr el riesgo, el Chato Romera comenzaba a obsesionarle. «El más jijo de los jijos... Me pescó. Desde entonces se ha dedicado a espiarme, segurola. Por la carretera quizá se me arrugue. Una excursioncita a Puebla, y si se empeña me conozco una curvita donde lo desmadro a modo. Pero no se atreverá.»

Pretendió aprovechar la vía del ferrocarril para cerciorarse de que se trataba efectivamente del Chato Romera, pero el enemigo receló la maniobra y se tapó la cara con el pañuelo.

—Ni que fuera una película americana. No jugamos a los encapuchados —rezongó el «Alfiler».

Crecía su pánico, no obstante. Los grandes árboles, viejos y polvorientos, de la calzada, como erectos silbidos al pasar, desprendieron sus raíces de la tierra mugrosa y emprendieron una loca carrera inverosímil para asistir al duelo. Oía su galopar de troncos y ramas, el aguacero de hojas que sembraban. «El Chinaco azotó lindo.» Él hubiera podido ser un licenciado y a lo mejor político con suerte, de los que se las huelen toditas.

Una sed ardiente la abrasó lengua y encías. «Cualquier bebida fuerte, ahora; por ejemplo, una mezcla de ron, tequila y ginebra.» Hendía la vasta explanada, cual un idioma agorero, el ladrar de los empavorecidos canes errabundos. En un oscuro pliegue del horizonte, al pie de las montañas, relumbró una hoguera. «La prenden a la memoria del Chato Romera.»

Se inclinó a la izquierda, para que la mejilla recibiera las bocanadas de aire frío e incisivo, y notó que el auto avizorado, en aquel constante emparejamiento a través de una cinta de cien metros, adelantaba cada vez más, violaba la tregua.

Pugnaban en él cobardía y odio. «¡Si pudiera destazarlo!» Por la avenida transversal adelantaba un camión carguero. Súbitamente se le ocurrió la idea, con seguridad salvaje. «Esperaré a que doble. Entrará a medias por el carril. Al Chato Romera no le daré chance... y... mientras...»

Frenar gradual y golpe brusco al acelerador, al unísono del quiebro.

«Y en ese parpadeo, el tacón de hule del zapato no logró zafarse del pedal. Un escupitajo de chicle ensalivado, recubierto por el fango», observaría, a la mañana siguiente, el Chato Romera.

—¡Mamacita!

El «Alfiler» escuchó aún el aterrizaje de un avión, que los árboles parranderos participaban en su velorio y que voces roncas, ascendentemente fantasmales, lo suspendían por las axilas y luego, luego lo lanzaban, como un proyectil, al viento sin confines del valle.

18

—Es necesario internarla.

ROSARIO MIRALLES: Llegué como a las nueve de la mañana, apenas leí los titulares de la tercera página. Me abrió Ricardo. «¿Quiere atenderla un rato? No ha debido dormir en toda la noche. Y amaneció vestida, de punta en blanco. Puso la radio, para el Noticiero. No hay quien la saque de su cuarto. Me desconoce, terriblemente absorta y callada. Le calenté café y lo rechazó con un gesto de asco. ¿Se figurará que es veneno? Voy en una carrera al laboratorio y regreso.» Recostada en la cama, Aída me miraba, y sin embargo percibí que tampoco me veía. De un día al otro te conviertes, para la amiga íntima, en un objeto, en un cristal pintado. Se asoma a tu superficie y sigue contemplando «su» imagen. Eres, si acaso, el bastón de un ciego. Y ya no habla contigo. Estaba tan cerca de ella, dentro de un silencio sólo por nosotras ocupado, que escuché verdaderamente los resortes que en aquel cuerpo se rompían. Permanecimos de este modo, casi rozándonos, yo parada, varios minutos. Música y anuncios borboteaban alrededor, como los hervores de una olla. La Rosario Miralles, contagiada, no recuperaba el habla. El sentirme fuerte, con la facultad de andar, de ir hasta la luz y el aire, me separaba aún más de esta mujer, atacada de una misteriosa parálisis. Nada la unía a mí, a nadie. Sus pasos, allá en el cerebro, la conducían al otro mundo, paralelo al nuestro, de tinieblas inverosímiles. No debía seguir inactiva. Su inmovilidad me producía mareo y vértigo. Y la habitación empezó a balancearse y a crujir. Ella me arrastraría al lugar donde no hay horizonte. Y la sacudí, recia y largamente, por los hombros. Quería vencer su pasividad, su rigidez de muñeca grande, del siglo xix. El inútil esfuerzo me agotaba, hasta que noté su desmadejamiento y difícilmente pude aguantarla en mis brazos. La acosté —pobre cuerpo dócil y abatido— y no tardó en cerrar los ojos. Me senté a su lado para vigilar el sueño. Se había transformado, cubría su cara un velo de olvido y asombro. Me asustaba pensar en su suerte. Y no quiero reflexionar en la mía, después de este choque. Será difícil soportar caricias, hoy mismo, cumplir el cochino oficio. Me da reparo explicarle esta desgracia a Aída. Sería traicionarla. Muy en serio se lo tomó y con tantos remilgos... Pero una se sobrepone. Además, lo del Chinaco no hubiera cuajado. ¡En qué complicaciones se metió!

GUEVARA: Hemos pedido una audiencia imposible, y no obstante aguardamos. En la sala de este piso de las calles de López, donde la recibimos y festejamos cuando vino de España. Asunción se evaporó y la sustituye Aída Olmos. Malabarismos de la fortuna. Y yo intervine para que conociese al que no le bastó con desaparecer a mano airada, sino que le ha clavado las garras —sogas de palabras, acumulación de suspiros— hasta la eternidad. ¡El éxito más resonante del Chinaco Requena! Y un servidor, infeliz supino, provoca este desbarajuste de dos mujeres. A la postre, soy un «hombre fatal», ¡el cenizo!

ROMERA: Sumamente agradecido por su ayuda, señor Estella. Me encargaron la investigación. Le hubiera evitado esta molestia, de no ser por la imprudencia de ciertos columnistas. Vea, un asunto sensacional, con revuelo de faldas, la enorme popularidad del malogrado actor. ¡Perico y más perico! No hay trazas del asesino. Y a falta de pan, tortillas. Lo más socorrido escarbar en los romances del muertito. Sobraban «viejas», naturalmente. Y dio la casualidad de que la señorita Olmos lo había frecuentado en los últimos tiempos. Demasiado públicamente. Comentarios confusos de sus compañeros, el «amarillismo» de las informaciones, para vender más «extras», hágame el condenado favor. Yo me resistía, pero el juez insistió. Y no me quedaba otra sino interrogarla, porque ella no podía justificar sus movimientos aquella noche. El hecho sucedió a trescientos metros de aquí. Su amiga del alma, la... señorita Miralles, la encontró todavía pintada, con los trapos puestos, al día siguiente. Pero no hay manera de que lo explique. «No oye.» Como si las figuras y los ruidos y las horas le resbalaran. No he querido «despertarla». Si es tan absoluta, uno, por detective que sea, respeta la desesperación. En este trabajo también se padece. Ya me las ingeniaré para que no la citen a declarar: no lo resistiría. Un tormento moral de ese tipo, en su estado, inaguantable. No tiene de qué... ¡Ojalá se remedie! De todas formas, el crimen quedará impune, sospecho. ¿Qué vamos a probar? A veces cosas sin conexión aparente. La misma madrugada, el «Alfiler» (historias del sujeto para dar y repartir) «azotó» en un accidente automovilístico, de lo más raro. Disculpe, reflexiono en voz alta. ¿Conoce a la heredera de don Víctor, su paisano, el refugiado de los fraccionamientos? Tres o cuatro volaban bajo por ella, y respective al Chinaco, sin ir más lejos, rumores de divorcio con la actual viuda. Me da flojera «pepenar». Más vale que te crean «guaje». Le confieso que Aída Olmos, la señorita su tía, me ha revuelto el humor. No comeré aguacates hoy, para que el hígado no se alborote. ¿Seré un sentimental?

RICARDO ESTELLA: Corre el pestillo. Clic. Se encerró, a la misma hora del atardecer. La espió, por sonidos y rumores, seguro de que ningún extraño nos interrumpirá. Dispuesto a sufrir la escena monótona, que se repite cual un rito. Idénticas frases, pausas exactas. Adivino el mohín de los labios, cómo agita los brazos. Aída Olmos interpreta «su» personaje, ante el micrófono imaginario, que comparte con el Chinaco Requena. Tengo que escuchar cómo dobla los papeles, las expresiones apasionadas. Y sus intervalos, mientras se embelesa con las réplicas del amante. Todo en una cámara neumática, en una realidad artificial, brutalmente reiterada. Y ese desvarío, prisión ya de todos nosotros, amenaza continuar, sin una tregua.

DOÑA ENCARNACIÓN: No fue difícil averiguar las señas. Víctor y la hija huyen del escándalo y viajan a Italia. Puente de plata, me fastidiaban con sus ceños. «Prohibido referirse al Chinaco, a Aída Olmos.» Por poco reviento. Les importa exclusivamente —¡ellos son tan «exclusivos»!— su comodidad. Y me trasladan los remordimientos. Al joven Estella no le han sorprendido mis visitas. Le parece natural que la mayor parte del día la pase aquí. Instalo una mecedora junto al balcón grande, y a tejer. Comparece regularmente, y se encarga de cuidar a la actriz mochales, Alicia. Ricardo también lo acepta. Más fatigas me costó que contratase una enfermera y me admitiese unos centavos de adelanto.

Formamos, aproximadamente a las ocho, una tertulia la mar de pintoresca. El músico parece un Jeremías sin lágrimas, con su cara larga, de caballo triste, igualito al jamelgo de un picador. Ricardo hojea, al azar, una Historia del Arte, fuma que te fuma. Puntualmente se añade Romera, ese policía, que muy ceremonioso nos dedica una inclinación o caricatura de reverencia, se sienta en vilo, en el butacón, y bebe una copita de anís, «cortesía del establecimiento». Al menor ruido —vivimos pendientes de esa habitación— giran los gaznates. ¿Un grito ahogado? ¿Llora? Allá, en la celda que no dormitorio, Alicia, a ella sí la tolera, bailará en la cuerda floja de los mimos. ¿Qué opina el doctor? Las inyecciones terminan el sábado, luego... La Rosario Miralles, encanece por minutos. ¡Punto filipino! Ninguno se atreve a manifestar lo que piensa.

RICARDO: Es locura, simplemente. ¿Podremos entenderla? Durante meses me desviví tras la sombra de Jaime Trías, mi clave de una guerra civil. Urdí versiones e invenciones, escarbé en cenizas, perseguí nubes. Mientras, en mi casa, se preparaba una tragedia vulgar, bobamente grandiosa. Comedia radiofónica, la solterona en ascuas. Y de un salto, este abismo, bajo mi techo. Y el Chinaco, puñal entre pecho y espalda. ¿Será estacionaria la «enfermedad»? ¿O indescifrable o progresiva? Sin embargo, aguardo. Porque el miércoles cesó su monólogo. Y se presentó Alicia. Descansaba en sus manos fibrosas, con el ademán de las ofrendas, el joyero antiguo.

ALICIA: Se ha empeñado en regalármelo. Intenté negarme, sin que se irritara, pero rogó tanto... Guárdelo usted y que ella no recele. «Tú eres mi corazón peregrino, mi sudario de luna, mi rama de eucalipto. Consérvalo hasta que Alfredo lo reclame. Por el campo vendrá su llamada, al descubrir un valle de humos resplandecientes.»

AÍDA-ASUNCIÓN (desde su alcoba): ¡Niña mía! ¡La colcha está llena de serpientes!

ALICIA: Las espantaré, no se preocupe.

RICARDO: Sobre mis rodillas —¡qué temblor de acumuladas impaciencias!— el joyero se revistió de aliento y contextura. Lo destapé cauta y temerosamente.

269

Aparte de zarcillos, broches y arracadas, sortijas en desuso y los collares de bruñidas cuentas, el pomo de perfume caro y un forro de raso esmeralda. Nuevo y lejano olor —de clausura y distancias— los sazonaba. Debajo, fotos de sus diversas edades, recortes —que subrayó— de las crónicas que la mencionaban, en esa bisutería artística que había de extraviarla. Luego, los pliegues, recientemente manipulados, de una carta añeja, la de Sebastián Valterra.

Cuando leí y releí los párrafos que me afectaban, se habían marchado la Rosario Miralles, doña Encarnación, el solitario Romera, Guevara y su muda quejumbre. Frente a mí, en el centro del sofá, con traje de miliciano, hallábase Jaime Trías o la grave sonrisa de un espectro.

ALICIA: ¿Estará saldada mi deuda con Mario? Gracias a él aprendí la razón profunda de la justicia, la repugnancia por la explotación y la especulación, el sentido tenaz, elemental y exquisito, de mi raza. Pero no podía secundarlo. Percibí que el dogma y el odio lo secaban. Los secaban, a él y a los suyos. No era fácil distinguir al hombre ordinario del profeta calculador. Razón absoluta y utopía limpia no armonizan. Ni siquiera comprometió a la mujer, que en mí se le rendía. Me indignaba poseerlo y herir a su bestia de carga, a la madre ignorante, a la esposa casi vegetal. Difícil tarea emanciparse de su influencia. A su pesar ¡cuántos mundos me reveló! Protestaban entre sí y reñían los hermanos, doliéndose de mi ofuscación, pero nunca me recriminaron. Aguardaban, instintivamente, a que yo misma decidiera. Me atormentaba ocultárselo a Ricardo. Y de confesar, ¿lograría transmitir lo que había sufrido y gozado, cómo después del corto adulterio se levantó el desdén que lo rechazaría? Desgranadas mazorcas mis muslos, aceite de varón. Pequé sin finalidad perdurable y lo expiaré.

Ahorita, me perdono. Todo se purificó al participar fraternalmente de la locura, al aspirar sólo, y sin intención de recompensa, a que mi solidaridad alivie el desamparo de tía Asunción. A través de ella, Ricardo y yo nos identificamos, como cuando dos novios, ceñidos por las cinturas, se acercan a un precipicio. Ella lo intuye y me prefiere. Es suficiente que la acompañe, mi pensamiento parejo al suyo. A veces, mis dedos calman la contracción de su rostro paralizado. Y sé la manera de colocar las almohadas para que repose. Apenas se desprenden de los párpados, enjugo sus lágrimas. Y algo me previene cuando sus pies, que no pisan la tierra nuestra, se doblan de fatiga mortal. Y le canto, en susurro y vaivén, y me parece que resucito su ilusión tardía.

19

¿Lo había oído decir o lo leyó alguna vez, probablemente? Hay ocasiones en que el tiempo se altera y ensimisma, grávido y puntiagudo. Nada registra ya, porque succionados reveses y contrastes, que nos refirieron o asedian, parece que interrumpieran su galope. Coloca entonces al hombre en estado de crisis y perplejidad, inicia un paréntesis de espera y lo subyuga con vastas e indefinibles ansias.

Había llegado ese trance para Ricardo Estella y al finalizar su jornada se sintió ayuno de intención concreta, incapaz también de sociedad, sólo con un lejano resquemor por no haber fundido, cuando era labor más liviana, la displicente acritud de la madre enferma, que no le impedía justificar, con indulgencia triste y apática, el desliz mezquino de don Lorenzo, que ni los más ingenuos ignoraban. Pero nada compondría él de acudir a Durango y entrometerse en aquel organismo postizo y desballestado. Otra ruina de burdo remiendo que, con el irremisible desquiciamiento de tía Asunción, completaba el conjunto.

Esta noción de intempestiva orfandad, que ni las cautelosas charlas con Alicia, puntuadas de vibrantes premoniciones, podían mitigarle aún, le indujo a pasear sin rumbo, desganadamente. Evitaba los parajes de posibles encuentros y aquellos de aglomeración huma-

273

na, que le daban idea de movimiento y estruendo irracionales.

Caminaba así, de anochecida, hostil a la ciudad toda, y en la esquina de Humboldt y Morelos enderezó los ojos hacia los balcones del Ateneo Español. No brillaba en ellos luz alguna ni las siluetas ejecutaban su pantomima en las persianas. Dedujo que no había conferencia. ¿Se le brindaría, arriba, un margen de reposo y meditación?

Atravesó la calle y le guiñó —signo de complicidad— al rótulo de la entrada. Rechinaron, acorde amortajado de polca, los encerados escalones de recia, nudosa madera. Al rozar el pasamanos le bulleron en la piel las huellas que embalsamaban, de cada peregrinación. Lo recibía una atmósfera pausadamente vetusta y nostálgica, el alentar cansino de una inquietud retrospectiva, trasplantada y mineralizada. Sin embargo, remansaba su ánimo. Porque en ese recinto no tropezaría con una nota insólita y se perpetuaban, en clima de adoratorio laico, los principios y prejuicios que amalgamaban la esencia española de que él era condicionado trasunto.

Tintineó, entre satírica y reverencial, la ácida, hiperbólica caracterización de Quintanar: «¿Fueron causas económicas o atavismos los que propiciaron tan aleccionadores esponsales? Fíjate. La casa, más en la disposición y tono interior que en la fachada, semeja una almohadilla de raído terciopelo castaño donde es fácil hincar las agujas de los recuerdos y alinearlas de suerte que remeden otoñales destellos. Aquí el menor detalle, a pesar de los aditamentos y revoques, de los donativos libérrimos de cuadros y enseres, de ciertos anacronismos, de una modernidad y americanidad inevitables, gira alrededor de un predicado inmanente: la irreductible diversidad de los individuos compone un dejo colectivo, hogareño, de clan finisecular, al que los más se arriman. No te extrañe su estupenda solidez.

Además de la biblioteca, cuyo catálogo es tendinoso tatuaje de crónicas, el pasillo, galería y pulmones del salón de actos, a bocajarro, contiene una perfecta y fulminante adecuación ambiental. Las dos hileras de retratos, que coronan los prohombres ochocentistas en el grabado frontal, adquieren, o me lo parece, una irreprochable solemnidad panteónica. Inexorablemente se poblarán estos muros con otras filas, que nos obligarán a empinar la mirada, ejercicio que habrá de acostumbrarnos a la unción religiosa, lo que determinará sendas tortícolis. En su fuero interno, y con noble melancolía, los que se reputan ilustres reservan fotográficos escaños por las paredes, como quien aparta previsoramente su nicho en el cementerio.

Podemos enorgullecernos de esta avenida necrológica y más que los claros e ilustres varones, legítimamente ensalzados, que en ella monologan (pues dificilillo veo un diálogo de ultratumba) destaca su congregación de ideas y de genios, persistentes las primeras, inverosímiles aquéllos. Un film mudo de la República de 1931. Los políticos intelectuales o intelectuales políticos, tanto monta, que la definieron, los pensadores que forjaron su ilusión, los poetas y novelistas que proféticamente la preñaran. ¡Qué pláticas celebrarán, por ejemplo, bajo el espeluzno del alba, Pérez Galdós y García Lorca, Valle Inclán y Antonio Machado, mientras Unamuno, a golpes de trascendencia, sermonea sin escucharlos!

Naturalmente, faltan, por carecer de alcurnia y pátina, los tipos y prototipos de la guerra misma. Desafinarían y es fácil que se armara de nuevo, en un plano distinto, el de las recriminaciones, la gresca y marimorena castizas. No hubo guapo que defendiese el arbitrio de diseñar al miliciano de su barrio, que simbolizaría a tantos millares, al obrero plácido y quijotesco, al campesino cejijunto de los éxodos, al estudiante prendado, prendido de utopías. Y tampoco a

275

tu pertinaz Jaime Trías. Pero ellos forman el trasfondo del espectáculo, la coral presencia hoy difusa».

Estaba desierto el Ateneo. El conserje lampiño podía ser un mueble más, de abolengo juarista. Y la tos de la empleada, un ruido doméstico.

Ricardo Estella penetró —o se sumergió— en el salón de actos, cuidando de no desmelenar su estancada penumbra. Ocupó un asiento y le fue dable pulsar los ecos dormidos. Revivían gradualmente, cual sedimentos del pretérito, aplausos y apostillas, saludos y cuchicheos profanos, el hervor tribal de los emigrados.

Los propios avatares, su indecisa y polémica quimera, hallaban en ese frasco meta y parábola. Entornados los ojos, imaginó que se trasladaba al escenario y que, según acta, la Directiva había aprobado su petición de discurso.

Circularon los citatorios para la conferencia. Ricardo Estella disertaría el jueves, día equis de mes aleatorio, sobre el tema despampanente: «La salvación de Jaime Trías, una particular y fantástica historia de la historia general de la guerra civil española».

Descorrieron las cortinas, se iluminó el salón. El timbre, de ríspido y estentóreo martilleo, emitió el tercer aviso. Antiprotocolariamente, Ricardo Estella brincó al tablado y se parapetó tras la mesa con faldas de bayeta.

«¿Qué juego nos toca hoy? ¿Billar, por las carambolas? ¿Ruleta, que rueda la fortuna? ¿O acaso dominó, que tanto se presta a golpear las fichas, a la blasfemia higiénica, a los trenos y truenos? ¿Y mi prédica, a qué casillero corresponderá?»

Los asistentes se acomodaron en el salón. Los contó y no pasaban de treinta, lo clásico en novilleros. La mayoría, sus invitados especiales. En tanto que el secretario, en nombre del Ateneo, ratificaba el amplio criterio que para el uso y disfrute de aquella tribuna se practicaba ejemplarmente, la honda simpatía de la entidad por las manifestaciones de la generación juvenil, amén de otros discretos juicios, Estella observó a los espectadores, a manera de ráfaga, en breve saludo individual.

«Gracias, Quintanar, por haber venido, suspendiendo las clases, tan renovadoras e instructivas, de la Academia Alcalá. Tú has sido mi guía y modelo en ciertos momentos y ahora te conviertes en un espejo agrietado. En ti, la pena es levadura y te ganas con el pan la gloria secreta. Sin que te lo propusieras, me enseñaste una solidaridad que no esclaviza ni desvirtúa.»

Se dirigió inmediatamente a Ibáñez, que aprestaba una libreta de tapas charoladas, para garabatear las frases que más le chocasen. Y glosarlas entre bastidores, con su rápido gracejo. También a él debía esclarecedoras noticias acerca del inculpado, pero sobre todo una visión ácida, profundamente moralista, de acontecimientos y seres. Se abstuvo de preguntar por su familia, no fuera a maliciar que pretendía sobornarlo. (¿Y el chico, progresa, mejoró las calificaciones? Los domingos, ¿le ayuda usted, como siempre, en las tareas escolares?)

«Mi querido Guevara, peón y pastor del violoncelo. ¡Qué esfuerzo le supone el acompañarnos! Sabe de lo que voy a tratar, en algunos episodios, puesto que colaboró conmigo y teme que le recrudezca sus cuitas. Esas ojeras, sello de sus juergas emocionales, la compacta palidez de estuco... Es alarmante. Resiente la ausencia de Lucha, se acusa por la desgracia de tía Asunción. ¡Refúgiese en los Divinos Artífices, Bach y Mozart!»

«Si comparece don Víctor lo expulso a patadas. Pero doña Encarnación es mi debilidad. Sospecho que no entenderá ni pizca de estas divagaciones y ya se ha colocado de modo que no repare en sus cabezaditas. La visten de seda y pueblo se queda. A usted no la aturden con filosofías sino con bondades, terneza y palo, el arranque. Cuando muera, la plantaré en mi jardín, en la maceta más ancha y brotarán hermosos tallos de geranios.»

«Viejo Llinás, cascarrabias cordial. Testa de fauno retirado y manos temblonas. Hinchados los pies de foca. Lleno de esperanzas y de memorias recelosas. Gato escaldado. Tan pueblerino y tan universal, amigo de los disparatados y David hondero de los jefecillos y de sus Iglesias, hereje a medias y sin medios, partido por la mitad. ¡Dios te bendiga!»

«En verdad no te esperaba, Isabel Figueres. Has barrido el rencor. Se besaron nuestras frentes y no reaccioné. Algo involuntario, mocita. Te estimo, pero no hay barruntos de querer, el de hombre a hembra. ¿Por qué engañarnos? Me escuece y te ruego que me mandes a un tibio e inofensivo rincón de tu voluntad, apasionada y caprichosa. Igual decepción sufrió Leo. A lo mejor —¡y sería providencial!— disfruta ahora los retortijones del parto.»

«Avance, al cuerno la timidez. Sin usted era un desacato empezar la función. Apuesto a que le escandalizaré, pero solicito su indulgencia. Urdieta, el periodista republicano, acartonado, absurdo, rudamente seráfico.»

Se produjo un intervalo más prolongado. Con acento de nieblas, entrecortadamente, resurgió la voz interior de Ricardo Estella:

«A la postre, he de referirme a los difuntos y ausentes, los testimonios principales e irremplazables. No los veis, no ocupan espacio físico. Sin embargo, ellos me incitan y a su inefable asenso me remitiré. Se agitan o sestean en las sillas vacías, a vuestro lado. Me deslumbra la manga hueca de Aurelio y se transparenta el péndulo de su muñón. Me intimidan, a lomo de las gafas de concha, las tupidas cejas de Germinal, azoteas de las cuencas de carbón. Sebastián descifra una partitura. Nuria Valterra, madre y matriz, laguna y cierzo, se muerde los labios agostados. Blusa azul, para las colinas de hiel, la de Berta, antes en ebulli-

278

ción, hoy desolada. Merino baraja los naipes de la huelga y del suicidio. Tía Asunción, "Aída Olmos", se pierde en el callejón o selva de los Fantasmas.»

Después, aprovechó el mutis del secretario, y como es de precepto en los debutantes, se bebió entero el vaso de agua.

20

«Señoras y señores, vivos o muertos, fantasmas y supervivientes:

»He preferido, aunque no alardeo de elocuencia y ello implica que el riesgo de lo divagatorio, hablaros y no leer. Al expresarme predominará la improvisación, si bien los móviles que me obligaron a esta aventura oratoria, sobrenadarán así, más desaliñados que espontáneos. Si no olvida, porque ciertas influencias o timideces lo distraen o azoran, es porque en ese instante no debe recordar. Se trata de un misterioso mecanismo psicológico-mental al que los doctos no le hincan el diente. Y ustedes disimulen.

»No me respalda ningún título académico ni el marchamo todopoderoso de la opinión pública, para solicitar su presencia, que no adjetivo: me enorgullezco de un elemental pudor ético y estético. La edad, incipiente o pródiga, no extiende privilegios. Tampoco, la presunción de conocimientos.

»Pero no les convoca un innominado. Tengo apellido, estirpe, domicilio, ingresos comprobables, documentos oficiales y de empresas particulares que me acreditan. Y una manía, que entre la muchedumbre me distingue: el extravagante afán de intentar saber algo de alguien.

»Estas modestas peculiaridades, tan opuestas a lo excepcional, se refuerzan por una calificación arriesgada. Soy, al igual que muchos, heredero. No de riquezas, linaje o talento, sino de una guerra civil.

»Recibí ese legado por vía indirecta, en resonancia y lontananza, como desvaída estampa de la niñez, relatos magnificados o rencorosos, frecuentemente inconexos: de mi padre y de sus correligionarios y coterráneos.

»Cachorro de refugiado en México, diagnóstico simple o complejo. Ello me obligaba, para subsistir con ánimo coherente, a ser juez y partícula desprendida, a determinar unos valores. ¿De culto, de cambio, míticos?

»O aceptaba, con docilidad que no es de mi cuerda, la versión que pretendían imbuirme y sus normas de existencia desgajada (doctrinas, gustos, filias y fobias) o decidía rechazarlas de plano y de canto, y acogerse a las finalidades vigentes, a una sociedad que no es entelequia y que se diferencia radicalmente del cordón umbilical que aún me sujeta.

»Quedaba, quizá, el audaz recurso de examinar y cribar por uno mismo esa guerra, patrimonio abrumador y paradójico. Un trabajo tremendamente desproporcionado a mi percepción y capacidades. Una vez que lograra el objetivo, despejada la incógnita, sería factible reasimilarse, candente la cura de caballo, sin una sola apostasía, a nuestra Nueva España.

»Me interné por esa maleza y apenas alcanzo a otear mi derrotero. Debía seleccionar, apostarme en una perspectiva, a despecho de tanto embrollo inmediato —el guirigay extemporáneo de los mayores nos confunde— y obedeciendo al instinto opté por Jaime Trías, personaje al que únicamente trataron una docena de gentes y al que no puede tacharse de figurón.

»Acabo de cometer una grave inexactitud y me apresuro a rectificarla. En puridad, Jaime Trías «me» eligió, se interfirió y su táctica sinuosa manejó mi voluntad. He de admitir que coincidimos, al cabo de esta pugna. Él aspiraba, patéticamente, a que su memoria fuera reivindicada y fructificase, lo que resulta a todas luces justificado, según apreciarán ustedes después. De mi parte, era materia plástica: me resistía a buscar la fórmula de interpretación por medio de héroes, caudillos o santos, credos, dogmas, altisonancias, etc. También me repugnaba pescar, en el campo opuesto, chivos expiatorios: traidores o asesinos, los monstruos que enarbolan al cordero degollado. La naturaleza humana —y lamento perpetrar el tópico, que para colmo titularía prácticamente inédito— es una mezcla incesante de antagonismos, de igual modo que las subversiones y legalidades. Está en boga la dialéctica, se invoca a pasto, y ni el más pintado la utiliza con mínimo rigor.

»De esta suerte, caímos el uno en brazos del otro. Pero, salvo los no iniciados, poquísimos por cierto, ninguno de ustedes sabe aquí quién es, aunque críe malvas, el mentado Jaime Trías. «Nuestro» protagonista fue un pícaro y un tránsfuga, visionario supersticioso y ladino, con sus vetas de misantropía y ramalazos de filántropo cazurro, una oveja negra de la retaguardia republicana, barcelonesa. Lindo especimen, objetaréis, para edificarnos. Reparad, no obstante, que si después de analizarla, inclusive en su vidrioso y equívoco prisma, nos readherimos al sentido esencial de aquella lucha, saldremos indemnes de cualquier prueba.

»Cabe agregar, asimismo, que no me atrevería yo a sustentar las heréticas afirmaciones a que os someteré, si me faltara una evidencia moral, que recientemente me deparó un irreparable infortunio de familia. De tal manera, en virtud de un azar, que se suma a otras impenetrables casualidades, cayó en mi poder una carta de Sebastián Valterra, maestro concertador de una ramplona compañía de varietés y pianista frustrado, que gracias a unas exclamaciones reveladoras confirma mi tesis.

»Porque cuando Jaime Trías había comprendido y empezaba a superar su egoísmo, a trasvasarse, acusa-

283

doras apariencias lo condujeron, indefenso, tardíamente limpio de culpa, a ser ejecutado, en ceremonia clandestina —extirpamos una llaga, ¡error capital!—. Al unísono, lo repudiaron sus protectores de antaño. Un cadáver sin dueño ni bandera, peor que un expósito.»

Relató, a renglón seguido, con la sobria objetividad de un informe forense, los datos que obtuviera, e imaginara, con visos de verdad, remontándose a la infancia de Jaime Trías. Tras mencionar su incorporación al movimiento obrero y su pasiva actitud el 19 de julio, en las llamaradas del alzamiento militar, expuso sin adornos sus trapicheos en la guerra y describió las premisas que circularon sobre su desventura.

«Es un proceso en el que Jaime Trías se adiestró para la muerte, que lo trasciende. Supongo —hipótesis que corroboran unos párrafos intercalados en la carta de amor, a la que aludí, y la entrevista con mi padre, que no lo desmentirá— la índole de sus reflexiones durante la noche torva que transcurrió en el piso donde Berta y su grupo habían instalado su cuartel de operaciones. Horas contadas, irrebasables, que le exigían meditación muda, casi notarial. Se había negado a secundar la conjura de los dos hijos mayores de Nuria Valterra, la que fue su ama y protectora. ¿A través de Aurelio, el ebanista, mozarrón sencillo y leal, descubrió a su pueblo? ¿Y Germinal, siempre rebelde, empujado por un ansia de extrema autenticidad, lo completaba? Lo cierto es que no quiso denunciar a los perseguidos de aquel entonces y conspiradores natos del mañana inminente. Intuyó que no debía arrojar más fajos de leña al fuego bárbaro. Aceptaba el que se le infamara. Era su moneda. Me tomó la licencia de reproducir —o inventar, sin peligro de falsificación— su último diálogo con Berta, minutos antes de que en un recodo de la costa lo rociaran de plomo y lo arrojaran al mar eterno.

»—¡Qué irritante terquedad la tuya, Jaime Trías! Confiesa, danos una pista. Puedo indultarte y hasta te permitiría escapar. Además de los Valterra te relacionas con otros de la camada y tienes indicios que nos ayudarían.

»—Los has interrogado. Sabes más que yo. ¿Te habló Sebastián, el "pardalet", de su música?

»—Monsergas. El pequeño es bobo. Está en el limbo o lo finge a las mil maravillas. Y al grano, a lo que te afecta. Un rato más de consecuentarte y se me acaba la paciencia. Iremos por la carretera de Sitges. Te cederé una ventanilla del auto para que recrees la vista. No se repetirá la excursión.

»—Dispuesto y a tus órdenes, capitana.

»—No te acomoda la burla. Costó varios meses de aguante, pero te cacé. Me odias, lógicamente.

»—Todo lo contrario. No conseguirás separarte de mí. Ahora, un rencor añejo y la seguridad de que obras en beneficio colectivo, de la causa, te exaltan. Ni el más ligero temor de equivocarte en mi caso, ¿de acuerdo? Pero arrieritos somos y este "incidente" será tu pesadilla. La duda se infiltrará por los resquicios. Y no lograrás desalojarme de tu pensamiento, de tus pobres nervios. ¡Cómo te compadezco! Es imposible evitar a las almas en pena.

»—¡Divertido sermón! Me impresiona... Adelante. Al menos, eres teatral.

»—No entiendes, todavía, la afinidad que nos unirá.

»—¿Terminamos? Empiezas a enervarme. ¡Deseas una gracia: coñac, cigarrillos rubios, rezar tus oraciones?

»—Inútil. Jaime Trías, tu reo, ha cambiado. Te ofuscas. En el otro lado, al que crees pertenezco, yo sería inconcebible, o muy raro. Yo: lo que me ocurre o indulta por dentro.

»—Camina. Los muchachos reniegan ya.»

Ricardo Estella revisó sus apuntes y con ademán brusco pretendió ahuyentar los fantasmas que había convocado.

«Presumo que la peripecia de Jaime Trías adquirió relativo carácter plural. Eliminemos anécdotas y rasgos, permanece como un fenómeno de conciencia. Los pícaros que desechan su cualidad, tarde o temprano, transmutados por los embates —delirio y cataclismo fue—, denotan, al igual que la sombra apareja el resplandor, sed de justicia, ignorada hambre de generosidad y efusión, la majestad y el poderío de un gran ensueño, aunque éste se anegara en sangre y lo arrastrasen furias y miserias. Y pueriles vanidades recalcitrantes.

»He procedido, ostensiblemente, insertando la conjetura en los hechos y viceversa. Con la máxima economía posible de truculencias. Me importaba evitar los aspectos sensacionales de esa tragicomedia de las equivocaciones finales en torno a Jaime Trías.

»Descansará en paz si nos comunica sus íntimas reflexiones de sentenciado. Confío en Berta, porque los pecadores nos previenen y redimen. Y los crímenes que abaten los cuerpos, sean o no de teológico designio —alfarería celestial— y humillan las honras, constituyen una directriz reiterada y aburrida. *Una vez más, verdugo y víctima engendran esa fraternidad suprema y primaria.* Si algún día localizo, en Francia, la fosa de Germinal ordenaré que graben en un mármol proletario la inscripción alusiva...

»No por los tumbos de la política internacional ni a consecuencia del engreimiento crepuscular de los desterrados —su clavo ardiendo—, el fecundo infortunio de Jaime Trías y sus desconocidos colegas sobrepasa la significación específica. Átomos o piezas microscópicas del suceso histórico, nacional y local, ascienden a problema genérico de los hombres, de las comunidades, imperativamente solidarias, que los integran y perfilan. O que los escarnecen y destruyen.»

Al levantarse, dio por terminado el acto. Captó el sordo desconcierto del público, que desfilaba apresuradamente, una manera de esquivarlo. Se encogió de hombros y lo invadió una dulce fatiga, inesperado y fino sopor.

—Señor, señor... ¿Lo citó el presidente o el secretario?

Con respetuosa expectación lo espiaban las pupilas chinescas del conserje.

Retornó bruscamente a la realidad del lugar y de la circunstancia. Ocupaba una silla, al fondo del salón. Limpio de humos el aire, en reposo los focos, corrido el telón del escenario.

Aquella alucinación —tan virtual aún en su espíritu— cerraba un doloroso, inextinguible ciclo de evidencias y fantasías. Lo enraizaba y sostuvo contra el pecho, como si acunara una tierna criatura palpitante, su verdad. Anheló salir a la calle, respirar, verterse en el rostro amigo.

—¿El teléfono?

Tras agradecer con una sonrisa cordialmente irónica la indicación, reprimió un titubeo y marcó el número de Alicia.